राम

जन्म : 23 सितम्बर, 1908 को बिहार के मुंगेर जिले के सिमरिया नामक गाँव में हुआ था। शिक्षा मोकामा घाट के रेलवे हाईस्कूल तथा फिर पटना कॉलेज में हुई जहाँ से उन्होंने इतिहास विषय लेकर बी.ए. (ऑनर्स) की परीक्षा उत्तीर्ण की। एक विद्यालय के प्रधानाचार्य, सब-रजिस्ट्रार, जन-सम्पर्क के उप-निदेशक, भागलपुर विश्वविद्यालय के कुलपति, भारत सरकार के हिन्दी सलाहकार आदि विभिन्न पदों पर रहकर उन्होंने अपनी प्रशासनिक योग्यता का परिचय दिया। 1924 में पाक्षिक 'छात्र सहोदर' (जबलपुर) में प्रकाशित पहली कविता से साहित्यिक जीवन का आरम्भ।

प्रमुख कृतियाँ : कविता–रेणुका, हुंकार, रसवन्ती, कुरुक्षेत्र, सामधेनी, बापू, धूप और धुआँ, रश्मिरथी, नील कुसुम, उर्वशी, परशुराम की प्रतीक्षा, कोयला और कवित्व, हारे को हरिनाम आदि। **गद्य–**मिट्टी की ओर, अर्धनारीश्वर, संस्कृति के चार अध्याय, काव्य की भूमिका, पन्त, प्रसाद और मैथिलीशरण, शुद्ध कविता की खोज, संस्मरण और श्रद्धांजलियाँ आदि।

सम्मान : 1959 में 'संस्कृति के चार अध्याय' पर साहित्य अकादेमी पुरस्कार और पद्मभूषण की उपाधि। 1962 में भागलपुर विश्वविद्यालय की तरफ से *डॉक्टर ऑफ लिटरेचर* की मानद उपाधि। 1973 में 'उर्वशी' पर भारतीय ज्ञानपीठ पुरस्कार। अनेक बार भारतीय और विदेशी सरकारों के निमंत्रण पर विदेश-यात्रा।

निधन : 24 अप्रैल, 1974

मेरी यात्राएँ

रामधारी सिंह 'दिनकर'

लोकभारती पेपरबैक्स

लोकभारती पेपरबैक्स में
पहला संस्करण : 2019
तीसरा संस्करण : 2025

लोकभारती पेपरबैक्स : उत्कृष्ट साहित्य के लोकप्रिय संस्करण

लोकभारती प्रकाशन
पहली मंजिल, दरबारी बिल्डिंग, महात्मा गांधी मार्ग,
प्रयागराज-211 001
द्वारा प्रकाशित

वेबसाइट : www.lokbhartiprakashan.com
ईमेल : info@lokbhartiprakashan.com

शाखाएँ : 1-बी, नेताजी सुभाष मार्ग, दरियागंज, नई दिल्ली-110 002
अशोक राजपथ, साइंस कॉलेज के सामने, पटना-800 006
1, अनमोल सोराबजी संतुक लेन, धोबी तलाव, मरीन लाइंस, मुम्बई-400 002

बी.के. ऑफसेट
नवीन शाहदरा, दिल्ली-110 032
द्वारा मुद्रित

मूल्य : ₹299

MERI YATRAYEN
Travelogue by Ramdhari Singh 'Dinkar'

ISBN : 978-93-89243-19-2

प्राक्कथन

पूज्य राष्ट्रकवि रामधारी सिंह 'दिनकर' को गुजरे छियालीस वर्ष हो गए। अब उनकी 110वीं जयन्ती का वर्ष बीत रहा है।

यूँ तो महाकवि दिनकर जी को राष्ट्रकवि कहा गया है पर महीयसी महादेवी वर्मा ने कहा था कि वे विश्वकवि हैं, क्योंकि उनकी कविताओं में मात्र राष्ट्रीयता की वाणी और उसकी स्वायत्तता का गौरवगान और संघर्ष नहीं है वरन् प्रेम का एक व्यापक क्षितिज है जो उन्हें विश्वकवि की श्रेणी में ले आता है। वस्तुतः दिनकर जी एक ही साथ विश्वकवि, महाकवि, राष्ट्रकवि और जनकवि—सभी हैं। उनकी विभिन्न कविताओं में भिन्न-भिन्न तौर पर उनके काव्य-व्यक्तित्व का वैशिष्ट्य प्रकट होता है।

दिनकर जी आज भी पाठकों के सर्वाधिक प्रिय कवि हैं और प्रासंगिक भी। उनकी कविताओं में आग है, राग है और अध्यात्म है। उनकी कविताओं का अवगाहन कर प्रतीत होता है कि वे अपने समकालीन कवियों से अलग तरीके से पाठकों के समक्ष प्रकट होते हैं।

दिनकर जी ने कहा था कि सच्चा कवि हमेशा जीवित रहता है—उसके प्रति राग और द्वेष के कारण उसके सामने उसका सही मूल्यांकन नहीं हो पाता। किसी कवि का सही मूल्यांकन उसके निधन के पचास वर्ष बाद होता है। और हम देख रहे हैं, जैसे-जैसे समय गुजरता जा रहा है, दिनकर जी की कविताओं की लोकप्रियता बढ़ती जा रही है।

पूर्व में दिनकर जी की सभी किताबें लोकभारती प्रकाशन से कुछ नवीन स्वरूप और अलग नाम देकर प्रकाशित हुई थीं। अब सभी पुस्तकें अपने पुराने नाम और प्रारूप में प्रकाशित हो रही हैं। आशा है, इससे दिनकर-प्रेमी हिन्दी साहित्य जगत् संतुष्ट होगा।

—अरविन्द कुमार सिंह

दिनकर भवन
आर्य कुमार रोड
पटना-800004

अनुक्रम

मेरी यात्राएँ

बम्बई से लन्दन और लन्दन से वारसा

12 नवम्बर, 1955 ई. को पटना में शिक्षा-मंत्रालय की ओर से अचानक तार मिला कि आप 19 नवम्बर को वारसा जाने की तैयारी कर सकते हैं या नहीं? ठीक उसी समय मैं अपने पूर्वनिश्चित कार्यक्रम के अनुसार दिल्ली रवाना हो रहा था। 14 नवम्बर को दिल्ली में पूज्य पंडित जी के जन्मदिवस का समारोह था। प्रधानमंत्री के घर पर श्रद्धेय डॉ. राधाकृष्णन् से भेंट हुई। उन्होंने मिलते ही पूछा, 'वारसा तुम जा रहे हो न?'

मैंने सहमते हुए कहा, 'यूरोप देखने की इच्छा तो अवश्य है; किन्तु आप तो तुरन्त जाने को कहते हैं। मैं कभी बाहर निकला नहीं हूँ। सोच रहा हूँ कि क्या करूँ।'

उपराष्ट्रपति के मुख से निकला, 'स्कैंडल्स! पोलैंड ने बड़ी आजिजी से भारत को अपना प्रतिनिधि भेजने को कहा है। निमंत्रण मैंने मैथिलीशरण और वल्लथोल को भिजवाये थे; किन्तु वे लोग जाने में असमर्थ हैं। और अब अगर तुम भी अंग गिरा देते हो, तो यह कैसी बात होगी?'

पंडित जी वार्तालाप सुन रहे थे, अतएव उन्होंने कहा, 'ठीक ही तो कहता है। और जाने के पहले पचासों सूइयाँ कब लेगा?'

मगर उपराष्ट्रपति चुप नहीं हुए। वे कहते ही गए कि कोई न कोई भारतीय प्रतिनिधि जाना ही चाहिए। मैं मन से तैयार तो था ही। शिक्षा-मंत्रालय को मैंने यात्रा की तैयारी करने को कह दिया और स्वयं भी सामग्रियाँ जुटाने लगा। दो-एक दिन बाद उर्दू के प्रसिद्ध कवि सागर निजामी के जाने का भी कार्यक्रम ठीक हो गया। इस प्रकार, हमारी विदेश-यात्रा 19 के बदले 22 नवम्बर, 1955 ई. को आरम्भ हुई।

मगर अपना देश छोड़ना कोई मामूली बात नहीं है। पासपोर्ट, वीजा और इनकम-टैक्स क्लियरेंस आदि कागजों के साथ अनेक और प्रतिबन्ध भी हैं, जिन्हें पूरा किये बिना आप अपना देश नहीं छोड़ सकते। मेरी यात्रा का तो सारा प्रबन्ध शिक्षा-मंत्रालय ने किया। कहीं स्वयं मुझे ही सारी पैरवी करनी होती, तो मुझसे तो विदेश जाना पार नहीं लगता।

हम दिल्ली से 22 नवम्बर की शाम को रवाना हुए। बम्बई में एयर इंडिया इंटरनेशनल का जहाज पकड़ा। जहाज बम्बई से कोई ग्यारह बजे रात में उड़ा। रास्ते

में हम मजे से सो गए। हवाई जहाजवाले यात्रियों को बड़ा आराम देते हैं। कुर्सी के आगे उन्होंने पैताना बना दिया, शरीर पर खूब मुलायम कंबल उढ़ाया और जब हमें नींद आने लगी, उन्होंने पास की बत्ती भी गुल कर दी। सुबह जगकर हम हाथ-मुँह धोकर जब तक तैयार हुए, तब तक जहाज काहिरा (कैरो) पहुँच रहा था।

भूगोल में पढ़ा था कि सूर्य पूरब में पहले और पश्चिम में बाद को दिखाई देता है एवं इसी हिसाब से समय भी पूरब में आगे रहता है। सो इसका सबूत कैरो में पाया। कैरो पहुँचने पर देखा कि हमारी घड़ी में दस बज रहे हैं, जबकि कैरो में सुबह छह का वातावरण था।

हवाई यात्रा, स्वभाव से ही, जरा संकट की यात्रा होती है और मुझ जैसे डरपोक लोग जब भी हवाई जहाज पर कदम धरते हैं, वे यह तो सोच ही लेते हैं कि आज तक तो जी लिया, अब अगर आगे भी जीना होगा, तो जहाज सकुशल धरती पर लौट आएगा। शायद, यही भाव अधिकांश यात्रियों का होता होगा। इसीलिए, हवाई जहाज की मेज़बां अत्यन्त सुशील और सबको दिलासा देनेवाली होती है। इसीलिए हवाई जहाज में मनबहलाव के कागज रखे जाते हैं, जिन्हें आप उलटते जाइए, तो थोड़ा-बहुत मनोविनोद आप-से-आप होता चलेगा।

अपने एयर इंडिया इंटरनेशनल में जो कागज-पत्र हैं, वे मनोविनोदपूर्ण तो हैं ही, उन पर भारतीयता की भी पूरी छाप है। पंखों, इश्तेहारों और फाइलों पर इन जहाजों में आपको यामिनी राय की चित्रकारी के अनुकरण मिलेंगे; गरुड़, मोर, हनुमानजी, धनुष, परशु, वाराह, तिरुपति के बालाजी, शंख, चक्र आदि की आकृतियाँ मिलेंगी, जो आपको बराबर याद दिलाती रहेंगी कि आप अपने देश के वातावरण में हैं। एयर इंडिया इंटरनेशनल का प्रचार-साहित्य खूब सजीव है। हमारा ट्रेड मार्क कलंगीदार पगड़ी बाँधे हुए नवाब का चित्र है। कहीं तो यह नवाब सिर झुकाकर यात्रियों का स्वागत कर रहा है और कहीं वह आपके मनबहलाव के लिए लड़कियों के पीछे भाग रहा है। एक चित्र में यह भी देखा कि जहाज से उतरते समय एक यात्री महाशय मेज़बां का आलिंगन कर रहे हैं। उधर वह मेज़बां उन्हें आलिंगन में फँसाकर उनकी जेब की तलाशी ले रही है और उसमें से चम्मच और काँटे बरामद कर रही है। यह मजाक मुझे खूब पसन्द आया। चेतावनी की इस मीठी सूझ की बलिहारी है! मैं खुद भी प्रचारक का काम कर चुका हूँ। किन्तु इस तरह का चमत्कार मुझे नहीं सूझा था।

काहिरा से उड़कर हम रोम आए, रोम से उड़कर जिनेवा और जिनेवा से उड़कर लन्दन। रास्ते में विशेष रूप से उल्लेखनीय कोई बात नहीं हुई। रोम से उड़कर जब हम जिनेवा आ रहे थे, तब रास्ते में चालक ने बताया कि अब हम एलबा द्वीप पर से जा रहे हैं। उस समय मेरी घड़ी में अपराह्न का 7:50 बजा था और जहाज की घड़ी में 2:15 हुआ था। एलबा द्वीप में आबादी नहीं दिखाई पड़ी। केवल पहाड़ ही

पहाड़ नजर आए। किन्तु मन में यह बात उग आई कि इसी बंजर द्वीप में नेपोलियन कैद किया गया था। एक जनश्रुति चलती है कि जब नेपोलियन यहाँ कैद था, किसी ने उससे कहा कि इस जेल से भाग चलो। कहते हैं, उस समय नेपोलियन ने अंग्रेजी में एक वाक्य कहा था : ABLE WAS I ERE I SAW ELBA। इस वाक्य को सीधे पढ़िये या उलटकर, बात एक ही बनती है। यहाँ से आगे माउंट ब्लैंक आया, जो मध्य यूरोप का प्रसिद्ध पहाड़ है। उस समय मेरी घड़ी में पौने नौ बजा था, किन्तु, पहाड़ पर अभी अच्छी धूप फैल रही थी।

जहाज में मेरे बायें सागर बैठे थे और उनके बायें एक यहूदी दम्पती। जहाज लन्दन पहुँचने को हुआ, हम लोग अपना सामान ठीक करने लगे। इतने में सागर ने कहा कि मेरा गुलूबन्द गायब है और इतना ही नहीं, उन्होंने और भी कुछ कहा, जिसे बायें के मुसाफिर इसलिए नहीं सुन सके कि हम हिन्दी में बोल रहे थे।

इस घटना का वर्णन मैं इसलिए कर रहा हूँ कि सागर बिलकुल असावधान व्यक्ति हैं। जाने, इस यात्रा में वे क्या-क्या खोएँगे। कल मैंने जहाज में ही उनसे कहा था कि अपनी चीजों का खयाल रखिए, क्योंकि सब कुछ तो छोड़कर ही चले हैं। अब तो हर चीज जरूरी ही साथ है। मगर, लन्दन हवाई अड्डे से कोई तीस मील दूर जाकर जब हम रात होटल में उतरे, तब सोने के समय सागर अचानक चीख उठे, 'हाय, मैं तो अपना बैग ही मोटर में भूल आया।' क्या करता? उतनी रात को मैंने होटल के मैनेजर को जगाया और उस बेचारे ने हवाई अड्डे के अफसर को फोन किया कि एयर इंडिया की मोटर में भारत के एक यात्री का बैग रह गया है।

हमें बड़े भोर ब्रुसेल्स का जहाज पकड़ना था, अतएव, पौ फटते ही हम हवाई अड्डे पर पहुँचे ही थे कि एक व्यक्ति सागर का बैग लिये हुए उसकी खोज में घूम रहा था। सागर की जान में जान आई और हम अंग्रेज जाति की ईमानदारी एवं अंग्रेज अफसरों और कार्यकर्ताओं की अद्‌भुत कर्तव्यनिष्ठा पर दंग रह गए।

ब्रुसेल्स (बेल्जियम)
24 नवम्बर, 1955 ई.

लन्दन से वारसा

24 नवम्बर को हम कोई साढ़े आठ बजे प्रातःकाल लन्दन से ब्रुसेल्स के लिए उड़े। जिस कंपनी के जहाज में हमने यात्रा आरम्भ की, उसका नाम सबीना है। जहाज अपेक्षाकृत छोटा था और मौसम खराब, इसलिए, रास्ते में बंपिंग काफी हुई। मैं, प्रायः, मुरझा गया और कुछ-कुछ बीमार अनुभव करने लगा। जहाज में नाश्ते के लिए और चीजों के साथ भगवान के तृतीय अवतार का लाल-लाल मांस परोसा जाने लगा।

दर्शन मात्र से मेरा जी मिचलाने लगा। मगर करना क्या था? रोटी के एक टुकड़े के साथ एक प्याली कॉफी पीकर मैंने भी जलपान की विधि पूरी कर दी।

ब्रुसेल्स से वारसा की ओर पोलैंड का जहाज जाता है। इसलिए वहाँ पहुँचकर हम जहाज से उतर गए। किन्तु, दफ्तर में पूछने पर पता चला कि वारसा जानेवाले जहाज में हमारे लिए जगहें सुरक्षित नहीं हैं। श्री वान जीन नामक एक हवाई अफसर ने हमें यह सूचना दी। हम तो यह सुनकर घबरा गए। 24 नवम्बर की शाम तक हमें वारसा अवश्य पहुँच जाना था, अन्यथा, 25 नवम्बर से वारसा में जो कार्यक्रम आरम्भ हो रहा था, उसमें हम सम्मिलित नहीं हो सकते थे। जब वान जीन को यह मालूम हुआ कि हम पोलिश सरकार के अतिथि होकर वारसा जा रहे हैं, उस बेचारे ने काफी तत्परता दिखाई। एक ओर तो उसने जहाज के कैप्टन को फोन किया, दूसरी ओर बेल्जियम-स्थित पोलिश डेलीगेसी को। पता चला कि भारत की भी एक डेलीगेसी ब्रुसेल्स में है। इसलिए, मैंने भी अपनी डेलीगेसी को फोन किया। किन्तु, फोन पर अपनी डेलीगेसी से जो बातें हुईं, उनसे इस विषय में कोई सन्देह नहीं रह गया कि हमारा देश भारत से बाहर होने पर भी भारत ही रहता है। निदान, मैं हतोत्साह होकर अपनी जगह पर आ बैठा। इतने में जीन वान की कोशिश काम कर गई और पोलिश डेलीगेसी से एक नवयुवक हमें खोजता हुआ हमारे पास आ पहुँचा। उसने वान जीन के द्वारा हमें कहलवाया कि पोलैंड के दो यात्रियों को ब्रुसेल्स में रोककर उसने हम दोनों के लिए दो जगहों का प्रबन्ध कर दिया है। मेरा हृदय कृतज्ञता से भर गया तथा भारत और पोलैंड के सरकारी प्रतिनिधियों के बीच तुलना करके मैं, मन-ही-मन, कुछ लज्जित भी हुआ।

कोई ढाई बजे दिन में हम पोलिश जहाज से वारसा के लिए उड़े। एयर इंडिया और सबीना, दोनों कंपनियों के जहाज बाहर से भी खूबसूरत और स्वच्छ दिखाई देते हैं। किन्तु, यह पोलिश जहाज कुछ कुरूप-सा लगा। यात्रा, प्रायः, भयानक लगी। मौसम खराब था। हम बादलों से ऊपर उड़े जा रहे थे और नीचे सारा यूरोप धुओं से आच्छन्न था। बंपिंग बड़े जोर की थी। मेरा सिर चक्कर खाने लगा। ऐसे में भला कोई भोजन क्या करे? ज्यों-त्यों करके मैं अपने को सँभालता रहा। इतने में कोई पाँच बजे शाम को जहाज बर्लिन में उतरा। बर्लिन के हवाई अड्डे पर ही देखा कि भेड़ और बकरी के बथान अलग-अलग हैं। एक ओर अमरीकी झंडों की कतार थी, दूसरी ओर रूसी झंडों की पाँत। वातावरण धुमैला और ईषत् अंधकारपूर्ण था तथा वर्षा भी हो रही थी।

बर्लिन के हवाई अड्डे पर हम पौन घंटा टिके होंगे। इस बीच, मैं चिट्ठी छोड़ने को हवाई अड्डे के डाकघर में गया। वहाँ जाकर क्या देखता हूँ कि काउंटर पर एक लड़की खड़ी काम कर रही है। उसके चेहरे पर असीम विषाद की छाया दिखाई दी। मैं उसे सिर से पाँव तक निहारने लगा। उसके बदन पर कोट तो था, किन्तु, पाँव

में मोजे नहीं थे। पाँव में मोजे का न होना हमारे देश के लिए कोई बात नहीं है। किन्तु यूरोप में मैंने किसी भी व्यक्ति का पाँव नंगा नहीं देखा है। यह जाड़े का मौसम है। बिना मोजे के यहाँ कौन चल सकता है? इसके पाँव में मोजे नहीं हैं, यह सोचते-सोचते मेरे मन में एक बात उठी कि हो न हो, यह पूर्वी जर्मनी की व्यथा की निशानी है। लड़की ने, शायद, मेरे मन की बात ताड़ ली। अतएव, वह अपने मनोभावों को छिपाने की कोशिश करने लगी। उसके चेहरे पर घबराहट अंकित हो गई और मैं तुरन्त वहाँ से हट गया।

कोई छह बजे के लगभग हम बर्लिन से उड़े। अब तो चारों ओर पूरा अंधकार था और अँधेरे के भीतर हम लिफाफे में बन्द जीव के समान उड़े जा रहे थे। वही बंपिंग, वही थकान, वही मिचलाहट। दबे-दबे मेरी आँख लग गई और मैं सो गया। न जाने कितनी देर सोता रहा कि अचानक सागर ने आवाज दी, 'उठिए। हम वारसा आ गए।'

वारसा के हवाई अड्डे पर हमें लेने को कई साहित्यिक आए हुए थे। उनमें से अंग्रेजी केवल प्रोफेसर ओलगियर्थ जानते हैं, जो कल से हमारे साथ हैं। कई लोगों ने पुष्पगुच्छ दिये, कइयों ने हाथ मिलाए और कइयों ने सिर झुकाकर हमारा अभिवादन किया। अड्डे पर वारसा रेडियो के आदमी आए हुए थे। उन्होंने हम दोनों से कुछ सन्देश माँगे। मैंने अपनी और सागर की ओर से दो-चार बातें कहीं, जिन्हें उन्होंने रिकॉर्ड कर लिया। कुछ पत्रकार भी आए हुए थे। वे ही बातें मैंने उनके समक्ष भी दुहरा दीं।

वारसा में हम होटल ब्रिस्टल में ठहराए गए हैं। यहाँ के सारे ठाठ-बाट राजसी हैं। होटल बहुत बड़ा है। कई तल्ले हैं। हम चौथे तल्ले पर रखे गए हैं और लिफ्ट क्षण-क्षण चालू दीख रहा है। कालीनों और परदों को देखकर तो यही लगता है कि पोलैंड से बढ़कर धनी देश और नहीं होगा। मगर, रात ही एक सज्जन कह रहे थे, पोलैंड तो यूरोप का गाँव है। सोचता हूँ, जहाँ का गाँव ऐसा है, वहाँ के नगर कैसे होंगे? नगर यानी लन्दन, पेरिस और जिनेवा तथा मास्को। मास्को जाना तो नहीं होगा, लेकिन बाकी शहर तो देखकर ही लौटेंगे।

हमारे पास जो ट्रैवलर्स चेक हैं, वे यहाँ चलेंगे या नहीं, यह नहीं जानता। यहाँ आते ही स्वागत-समिति ने पहला काम यह किया कि हम दोनों में से प्रत्येक को सात-सात सौ रुपये (यहाँ रुपये का नाम स्लोती है) दे दिये। ये दो सप्ताह के लिए काफी होंगे।

कल रात वारसा नगर क्या देखता, केवल होटल देखकर ही दंग रह गया। हाँ, रास्ते में जो संस्कृति-मंडप (पैलेस ऑव् कल्चर) दिखाई पड़ा, उसका प्रभाव बड़े जोर का है। और नहीं तो पचास तल्ले तो होंगे ही। और कैसा सुन्दर वह दीख रहा था बिजली के आलोक में! कहते हैं, यह भवन रूस का बनवाया हुआ है।

आज प्रोफेसर ओलगियर्थ आए, तब मैंने उनसे कहा कि अब नगर देखने को जी चाहता है। वे बोले, 'जहाँ जी चाहे, जाइए। आदमी साथ रहेगा। इसलिए नहीं कि कानून से यह आवश्यक है, बल्कि, इसलिए कि इससे आपको सुविधा रहेगी।' मुझे लगा, मानो वे इस सन्देह का खंडन कर रहे हों कि लौह-प्राचीर वाले देशों में विदेशी यात्रियों के भ्रमण पर रोक रहती है।

प्रोफेसर ओलगियर्थ ने आज एक नये दुभाषिये से परिचय कराया। इनका नाम देम्बोस्की है। ये चीन में पाँच वर्ष तक रह चुके हैं। कुछ-कुछ खांडु हो चले हैं, मगर उम्र तीस से ऊपर नहीं होगी। वे चीनी जानते हैं और चीनी प्रतिनिधि से उसकी मातृभाषा में ही बात करते हैं।

ओलगियर्थ को भारत के विषय में पुस्तकीय ज्ञान काफी है। विचित्र बात है कि हिन्दी-उर्दू विवाद के विषय में भी उन्हें थोड़ा-बहुत मालूम है। बात निकली तो देम्बोस्की बोल उठे कि 'चीन की कठिनाई यह है कि बोलने में चीनी भाषाएँ परस्पर दूर हो जाती हैं, किन्तु, लिखी जाने पर वहाँ की सभी भाषाएँ सबकी समझ में आ जाती हैं। किन्तु हिन्दी और उर्दू, ये बोली जाने पर समान हैं, केवल लिखी जाने पर वे दो भाषाएँ हो जाती हैं।'

ओलगियर्थ और देम्बोस्की को मैंने भारत की कई बातें बताईं, जिनसे उनका भ्रम दूर हुआ। प्रसन्नता होती है कि ये लोग विदेश के बारे में इतनी अच्छी जिज्ञासा रखते हैं। फिर किंचित् घबराहट भी होती है कि बाहर की दुनिया तो इतनी जागरूक और सावधान है, मगर हम भारतवासी कैसे हैं? कितने लोग हैं अपने देश में, जो अन्य देशों के बारे में इतनी जानकारी जमा करना चाहते हैं? और यदि बाहरवालों के विषय में अच्छी जानकारी रखनेवालों की संख्या अपने देश में न बढ़ी, तो क्या इससे हमारे देश की हानि नहीं होगी?

यूरोप को देखकर भारतवर्ष के सम्बन्ध में विकलता का बोध होता है। देश का बहुत बड़ा होना गुण भी है और दोष भी।

वारसा
25.11.1955

वारसा की डायरी

कल नाश्ते पर एक अधेड़ पोलिश महिला से परिचय हुआ, जो अंग्रेजी जानती हैं। उनके जरिये हंगरी के एक वयस्क कवि से बातें हुईं। उनका नाम, कदाचित्, सेबोक है। लंबे, गोरे, उम्र कोई 55 साल की, शील, सौजन्य और अहिंसा की प्रतिमूर्ति। कौन कहेगा कि ये हिंसाप्रिय सिद्धान्तों के घेरे में होंगे? वे बुडापेस्ट में रहते हैं। रवीन्द्रनाथ के प्रेमी हैं। रवीन्द्रनाथ ने बुडापेस्ट में रहकर कुछ कविताएँ लिखी थीं, यह बात उन्होंने बड़े ही गौरव से सुनाई। फिर कहने लगे, 'मेरा देश तो आपके देश से बहुत छोटा है, किन्तु आपके देश की परम्परा का हम लोग बहुत आदर करते हैं।'

नाश्ते पर ही रूमानिया के एक कवि और इटली की एक कवयित्री से परिचय हुआ। कवयित्री बिलकुल छोटी-सी मैना है और उसके मुख से गद्य भी गीत बनकर निकलता है। रवीन्द्रनाथ की रचनाओं से परिचय इन लोगों ने भी दिखाया। रवि बाबू देश के सुयश को खूब बढ़ाकर गए हैं। क्या जाने, रवीन्द्रनाथ के देशवासी होने के कारण ही हम लोग भी उचित से अधिक सम्मान पा रहे हों!

'कुरुक्षेत्र' के षष्ठ सर्ग का अंग्रेजी अनुवाद साथ था। मैंने एक-एक प्रति सभी को भेंट कर दी। और तब कल शाम को रूमानिया के कवि ने भी अपनी एक पुस्तक लाकर मुझे भेंट की। यह पद्य-नाटक है। मगर, मैं तो उसे समझ नहीं सकता। फिर भी साथ ले जाऊँगा।

कल नाश्ते के बाद हम म्यूजियम देखने गए। कवि मित्स्केविच के सम्बन्ध में ही यह म्यूजियम सजाया गया है। कवि के जीवन की घटनाएँ चित्रों में दिखाई गई हैं। यही इस म्यूजियम की प्रधान सजावट है। म्यूजियम का समारोह अच्छा रहा। उद्घाटन देश के संस्कृति-मंत्री जी कर रहे थे। उन्होंने म्यूजियम के दरवाजे पर खड़े-खड़े ही भाषण दिया। तब सब लोग अन्दर गए।

म्यूजियम में हम दोनों पर विशेष दृष्टि थी। वह, शायद, इस कारण कि हम खास ढंग की पोशाक में थे और चेहरों से हम साफ भारतवासी मालूम होते थे। हमें देखकर आपस में लोग कुछ बोलते थे, जिसमें बार-बार 'प्रीमियर नेहरू'—यह नाम आता था। हम लोगों की फिल्म और फोटो कई बार, खास तौर से, लिये गए। बाहर निकला, तब बच्चों ने ऑटोग्राफ के लिए घेर लिया। गरज कि भारत नाम की फसल बहुत अच्छी कट रही है।

फिर हम बाजार देखने गए। किन्तु, त्राहि! त्राहि!! जूते का दाम एक हजार स्लोती, मनीबैग का साढ़े तीन सौ, ओवरकोट के दो हजार और वैनिटी बैग के साढ़े तीन सौ स्लोती। यह अर्थ-विधान भी कितना विचित्र है!

रास्ते में मेहतर, गाड़ीवान और कोयले के मजदूर देखे, जो भारत के समान ही गरीब लगते थे। एक जगह सड़क पर गन्दगी भी देखी। पोलैंड स्वच्छता में भारत से थोड़ा ही श्रेष्ठ है। मगर श्रेष्ठ जरूर है।

अदम मित्स्केविच के शती-समारोह का पहला उत्सव कल शाम को संस्कृति मंडप में हुआ। इसमें पचास देशों के साहित्यकार और कोई साढ़े तीन हजार दर्शक आए हुए थे। संस्कृति-मंडप के जिस हॉल में यह आयोजन हुआ, वह नीचे से ऊपर तक खचाखच भरा हुआ था। मंच पर अपने सहयोगियों के साथ पोलैंड के राष्ट्रपति विराजमान थे। उनके एक ओर तो रूस के कवि श्चीपाचोव और दूसरी ओर फ्रांस के कम्यूनिस्ट नेता कज़ां बैठे हुए थे। कॉमरेड कज़ां की आकृति शीतल, सौम्य और पवित्र है। वे बूढ़े हैं, अत्यन्त बूढ़े हैं और मूँछें वे ग्रामीण के समान कतरकर रखते हैं। वे जब मंच पर पधारे, सारी सभा तालियों से गूँज उठी। फिर राष्ट्रपति ने प्रत्येक देश से आए हुए अतिथियों के नाम पढ़ने शुरू किये और हर नाम पर सभा निश्छल आनन्द से तालियाँ बजाती रही। जब कॉमरेड कज़ां का नाम पढ़ा गया, सभा आनन्द से उन्मत्त हो उठी और तालियाँ इतनी देर तक बजती रहीं कि कॉमरेड कज़ां रोने लगे और बार-बार संकेतों द्वारा उन्होंने सभा से शान्त होने का अनुरोध किया।

फिर, अदम मित्स्केविच के सम्बन्ध में कई विद्वानों के भाषण हुए। भाषण पोलिश, फ्रेंच, रूसी और जर्मन भाषाओं में हुए और भाषणों के अनुवाद केवल पोलिश भाषा में सुनाए गए। कितनी शान्ति! कैसा सौजन्य! कितना उत्साह! लोग जो भाषा नहीं जानते, उसमें दिये गए भाषणों को भी वे धीरज और शान्ति के साथ सुनते हैं। यह सच्चा राष्ट्रीय अनुशासन है। यह सच्चा अन्तरराष्ट्रीय सौजन्य है। अपने देश की याद आई। कितना भेद! वहाँ तो दिल्ली के लोग तमिल कविता के पाठ से ही अधीर हो जाएँगे और, सम्भव है कि कवि को कुछ क्लेश के साथ ही विदा करें।

कंसर्ट, गान और अदम मित्स्केविच की कविताओं के पाठ को लेकर यह उत्सव काफी देर तक चला। स्करजंका नाम की एक अभिनेत्री ने तो काव्य-पाठ द्वारा पूरे घंटे भर अद्‌भुत समाँ बाँध दिया। ऐसा लगा, मानो मित्स्केविच की पूरी पुस्तक ही उसे कंठस्थ हो! न जाने, हमारी अभिनेत्रियों में साहित्य का यह संस्कार कब उत्पन्न होगा! अथवा सम्भव है, ऐसा संस्कार उनमें अभी भी विद्यमान हो और हम उसके उपयोग से वंचित चले जा रहे हों!

26.11.1955

कल हम नगर देखने गए थे। वारसा यूरोप की प्रसिद्ध पुरानी राजधानियों में से एक है। अनेक शताब्दियों तक राजपुरी बने रहने से नगरों में एक प्रकार का गौरव और गंभीरता आ जाती है। यह लक्षण वारसा में भी विद्यमान है। वारसा ने पोलिश जाति के उत्थान-पतन की अनेक लीलाएँ देखी हैं। किन्तु हिटलर के राज्यकाल में पोलिश जनता का जो विनाश हुआ, वह पहले कभी नहीं हुआ था। उस रावण के राक्षसों ने लाखों पोलों को बेगुनाह मार डाला और आक्रमण के क्रम में पूरे नगर का विध्वंस कर दिया। नगर बहुत कुछ बन चुका है; किन्तु रचना के काम अभी बहुत बाकी हैं। नगर का एकाध अंश ठीक उसी रूप में पुनर्निर्मित हुआ है, जिस रूप में विनष्ट किया गया था। फिर भी, ध्वंस के कितने ही अवशेष ज्यों के त्यों खड़े हैं। नगर के हृदयद्रावक ध्वस्त अंशों को देखकर बर्लिन हवाई अड्डे की वह बालिका याद आई, जिसके पाँव में मोजे नहीं थे। फिर यह भान हुआ कि उसके मोजे क्यों छीन लिये गए हैं। वारसा का ध्वंस राक्षसी-वृत्ति का परिणाम है और उस बालिका के नंगे पाँव प्रतिशोध की गवाही हैं। किन्तु गांधी जी इस कांड पर क्या कहते?

हिटलर का क्रोध पहले यहूदियों पर टूटा था। उनका सफाया करके वह पोलों पर उतरा। नगर के उस भाग को भी देखा, जहाँ पहले यहूदी रहते थे। यहूदियों के विनाश की स्मृति में एक स्मारक बनाया गया है, जो अत्यन्त भव्य है। मूर्तियों में एक ओर तो यहूदी जाति का संघर्ष खचित है, दूसरी ओर उसका ईश्वर के प्रति आत्म-समर्पण। क्या यही कम्यूनिस्टों का ईश्वर-द्रोह है? मगर पोलैंड कम्यूनिस्ट था नहीं, लड़ाई के बाद हुआ है। अनुमान होता है कि कहीं न कहीं जाकर कम्यूनिज्म भी उस परम्परा को स्वीकार कर सकता है, जिससे वह अभी भाग रहा है। नवनिर्माण की योजना के अनुसार नगर का अभी और प्रसार होगा, जिसका नक्शा हमें समझाया गया। किन्तु इस काम में अभी बीस वर्ष और लगेंगे।

राह में आते-जाते गाड़ीवानों को देखा। घोड़े छोटे, मोटे और पुष्ट हैं तथा उनके पाँव में लंबे-लंबे बाल होते हैं। कोचवान तोशक के पाजामे और कोट पहने हुए थे। बच्चे कनझप्पा टोपी पहनते हैं। यह जनता का निर्धन अंश है, जो कम्यूनिज्म के देश में भी मौजूद है। निर्धनता केवल प्रस्तावों से दूर नहीं की जा सकती। उसे हटाने के लिए वर्षों काम करना होता है। यह काम पोलैंड और भारतवर्ष, दोनों देशों में हो रहा है। किन्तु, इसके लिए समय चाहिए।

लौटते समय युवकों और युवतियों का एक जुलूस देखा, जो गीत गाता हुआ सड़क पर से जा रहा था। सब उत्साह से उच्छल, सब हँसमुख, सब प्रसन्न। सन् 1930-32 ई. की याद आई, जब युवकों में ऐसा उत्साह भारतवर्ष में भी था। मगर अब अपने देश में वह बात नहीं रही। हमारे युवक सरकारों से रुष्ट हैं। यहाँ लोग काम करने में विश्वास करते हैं, भारत में वे यह सोच रहे हैं कि काम हम तब करेंगे जब, न जाने, क्या हो चुकेगा। और भारत में भी जो लोग काम करना चाहते हैं, वे

अपना अरमान कहाँ जाकर पूरा करें? अपने देश में तो हम, सबके लिए, काम का दरवाजा भी नहीं खोल सके हैं। पोलैंड को देखकर यह बात सूझती है कि हम भी जब काम करने लगेंगे, तब राजनीति की बातें करना भूल जाएँगे। तत्परता अनुशासन से बढ़ती है और अनुशासन यहाँ रेजिमेंटेशन के अधीन है। तो क्या प्रजासत्ता का ढंग गलत है? मगर मैंने आँखों से इस बात का प्रमाण तो नहीं देखा है कि यहाँ का सारा का सारा अनुशासन रेजिमेंटेड ही है। कम्यूनिस्ट देशों के विषय में जो पूर्व धारणाएँ किताबों से बन गई हैं, सम्भव है, उन्हीं के कारण ऐसा दिखाई पड़ रहा हो। सोचने से तो यही लगता है कि अनुशासनहीनता निन्द्य है, किन्तु, रेजिमेंटेशन उससे भी निन्द्य वस्तु है। मगर, सिविल लिबर्टी के नाम पर लोग बकवास करते रहें और काम न करें, यह कौन अच्छी बात है? प्रजासत्ता की सफलता के लिए भी यह जरूरी है कि हम अपने अधिकारों के साथ अपने कर्तव्यों को पहचानें।

विस्तुला नदी को देखा, जो नगर के बीच से बहती है। जनवरी में यह नदी जम जाएगी और लोग जूते पहनकर उस पर पैदल घूमेंगे। एक पार्क में छोटी-सी झील भी देखी, जिसका पानी जमने लगा है।

सड़कों पर बर्फ जमी हुई थी। हमारे शरीर पर भी बर्फ गिर रही थी। हवा ऐसी कि कान जड़ हो गए थे। हमने कई बार अपनी नाक यह जानने को छुई कि वह मौजूद है या नहीं। इतनी कड़ाके की सर्दी है, फिर भी काम करनेवाले काम कर ही रहे हैं। सड़कों पर जो लोग काम करते हैं, वे यहाँ भी मेजों पर काम करनेवालों के बीच किसी भी तरह खपाये नहीं जा सकते। सारी जनता अभी एकाकार नहीं हुई है।

आज नाश्ते पर पालिश कवियों से बातें हुईं। मिस्र के नाटककार श्री अजीज अबाजा पाशा से भी वहीं परिचय हुआ। वे खुले दिल के खुशमिजाज आदमी हैं और हम लोगों से बात करने में औरों से अधिक दिलचस्पी लेते हैं। कह रहे थे, 'जब आप देश लौटें, तब कैरो जरूर उतरें। कैरो में साहित्यिकों से मिलकर आपको प्रसन्नता होगी।'

श्री पियरे लूवी फ्लुके से भेंट हुई। आप ब्रुसेल्स (बेल्जियम) से काव्य-सम्बन्धी पत्रिका निकालते हैं, जो फ्रेंच भाषा में है। उन्होंने पत्रिका का वह अंक दिखाया, जिसमें स्वर्गीया सरोजिनी नायडू की तीन कविताओं के फ्रेंच अनुवाद छपे हैं। कहते थे कि भारत से कविताओं के अनुवाद भिजवाइए, तो मैं उन्हें प्रकाशित करूँ। मगर कौन करेगा हिन्दी कविताओं का फ्रेंच अनुवाद?

लोग गांधी टोपी से आकृष्ट हैं। इस टोपी को देखते ही उन्हें 'पंदित नेहरू' और 'इंदिया'—ये दो शब्द अनायास याद पड़ जाते हैं।

रात रूसी कवि श्चीपाचोव से खाने की मेज पर दुभाषिये के माध्यम से बातें हुईं। उन्होंने पूछा, 'आपने भारत कब छोड़ा?' मैंने कहा, 'मिस्टर बुलगानिन और मिस्टर ख्रुश्चेव से मिलने के बाद।' फिर साहित्य के विषय में बातें हुईं। उन्होंने कोई खास जिज्ञासा नहीं दिखाई। मैंने ही कहा, 'रूसी कहानियों, उपन्यासों और निबन्धों

के जो नमूने भारत पहुँचते हैं, उनमें टॉल्स्टॉय, तुर्गनेव और डास्टावेस्की की ऊँचाई तो नहीं मिलती, फिर भी, वे काफी अच्छे होते हैं, मगर रूसी कविताओं के विषय में हम लोग लगभग कुछ नहीं जानते। क्या आप बतलाएँगे कि आपके यहाँ कविताओं के विषय, मुख्यतः, क्या होते हैं?'

मेरा प्रश्न कुछ बहुत अच्छा नहीं था, मगर उसके बहाने कविता के सम्बन्ध में कुछ वार्तालाप खुल सकता था। किन्तु कवि ने उसे यह कहकर टाल दिया कि 'विषय मैं कहाँ तक बताऊँ? मास्को पहुँचकर मैं काव्य-संग्रहों की कुछ प्रतियाँ आपको भेज दूँगा। आप स्वयं देख लेंगे कि हमारे विषय क्या होते हैं।'

हिन्दी शब्द लोगों ने मेरे नाम के साथ जोड़ दिया है। वे समझते हैं कि यह, शायद, मेरे नाम का ही अंश है। भारतीय को, शायद, वे हिन्दुस्की कहते हैं।

रात ही मित्स्केविच के नाटक 'फोरफादर्स इव' का अभिनय देखा, जो साढ़े चार घंटे चलता रहा। दृश्य, प्रायः 'मोनो लोग' के ही थे और बहुत लंबे-लंबे। मैं बार-बार सो जाता था। किन्तु दृश्य बड़े ही सुहावने और सजीव थे। अर्थ नहीं समझने पर भी अनुमान होता रहा कि मित्स्केविच महाकवि रहे होंगे।

26.11.1955

अभी-अभी लंच खाकर ऊपर आया हूँ। आज यहाँ से 30-35 मील दूर एक गाँव में गया था, जिसका नाम स्कालिमुफ है। वहाँ ट्रेड यूनियन के केन्द्रीय समिति का प्रधान दफ्तर है। आज वहाँ अतिथियों के लिए गीत, नृत्य और कंसर्ट का आयोजन था। यूरोप की उद्दामता उसकी कलाओं में भी है। कोरस गान किस उत्साह से गाते हैं! कितने लोग! किन्तु, कैसी एकता है! केसकर साहब पाश्चात्य धुनें नहीं चाहते, किन्तु यह कोरसवाली चीज तो अपने यहाँ भी चलनी चाहिए।

गायन बड़े जोर का रहा। उससे भी बढ़कर नृत्य था। नृत्य में व्यायाम का पुट अधिक रहता है। अपने देश में नृत्य की मुद्राएँ तन से अधिक मन को अभिव्यक्त करती हैं। यहाँ नृत्य में भी शारीरिक अभिव्यक्ति ही प्रधान है। लेकिन सब मिलाकर नृत्य प्रभावोत्पादक होता है।

वारसा जैसे भरे-पूरे लंबे और पुष्ट लोग यहाँ नहीं थे। आखिर कलाकार ही तो ठहरे। वे हर देश में शरीर से कुछ सूक्ष्म होते हैं। अलबत्ते, वारसा में अभिनेत्री स्करजंका पहलवान-सी दीखती है। उसकी तुलना में यहाँ की नाचनेवाली लड़कियाँ बहुत नाटी हैं।

कलाकारों में पूरा उत्साह था। वे जी खोलकर अपने गुणों को प्रकट कर रहे थे। मगर यहाँ के श्रोता भी खूब हैं। प्रशंसा में तालियाँ पीटने लगते हैं, तो रुकने का नाम ही नहीं लेते। कलाकारों से अधिक से अधिक प्राप्त करना ये खूब जानते हैं। बढ़ावा और प्रोत्साहन कला का मुख्य आहार है। यह आहार यूरोप में कला को खूब मिलता

है। भारतवाले इस मामले में कंजूस हैं। हाँ, दिल्ली और मद्रास में प्रोत्साहन अच्छा दिया जाता है। इससे ज्ञात होता है कि कला को निश्छल प्रोत्साहन वही दे सकता है, जो स्वयं पूर्ण रूप से निश्छल और सुसंस्कृत है।

नाच खत्म होते ही लड़कों और लड़कियों ने हम दोनों को घेर लिया। फोटोवाले फोटो उतारने लगे। कलाकार चुहलें करने लगे और बाकी अतिथि हम लोगों का तमाशा देखने में लग गए। किसी ने मेरी टोपी उतारकर खुद पहन ली और अपनी टोपी मुझे पहना दी। समाँ ऐसा बँधा कि हम दोनों तमाशा बन गए। अजीज अबाजा साहब ने व्यंग्य कसा, 'आज तो बस आपका ही दिन है। आप बड़े किस्मतवाले निकले।'

अभी लंच पर फ्रेंच प्रोफेसर की पत्नी ने कहा, 'आज तो आपको कई सफलताएँ प्राप्त हुईं।'

नाचघर में यूनियन के कलाकारों ने कहा, 'जब प्रीमियर नेहरू आए थे, तब भी हमने नाच दिखाया था।'

एक लड़की को क्या हुआ कि वह आकर लिपट गई और बोली कि तुम लोग मत जाओ। यहीं रहो और हमारे साथ नाचा करो। मैंने देम्बोस्की की ओर इशारा करके कहा कि ये हमें घसीटकर लिये जा रहे हैं।

नेहरू जी के कारण भारत पर अपार भक्ति जग पड़ी है। उसी का प्रसाद आज हमें प्राप्त हुआ। पता नहीं, यह ध्यान देने की बात है या नहीं, किन्तु किसी-किसी अतिथि की आँखों में हल्की ईर्ष्या जरूर थी।

आज लंच में पोलैंड के एक युवक कवि साथ बैठे थे। उन्होंने कई पोलिश कवियों से परिचय कराया। युवक कवि ने नेहरू जी की वारसा-यात्रा की कहानी सुनाई। कैसे लोग बारह बजे दिन में (यानी काम के समय) दफ्तर छोड़कर सड़कों पर आ गए थे, कैसे उनकी एक झाँकी के लिए जनता उद्वेलित और बेचैन थी तथा कैसे नेहरू जी कार से उतरकर लोगों से मिलते और बातें करते थे।

मैंने कवि से पूछा, 'नेहरू के प्रति आप लोगों में ऐसी भक्ति कैसे उत्पन्न हो गई?' वे बोले, 'भारत और पोलैंड की विपत्तियाँ समान रही हैं। नेहरू ने भारत को आजाद कराया, आज वे उसका उद्धार कर रहे हैं। साथ ही, वे शान्ति के देवता हैं। उनके भाषण यहाँ अखबारों में खूब छपते हैं और हमारा सारा देश उनकी बातों को विश्वनेता की बातें मानकर पढ़ता है।'

नेहरू जी ने भारत का नाम उजागर कर दिया। उनके नाम से भारत का नाम है। यहाँ बेनीपुरी और नागार्जुन की वे गालियाँ याद आती हैं, जो उन्होंने पटना-उपद्रव के समय नेहरू जी को दी हैं। धन्य हैं हम भारतवासी!

जब हम कंसर्ट देख रहे थे, मेरा मन कहीं अन्यत्र घूम रहा था। भारत में हम लोग बहुत धीरे-धीरे चल रहे हैं। चलना हमें बहुत तेजी से चाहिए। दिल्ली और

प्रान्तीय राज्य, सबकी गति तेज की जानी चाहिए। लद्धड़ और आलसी के समान पड़े रहना और कोई काम नहीं करके केवल सिविल लिबर्टी की बातें बघारना, इससे तो कोई भी देश प्रगति नहीं कर सकता। हमारे देश में केवल स्वतंत्रता ही स्वतंत्रता है। तत्परता, मुस्तैदी और कार्य-पटुता—ये गुण अभी बढ़ ही नहीं पाए हैं। मगर दोष किसका है? हमारे झुंड के झुंड शिक्षित नवयुवक बेकार हैं। हर बेकार ग्रेजुएट एटम बम होता है। उसे काम दो, नहीं तो वह समाज को अराजकता के मार्ग पर ढकेल देगा।

साम्यवाद की दो उपलब्धियाँ यहाँ स्पष्ट दिखाई देती हैं। इस अंतर्राष्ट्रीय सम्मेलन में पूर्व और पश्चिम का, गोरे और काले का भेद नहीं है। यह, सचमुच, अंतरराष्ट्रीय सम्मेलन है। साम्यवाद के घेरे में आनेवाले देश आपस में अत्यन्त सामीप्य का अनुभव करते हैं और साम्यवाद ने बेकारी तथा वर्गभेद का उन्मूलन तो कर ही दिया है।

आते-जाते, रास्ते में, लाल ओवरकोट वाली महिला से बातें हुईं। खूब तेज औरत है। भारत के बारे में तरह-तरह के प्रश्न पूछती है। छुआछूत, जातिवाद, ज्योतिषी, फकीर, भाषा और लिपि, यहाँ तक कि नेहरू जी के आवास, सबके बारे में उसने सवाल किये। फिर पूछ बैठी, 'आपके बच्चे कितने हैं?' मैंने कहा, 'भारत की दृष्टि से अधिक नहीं, केवल चार हैं।' वह ठठाकर हँस पड़ी और हँसते-हँसते ही बोली, 'अजी, एक बहुत काफी होता।'

27.11.1955 (चार बजे शाम)

जितना कुछ देखा है, उस पर पक्की राय बनाना जोखिम की बात है। किन्तु, ऐसा लगता है कि सेक्स की तेजी बुर्जुआ समाज की विशेषता है। यहाँ सेक्स कुछ संयत दिखाई देता है। यहाँ की नारियों के मुख पर वे कृत्रिम साज-सिंगार और प्रसाधन कम हैं, जिनसे सेक्स में तेजी आती है और वह आक्रामक हो उठता है। यहाँ की नारियों में सहजता के भाव हैं। उनके चेहरों से यह नहीं झलकता कि वे सेक्स को छिपा रही हैं अथवा उसे प्रकट कर रही हैं। लिपस्टिक वगैरह तो थोड़ा-बहुत दिखाई देता है, किन्तु, केशों की सजावट में असावधानता है। नारियों के बाल भी क्रान्तिकारी ढंग से बिखरे हैं, तो कहीं सामने कपाल पर से कतरे हुए भी। क्या जानें, यह नया क्रान्तिकारी फैशन ही हो! एक बूढ़ी महिला जरा चमक-दमक लिये आती हैं, कुछ बनी-ठनी-सी, जेवर पहनती हैं और उनके बोलने का ढंग भी जरा रईसाना है। ऐसा लगता है कि वे बुर्जुआ युग की यादगार हैं और इस महफिल में ठीक से फिट नहीं हो पाती हैं।

सड़कों पर जाड़े से बचने के लिए कान तो औरतों को भी ढँकना पड़ता है और जब नारी ने अपना सिर और कान ढँक लिये, तो उसका आधा सेक्स तो छिप ही

जाता है। किसी मुस्लिम लेखक की एक बात याद आ जाती है कि नारी, चाहे तो, पुरुषों के बीच खड़ी रहकर भी सेक्स से विच्छिन्न रह सकती है। यहाँ की पोशाकें सेक्स को उभरने नहीं देतीं, न औरतों को सेक्स का कोई खास खयाल है। नारियाँ पुरुषों की प्रेरणादात्री नहीं, उनकी समकक्षाएँ हैं। यदि यह उपलब्धि साम्यवाद की है, तो यह अच्छी बात है।

इटली की कवयित्री से आज फिर मुलाकात हुई। मुट्ठी भर की हलकी-छोटी मैना है। एक-एक शब्द पूरी शालीनता के साथ बोलती है, मानो कोई पतली आवाज ग्रामोफोन से आ रही हो!

मर्दों और औरतों के बीच छुआछूत का यहाँ कोई भाव नहीं है। थियेटर से निकलते समय जब लोग ओवरकोट लेने जाते हैं, तब वे परस्पर घर्षित होते रहते हैं। मगर इसका कोई बुरा नहीं मानता। सेक्स का पाप-भाग, भय-भाग यहाँ नहीं सताता। सेक्स यहाँ छलपूर्ण नहीं, स्वाभाविक और निर्भीक है।

27.11.1955 (रात के समय)

आज वारसा विश्वविद्यालय के भारतीय विभाग में भारतीय कविता पर भाषण देने जाना था। भोर ही उठकर भाषण तैयार किया। यूनिवर्सिटी जाने पर पहले भाषा-तत्त्व-विभाग में गया। वहाँ तुर्की और अरबी वर्ग के छात्र अजीज अबाजा पाशा और टर्की के कवि 'कमेल' के साथ बातें कर रहे थे। वहाँ से हम लोग इंडिया सेक्शन में गए। यह विभाग अभी दो सप्ताह पूर्व खुला है। 'कास्ट्स ऑव सदर्न इंडिया' तथा मैक्समूलर-कृत 'सेक्रेड बुक्स ऑव दी ईस्ट' की जिल्दें वहाँ विशेष रूप से दिखाई पड़ीं। मैंने अपनी कई किताबों का एक सेट इस शाखा को उपहार में दिया। साथ में 'रामचरितमानस' की भी एक प्रति तथा 'शान्तिदूत' की एक कॉपी भी दी। इस शाखा की ओर से जिस अध्यापक ने भेंट स्वीकार की, उनका नाम यबोंएंस्की है।

भारतीय विभाग से हम लोग चीनी विभाग में आए। यहाँ के प्रोफेसर एक चीनी सज्जन हैं, जिनका नाम चाङ्-चिङ्-क्वे है। मेरे साथ चीन के कवि श्री पियेन भी आए थे। चीन से क्लासिक ग्रन्थ यहाँ हाल में ही लाये गए हैं। अब तक कोई तीस पोलिश छात्र चीनी भाषा सीख चुके हैं। संस्कृत और पालि भी वारसा यूनिवर्सिटी में पढ़ाई जाती है; किन्तु उस शाखा के प्राध्यापक प्रोफेसर स्लुस्कोविच आज यहाँ नहीं थे। वे यहाँ से दो सौ मील दूर रहते हैं और केवल वर्ग के दिन, समय पर, आकर फिर वापस चले जाते हैं।

भारतीय शाखा में वापस आकर मैंने अपना निबन्ध पड़ा। अंग्रेजी जाननेवाले कुल दस-बारह व्यक्ति ही वहाँ मौजूद थे। ओलगियर्थ ने भाषण की कॉपी ले ली है। वे इसका पोलिश अनुवाद पत्रों में छपाएँगे।

विदेशी भाषाएँ सिखाने का काम भारतवर्ष में भी चलता है; किन्तु अपना देश इतना विशाल है कि यह प्रयत्न दाल में नमक के बराबर ही है। फिर भी, यह सत्य है कि विश्व की एकता तभी सम्भव होगी, जब हर देश में हर भाषा के जानकार, अधिक-से-अधिक संख्या में, तैयार होंगे।

आज संध्या समय वह अंतरराष्ट्रीय कवि-सम्मेलन होगा, जिसमें भाग लेने को हम आए हैं। तय किया है कि 'कुरुक्षेत्र' के षष्ठ सर्ग में से कुछ पंक्तियाँ पढ़ूँगा। ओलगियर्थ कहते थे कि कविता का पोलिश अनुवाद अच्छा उतरा है।

28.11.1955

रात का कवि-सम्मेलन भारत के हाथ रहा, इसमें कोई सन्देह नहीं है। आज सागर ने बड़े तड़के अपनी बीवी को खत लिखा : 'मुबारक हो लो, पोलैंड फतह हो गया।' मैंने कहा, 'सागर साहब! कुछ यह भी खयाल है कि तेनसिंह और हिलेरी जब एवरेस्ट पर चढ़े थे, तब धीमे-धीमे यह मजाक भी चलता था कि ये लोग सच कहते हैं या झूठ, यह कौन बता सकता है? दोनों एक दूसरे के ही तो गवाह हैं।' सागर बोले, 'मगर दिनकर साहब! यहाँ तो फोटो मौजूद हैं। और क्या यहाँ के अखबारों में रिव्यू नहीं आएगी?' सागर का मुस्तैद जवाब सुनकर हँसी आ गई और हम दोनों एक दूसरे को देखकर देर तक हँसते रहे।

आज के एक अखबार में कई कवियों के कार्टून निकले हैं। एक कार्टून 'हिन्दुस्की कवि दिनकर' का भी है। और सागर की प्रशंसा करते हुए अखबार ने लिखा है कि भारत में अभी कविता संगीत से सर्वथा भिन्न नहीं हो पाई है। टिप्पणी शायद इस बात पर है कि रात मैंने कविता का पाठ भर किया था और सागर ने अपनी कविता तरन्नुम में पढ़ी थी।

रात कवि-सम्मेलन के इंटरवल में जो कवि बधाई देते हुए मुझसे लिपट गए थे, वे क्यूबा के हैं, स्पेनिश में कविता करते हैं और उनका नाम निकोलस गिलन है। और जो कवयित्री फोटो के समय बगल में आ खड़ी हुईं, वे सिसली की हैं। ये बातें आज बारबारा ने बताईं, जो रात ऑटोग्राफ लेने को आई थी।

रात एक और मजाक रहा। कवि-सम्मेलन के इंटरवल में और उसकी समाप्ति के बाद, बधाई देनेवालों का ताँता लग गया था, किन्तु लाल ओवरकोटवाली रमणी, जो कभी-कभी हमारी दुभाषिया बन जाती है, उस समय मेरे पास नहीं आई। होटल लौटने पर उससे लाउंज में भेंट हुई, तब मैंने कहा, 'इतने लोग मुझे प्रोत्साहन देते रहे, मगर आप कहाँ रह गईं? व्हाई डिड यू नॉट रन एंड कांग्रेचुलेट मी (आप मुझे बधाई देने को दौड़कर क्यों नहीं आईं?)? वह बोली, 'मर्दों का काम है कि वे औरतों के पीछे दौड़ें। औरतों का तो मर्दों ने दिमाग ही खराब कर रखा है। वे मर्दों के पीछे क्यों दौड़ने जाएँ? मगर आप लोगों की कामयाबी बहुत बड़ी रही। बधाई के भूखे हों, तो अब ले लीजिए।'

कल तक लोग हममें जो दिलचस्पी लेते थे, आज उससे ज्यादा ले रहे हैं। आज दो कवियों ने पूछा, 'रात क्या आपने कविता संस्कृत में पढ़ी थी?' मैंने कहा, 'नहीं। वह कविता हिन्दी में थी, जो संस्कृत की उत्तराधिकारिणी और हमारे संपूर्ण राष्ट्र की भाषा है।'

ओलगियर्थ बड़े मजाकिये हैं। आज नाश्ते के समय हमारे साथ स्पेन के कवि और उनकी सहधर्मिणी भी बैठी थीं। महिला अधेड़ उम्र की होंगी, मगर सजी-धजी, ठीक कविरानी ही मालूम होती हैं। वे अंग्रेजी नहीं जानती हैं। तीन-चार बार उन्होंने पंडित नेहरू का नाम लिया। मैंने भाँपा तो जरूर कि वे हमसे कुछ बोलना चाहती हैं, किन्तु स्पेनिश का कोई दुभाषिया वहाँ उपलब्ध नहीं था। निदान, बेचारी ने अपना चाँदी का लॉकेट उतारकर मेरी ओर बढ़ा दिया। मैंने भी भावभंगी में यह बताते हुए कि लॉकेट अच्छा है और आपको खूब जेब देता है, उसे फिर उन्हें वापस कर दिया। इस पर, दोनों पति-पत्नी हँसने लगे। इतने में, ओलगियर्थ बोले, 'लेकिन, मिस्टर दिनकर, जोड़ी बिलकुल अनरोमांटिक है।' ओलगियर्थ का लक्ष्य, शायद, कवि की ओर था, जो शरीर से कुछ भारी है।

अंग्रेजी की व्यापकता का भारत में बड़ा शोर है; किन्तु इस सम्मेलन में तो वह बिलकुल लँगड़ी दीखती है। फ्रेंच जाननेवाले लोग बहार में हैं। यूरोप का प्रत्येक विद्वान, प्रायः, थोड़ी-बहुत फ्रेंच अवश्य जानता है। किन्तु, अंग्रेजी के जानकार इस सम्मेलन में बहुत कम हैं। हमारी नाव तो तब तक अटकी रहती है, जब तक कोई अंग्रेजीदाँ दुभाषिया न आ जाए।

29.11.1955

कल पूर्वाह्न में वारसा यूनिवर्सिटी हॉल में कवि-सम्मेलन हुआ। उपस्थिति बहुत अच्छी थी और उससे भी अच्छा लोगों का उत्साह था।

कल शाम को राष्ट्रपति की ओर से दावत थी। हम राष्ट्रपति से कुछ दूर पर घूम रहे थे कि उन्होंने बुलाकर हमें मुख्य स्थान पर ला खड़ा किया। वहीं रूस के राजदूत भी खड़े थे और रूस के कवि श्चीपाचोव भी। रूसी कवि से तो परिचय हो ही गया था, राष्ट्रपति ने भी हम दोनों का बाजाप्ता परिचय कराया और वे बोले, 'अब आप दो कवियों के भीतर से दो महान देश परस्पर मिल रहे हैं।'

इस दावत में अभिनेत्री स्करजंका भी निमंत्रित थीं। मैंने एक पोलिश कवि से उनके काव्य-पाठ की प्रशंसा की थी और यह भी कहा कि मेरी कविता का अनुवाद भी उन्होंने अच्छे ढंग से उपस्थित किया है। यह बात अभिनेत्री को मालूम थी, अतएव, उन्होंने चाहा कि मेरे साथ उनका फोटो लिया जाए। इस पर एक ग्रुप फोटो लिया गया।

इस अन्तरराष्ट्रीय सम्मेलन की कई विशेषताएँ देखने में आती हैं। एक तो यह कि कोई किसी से तनिक भी अशिष्ट या उदासीन व्यवहार नहीं करता। न तो कोई कवि रूठता है, न किसी को यह अनुभूति सताती है कि लोग उसकी उपेक्षा कर रहे हैं। न चार कवि एकत्र होकर वहाँ अनुपस्थित कवि की निन्दा ही करते हैं। राजनीति तो यहाँ वार्तालाप से बिलकुल बाहर की चीज है।

होटल में मस्ती और बेपरवाही का वातावरण छाया रहता है। सिगरेट के धुएँ प्रायः छोटी-मोटी बदली का रूप ले लेते हैं। हमसे अधिक मित्रता मिस्र और टर्की के प्रतिनिधियों की बैठती जा रही है। यह, शायद, भौगोलिक सामीप्य के कारण।

होटल से बाहर के नागरिक भी अतिथियों का खूब सम्मान करते हैं। ऐसा लगता है, मानो सारा नगर दायित्व के ज्ञान से दबा हुआ हो! सारा वातावरण विनय और निरहंकारिता का है। ऐसे में सांस्कृतिक आदान-प्रदान के कार्य ठीक से चल सकते हैं। यह ऐसा सम्मेलन है, जिसमें न तो कोई प्रस्ताव है, न कोई अपना मत कहने से घबराता है। यह विभिन्न मतावलंबी साहित्यिकों का मुक्त मिलन है। मुझे तो कहीं भी कोई रोक-टोक के लक्षण दिखाई नहीं देते।

पोल होने का गौरव, प्रायः प्रत्येक पोल के चेहरे से झलकता है। यह योग्य भी है। जातियाँ जब विपत्तियों के बीच से सही-सलामत निकलती हैं, उनके आध्यात्मिक तेज में वृद्धि हो जाती है।

30.11.1955

क्रैकोव और पोज़न

क्रैकोव और पोज़न, वारसा के बाद, पोलैंड के सबसे नामी नगर हैं। क्रैकोव की विशेषता यह है कि वह किसी समय पोलैंड की राजधानी था और वहाँ यूरोप का अति प्राचीन विश्वविद्यालय भी अवस्थित है। पोज़न का महत्त्व उद्योगों का केन्द्र होने के कारण है।

1 दिसम्बर, 1955 ई. को वारसा से क्रैकोव जाना था। क्रैकोव में अदम मित्स्केविच की समाधि भी है और उत्सव इस समाधि पर भी हुआ था। किन्तु हम उस दिन क्रैकोव नहीं पहुँच सके।

पहली दिसम्बर को ही बर्लिन रेडियो का एक आदमी माइक लेकर होटल में आया और मुझसे भारतीय कविता पर अंग्रेजी में एक वार्ता रिकॉर्ड करवाकर ले गया। दिन भर शहर घूमकर हम रात की ट्रेन से क्रैकोव के लिए प्रस्थित हुए। अब देम्बोस्की हमारे साथ नहीं थे, प्रत्युत इस बार दुभाषिये के रूप में हमारे साथ मिस्टर मित्सलो नामक युवक चले जो अन्तरराष्ट्रीय कमीशन के सिलसिले में हिन्द-चीन भी रह आए हैं। वे अंग्रेजी खूब जानते हैं और तबीयत से भी निश्छल, उत्साही और मिलनसार हैं।

ट्रेन में जाते ही मित्सलो हमें होटलवाले डिब्बे में ले गए। डाइनिंग कार में भोजन करने को मजदूर और अफसर, सब आते हैं, मगर उनके बीच कोई भेद नहीं दिखाई देता। वर्गहीनता का यह दृश्य हृदय को बहुत अच्छा लगा और मन के भीतर से यह पुकार निकली कि न जाने, अपने देश में यह दृश्य कब देखने को मिलेगा! अभी तो वहाँ लोकप्रिय मंत्रियों से भी बातें उनकी आँख देखकर ही की जा सकती हैं।

डाइनिंग कार में एक बात यह हुई कि एक पंगु भिखारी लाठी टेकता हमारी मेज पर आ पहुँचा। हम जब तक उससे बात करें-करें कि मित्सलो शरमा गए और उन्होंने पाँच स्लोती का एक नोट देकर उसे विदा कर दिया। मित्सलो से मन मिल गया था, इसलिए मैंने उससे कहा, 'अरे, इसमें भारतवासियों के सामने लजाने की क्या बात है? हमारे देश में तो भिखारी कदम-कदम पर मिलते हैं। यदि तुम्हारे देश में एक भिखमंगा दिख गया तो क्या बात है?' इस पर मित्सलो ने कहा, 'आपके देश की समस्या और है। वहाँ आदमी अधिक और रोजगार अभी कम हैं; किन्तु पोलैंड में तो जितने रोजगार हैं, उतने आदमी ही नहीं मिलते। फिर भी, युद्ध में आहत इस आदमी के लिए हम अभी तक कुछ नहीं कर सके, इसका हमें दुःख है।'

मगर, हिन्दुस्तान में हम अगर ऐसी बातों से दुखी हों भी, तो इस दुःख को समझनेवाला कौन है?

खाते-खाते हम एक-दूसरे को अपने-अपने देश के मजाक सुनाने लगे। यह सिलसिला ऐसा जमा कि हम डाइनिंग कार में बैठे-बैठे ही क्रैकोव पहुँच गए। स्टेशन पर जब हम उतरे, मित्सलो ने हमारा परिचय क्रैकोव लेखक संघ के सभापति, नगर-निगम के अध्यक्ष तथा विश्वविद्यालय के प्रोफेसर दोब्रोबालस्की से कराया, जो हमारे स्वागत के निमित्त आए थे।

दूसरे दिन हम लोग मित्स्केविच की समाधि पर पुष्प चढ़ाने गए। कवि का शरीर-पात तो देश से बाहर हुआ था, बाद को उनका फूल क्रैकोव के बैवल किले में गाड़ा गया, जहाँ पोलैंड के प्राचीन राजाओं की समाधि है। फिर, हम वह म्यूजियम देखने गए, जो क्रैकोव के राजमहल में अवस्थित है। बैवल के किले में ही, मित्स्केविच के पार्श्व में पोलैंड के दूसरे कवि, स्लोवास्की की भी समाधि है।

राजमहल में घूमते समय जर्मन अत्याचार की कहानी छिड़ गई। प्रोफेसर दोब्रोबालस्की म्यूजियम भी दिखाते जाते थे और यह भी कहते जाते थे कि पोलैंड पर अधिकार कर लेने के बाद जर्मनों ने इस राजमहल को अपना अड्डा बना लिया था; यहाँ वे शराब पीते थे, यहाँ वे नाचते थे, यहाँ उन्होंने सिनेमाघर बनवाया था और यहाँ वे कूदा-उछला करते थे। म्यूजियम में चित्रों का जो संग्रह है, वह काफी सुन्दर है।

क्रैकोव का विश्वविद्यालय सन् 1364 ई. में स्थापित हुआ था और उसे स्थापित करनेवाले पोलिश राजा का नाम काजिमिर महान् था। पेरिस की यूनिवर्सिटी इससे

भी पुरानी है। प्रोफेसर ने मुझे यह भी बतलाया कि विश्व की प्राचीनतम यूनिवर्सिटी दसवीं सदी में ट्यूनिशिया में बनी थी। मैंने उनकी सूचना के निमित्त निवेदन किया कि भारत का प्राचीनतम विश्वविद्यालय तक्षशिला में था। विक्रमशिला और नालन्दा के विश्वविद्यालय तो ग्यारहवीं-बारहवीं सदी में आकर नाश को प्राप्त हुए।

क्रैकोव के गिरजाघर पर एक घंटाघर है, जिस पर प्रत्येक घंटा बीतने पर उतनी ही बार तुरही बजाई जाती है। कहते हैं, यह सिलसिला 14वीं सदी से चला आ रहा है और तुरही रुक-रुककर बजाई जाती है, जिसके साथ पोलैंड पर तातार-आक्रमण की कोई स्मृति सम्बद्ध है। कहते हैं, 14वीं सदी में जब तातार लोग क्रैकोव नगर पर चढ़ आए, तब एक चौकीदार घंटाघर पर खड़ा होकर नगरवालों को सचेत कर रहा था कि दुश्मन कितनी दूर पर है। इतने में, एक तीर उसके गले में आ लगा। वह मरते दम तक रुक-रुककर आगाही की आवाज देता ही गया। उसी चौकीदार की याद में हर घंटे तुरही रुक-रुककर बजाई जाती है।

क्रैकोव की यात्रा इसलिए भी याद रहेगी कि वहाँ मेरे एक दाँत में दर्द हो गया। सागर के दाँत में भी, संयोग से, उसी दिन दर्द उठा था। अतएव हम दोनों व्यक्ति अस्पताल ले जाये गए। वहाँ मर्द डॉक्टर कोई था ही नहीं और दाँत उखाड़ने के जो औजार थे, उनमें पूरा जंग लगा हुआ था। मेरा शरीर मधुमेह से पीड़ित है। अतएव मैंने डॉक्टरनी से कहा, 'आप मेरे दाँत को मत उखाड़ें, केवल दर्द कम करने की कोई दवा दे दें। दाँत उखड़वाना होगा, तो यह काम मैं लन्दन में करूँगा।' मगर मेरी कौन सुनता? एक डॉक्टरनी ने दाँत को चटाक से तोड़ ही तो दिया। मैं उस पर काफी नाराज हुआ। मैंने कहा कि अगर दाँत का कोई टुकड़ा भीतर रह गया हो, तो मैं अब मर जाऊँगा और यही बात मैंने सागर से भी कही। डायबिटिक शरीर में नासूर हो जाए अथवा मसूड़े के भीतर दाँत का कोई टुकड़ा अटक जाए, तो रोगी की मृत्यु हो सकती है, यह संस्कार मेरे मन में बैठा हुआ था और अब भी है। अतएव, मैंने सागर से कहा कि 'आए तो हम दो व्यक्ति थे; किन्तु लौटना अब आपको अकेले पड़ेगा। क्योंकि इस पिछड़े हुए देश में कौन मेरी वैसी देख-भाल करेगा, जैसी देख-भाल पटने के डॉक्टर किया करते हैं?' विचित्र बात यह हुई कि डॉक्टरनियाँ जिद करने लगीं कि दाँत टूटकर भीतर नहीं छूटा है। मैंने कहा कि एक्स-रे करके देख लो। और एक्स-रे के बाद डॉक्टरनियों की गरदनें झुक गईं। दाँत का एक खासा टुकड़ा, सचमुच ही, भीतर रह गया था। मगर अब गुस्सा करने से क्या लाभ था? मैं ऑपरेशन की कुर्सी पर बैठ गया और एक डॉक्टरनी किसी तरह की रुखानी से खोद-खोदकर दाँत निकालने लगी। दाँत जब साफ हो गया, तब मैं पेनिसिलिन लेकर वहाँ से चलता बना। मगर बड़ी डॉक्टरनी को धन्यवाद कि वह रात में मुझे होटल में देखने आई और कुछ सेंक-साँक करके मुझे सुलाकर चली गई। प्रभु की कृपा से घाव दो-तीन दिन में ही अच्छा हो गया। किन्तु डॉक्टरी की दृष्टि से तुलना करता हूँ, तो मुझे अब

भी यही दीखता है कि क्रैकोव अठारहवीं सदी में है, जबकि हमारा शहर पटना इक्कीसवीं सदी में पहुँच रहा है।

तीसरी दिसम्बर को लोग हमें क्रैकोव से ओसवेचिम ले जाना चाहते थे। यह स्थान क्रैकोव से कोई 50 मील उत्तर में है। वहाँ जर्मन अत्याचार का एक म्यूजियम कायम किया गया है। कहते हैं, लड़ाई के दिनों में जर्मनों ने कोई सत्तर लाख पोलों को जान से मार डाला। हत्या का यह काम ओसवेचिम में चलता था और कुछ अन्य जगहों पर भी। पोलिश मित्रों का कहना है कि जर्मन हत्यारे एक-एक पढ़े-लिखे, गुणवान पोल को मार डालना चाहते थे। कवि, पत्रकार, प्रोफेसर, शासक, जनसेवी, राजनीतिज्ञ और कलाकार–इनमें से वे किसी को भी जीवित छोड़ना नहीं चाहते थे। जीवित वे केवल उन्हें रखना चाहते थे, जो जर्मनों की बेगारी और मजदूरी कर सकें। मित्सलो ने हत्या की जो कहानियाँ सुनाईं, उन्हें याद करके आज भी उबकाई आती है। ढंग यह था कि सौ-दो सौ मर्द एक साथ पकड़वाकर मँगवा लिये जाते, उनका सिर मुँड़वा लिया जाता कि केशों से जर्मन कारखानों में ब्रुश बनवाये जा सकें और फिर सबको गोलियों से मौत के घाट उतार दिया जाता था। हत्या उन्होंने नारियों की भी की। मेरे चकित होने पर मित्सलो ने कहा, 'प्रोफेसर! नाजी हत्यारों में उतनी भी करुणा नहीं थी, जितनी व्यभिचारियों में होती है।' ओसवेचिम में एक वधालय भी था, जिसमें लोग बिजली में जीवित ही भून दिये जाते थे, क्योंकि लाखों लोगों को मारने में गोलियाँ व्यर्थ बर्बाद होतीं।

ये कहानियाँ सुनकर हमारा हृदय दहल गया, इसलिए ओसवेचिम जाने से हमने इनकार कर दिया। म्यूजियम तो सिर्फ ओसवेचिम में ही है, किन्तु जर्मनों के मृत्यु-शिविर दहाक, त्रेवलिंका और मैदानक नामक स्थानों पर भी चलते थे। पोलिश जाति समूल विनष्ट होने से बच गई, इसे परमात्मा का ही अनुग्रह समझना चाहिए।

चौथी दिसम्बर को नौ बजे भोर में हम पोज़न पहुँचे और लोगों ने हमें होटल ओरबिस में ठहराया। यहाँ सबसे पहले हम टाउन हॉल देखने गए। यह हॉल पहले-पहल 14वीं सदी में बना था, किन्तु वह जल गया। तब दूसरी बार 1550 ई. में और तीसरी बार 1760 ई. में उसका निर्माण हुआ। फिर हिटलर के राक्षसों ने उसे बर्बाद कर दिया। अब जो भवन खड़ा है, वह सन् 1950 ई. में तैयार हुआ है। भीतर तो नवीनता काफी चमकती है, किन्तु, बाहरी रूपरेखा पुरानी ही रखी गई है। यह पोलों के परम्परा-प्रेम का प्रमाण है।

पोज़न का राष्ट्रीय म्यूजियम देखा। इसमें मित्स्केविच की विभिन्न मूर्तियाँ और भाँति-भाँति के चित्र हैं। चित्रों में कहीं तो वह दृश्य है, जिसमें कवि रोम से पोज़न आ रहे हैं। कहीं उन गाँवों के चित्र हैं, जहाँ उन्होंने पड़ाव डाले थे। कहीं उन दोस्तों के चित्र हैं, जिन्होंने उनकी सहायता की थी।

संगीत का एक म्यूजियम हमें अलग भी दिखाया गया। इसमें देश-देश के बाजे संगृहीत हैं। अपने देश के बाजे भी यहाँ दिखाई दिये। किन्तु देखने की असल चीज़ें यहाँ शापेन के विषय में हैं। शापेन पोलैंड के संगीतज्ञ और कंपोजर थे। वे 19वीं सदी में हुए हैं। सारे देश को अपने गीतों से प्रमत्त करके वे जवानी में ही स्वर्ग सिधार गए; किन्तु उनकी स्मृति यहाँ भली भाँति सुरक्षित है। म्यूजियम में वह पियानो है, जिस पर वे गीत कंपोज करते थे। लकड़ी का उनका एक प्रोफाइल भी है, जिसमें उनका भावावेश स्पष्ट झलकता है। उनकी एक प्रतिमा भी है, जिसे हिटलरी भूतों ने नीचे से तोड़ डाला है। किन्तु सबसे अपूर्व तो उनके करतल और उँगली की पोर्सलिन-प्रतिच्छवि है, जो बहुत ही कोमल और खूबसूरत मालूम होती है। कलाकार की जो उँगलियाँ पियानो पर खेलती थीं, उनकी प्रतिच्छवि बनवाने की सूझ के लिए रचयिता कलाकार को मैंने मन-ही-मन धन्यवाद अर्पित किया।

क्रैकोव और पोज़न में जी खूब लगता था। ये नगर तो कुछ वैसे बड़े नहीं हैं। किन्तु वहाँ साहित्यिकता और हार्दिकता यथेष्ठ है। साम्यवादी सभ्यता की नीरस झाँकी वारसा में अधिक, इन दो नगरों में बहुत कम है। यहाँ की नारियों में भी शृंगार और प्रसाधन की परम्पराएँ अभी बदस्तूर चल रही हैं और धार्मिकता के लक्षण भी जनता में अभी शेष हैं। दोनों नगरों में लेखकों से हमारी बातें मुक्त भाव से हुईं। मैं तो सर्वत्र गांधीवाद, रहस्यवाद और आध्यात्मिक विषयों पर ही बोलता था, किन्तु कहीं भी श्रोताओं की ओर से अवरोध की कोशिश नहीं हुई। पोलों के बारे में मेरा यह भाव बना कि वे निश्छल, मिलनसार और खुले दिल के आदमी होते हैं। वे कम्यूनिज्म को बदल देंगे, कम्यूनिज्म उन्हें नहीं बदलेगा।

क्रैकोव में एक कैथोलिक कवयित्री से भेंट हुई। उनकी उम्र 63 साल की है और वे ऑक्सफोर्ड में पढ़ी हुई हैं। उन्होंने कहा कि 'मैं धार्मिक कविताएँ लिखती हूँ और कैथोलिक प्रेस उनका प्रचार करता है।' कम्यूनिस्टों ने उनके काम में बाधा नहीं डाली है। बाधा का अनुभव उन्हें अपने धर्म-बन्धुओं से ही हुआ है।

मैंने पूछा, 'इसके क्या मानी हैं?' वे बोलीं, 'यही कि मेरे सबसे बड़े आलोचक कैथोलिक विद्वान ही रहे हैं।' और वे पूछ बैठीं, 'क्या तुमने आलोचकों के हाथों मार नहीं खाई है?'

मुझे अपनी बातें याद करके हँसी आ गई। बोला, 'मैडम! मैं तो वह अभागा हूँ, जिसे बाप भी पीटता है और बेटा भी।' इस पर कवयित्री ठठाकर हँसने लगीं। फिर बोलीं, 'हाँ, साहित्य में पीढ़ियाँ एक-दूसरे का रौब कम मानती हैं।'

उन्हीं से यह बात भी मालूम हुई कि पोलैंड में धार्मिक कविताएँ तो कैथोलिक प्रेस छापते हैं, किन्तु बाकी हर रचना सेंसर के अधीन है। सेंसर जिसे पास नहीं करता, वह रचना प्रकाश में नहीं आती है और नामंजूर रचनाओं की नामंजूरी का कारण बताने का भी रिवाज नहीं है।

यह शुद्ध रेजिमेंटेशन का सबूत था, अतएव, मैंने कहा, 'इस प्रकार बंधन में रहने से तो आपका साहित्य निष्प्राण हो जाएगा?' किन्तु, इस सुस्पष्ट सत्य को भी कवयित्री ने स्वीकार नहीं किया। वे बोलीं, 'साहित्य तो वही उत्तम होता है, जिसे जनसाधारण समझे और उससे आनन्द उठा सके। कला को भी जनजीवन से सम्बद्ध होना चाहिए। पोलैंड में हम इसी उद्देश्य को सिद्ध करना चाहते हैं। यह अच्छा हुआ कि सरकार का ध्यान इस बात की ओर गया है। आपके यहाँ टैगोर हुए हैं; किन्तु उनकी कविताएँ केवल पंडितों के लिए हैं। जनसाधारण के पल्ले वे क्या पड़ती होंगी? युद्ध के पहले पोलैंड में भी ऊँचा साहित्य लिखा जाता था। मगर उन दिनों लेखकों की बातें लेखक ही समझते थे। जनता उन्हें ग्रहण नहीं कर पाती थी। मगर, आज जो नाटक लिखे जा रहे हैं, वे जनता की भी समझ में आते हैं।'

कवयित्री की बातें सुनकर मैं क्षण-भर को विचारों में डूब गया। दुनिया में महल भी हैं और झोंपड़ियाँ भी। उचित तो यह होगा कि सभी झोंपड़ियाँ महल बन जाएँ। मगर वह कार्यक्रम श्रम और समय से सिद्ध होगा। इसलिए अधीर लोग महलों को तोड़कर वहाँ झोंपड़ियाँ बनाने का नारा लगा रहे हैं। तो क्या साहित्य में भी महल तोड़कर अब केवल झोंपड़ियाँ खड़ी की जाएँगी? कवयित्री की बातें कुछ ठीक से समझ में नहीं आईं। मैंने केवल यह कहा, 'रवीन्द्र के बहुत-से गीत हम भी गाते हैं और वे ही गीत आप बंगाल के मछुओं से भी सुन सकती हैं।'

कवयित्री ने यह भी बताया कि जर्मन कवि गेटे-कृत 'फौस्ट' के, पोलिश में, पाँच अनुवाद निकले हैं। एक अनुवाद उनका भी किया हुआ है। अनुवादों की कठिनाई का वर्णन करते हुए वे बोलीं, 'यह गुनाह बेलज्जत-जैसा काम है। घोर परिश्रम के बिना आप किसी भी कलाकृति का अनुवाद नहीं कर सकते और अनुवाद कर लेने पर आप पाते हैं कि वह बिलकुल निर्जीव है।'

पोज़न की एक साहित्य-गोष्ठी में साहित्यिकों ने चाहा कि मैं भारतीय छन्दों के बारे में कुछ कहूँ और छन्दों के कुछ उदाहरण भी सुनाता चलूँ। मैंने हिन्दी और उर्दू के कितने ही छन्द उन्हें सुनाए। विशेषतः, ये 'आयएम्बिक पेंटामीटर' और 'बरवै' छन्द की तुलना उन्हें खूब पसन्द आई।

'रेजिमेंटेशन' के पक्ष में चाहे जितनी भी दलीलें दी जाएँ, किन्तु पोलैंड के साहित्यकारों से मेरी जो बातें हुईं, उनमें मैं इस निष्कर्ष पर पहुँचा हूँ कि साहित्य में रेजिमेंटेशन का प्रयोग यहाँ असफल हो चुका है और अब लेखक और कवि साहित्य के स्वाभाविक लक्ष्य की ओर मुड़ रहे हैं।

कविता इधर के देशों में, प्रायः, मर चुकी है। कवियों से मैंने बार-बार मिस्टिसिज्म के बारे में बातें कीं। सोचता था, रहस्यवाद का नाम सुनकर वे हँस देंगे। किन्तु, मेरी बात वे समझते ही नहीं थे। जब मैं समझाकर कहता, तब वे केवल यह कह उठते कि हमारे यहाँ ऐसी कविताएँ धार्मिक कोटि में रखी जाएँगी।

अन्तरराष्ट्रीय कवि-सम्मेलन

भारत में अब तक मैंने कोई पाँच सौ कवि-सम्मेलनों में भाग लिया है। इनमें से दस-पाँच सम्मेलन ही ऐसे रहे होंगे, जिनमें उर्दू, बंगला या किसी अन्य भारतीय भाषा के कवि साथ रहे हों। अन्यथा ये सभी सम्मेलन हिन्दी-कवियों के थे तथा उनके श्रोता भी हिन्दी जानने और समझनेवाले लोग थे। किन्तु वारसा का अन्तरराष्ट्रीय कवि-सम्मेलन इन सभी सम्मेलनों से भिन्न था। यह एक ऐसा सम्मेलन था, जिसमें तीस देशों के कोई पैंतालीस कवि उपस्थित थे और अधिकतर उनकी भाषाएँ भी परस्पर भिन्न थीं। हाँ, सुननेवाली जनता, विशेषतः, पोलैंड की थी, जो पोलिश बोलती है और रूसी जैसे-तैसे समझ लेती है।

यह अन्तरराष्ट्रीय कवि-सम्मेलन पोलैंड के राष्ट्रीय कवि अदम मित्स्केविच की सौवीं निधन-तिथि मनाने को आयोजित किया गया था। अदम मित्स्केविच सन् 1798 ई. में जनमे थे और सन् 1855 ई. में उनका देहान्त हुआ। लिखना उन्होंने सन् 1820 ई. में आरम्भ किया और, प्रायः, चौदह वर्ष तक काव्य लिखकर सन् 1834 ई. से कविता लिखना उन्होंने छोड़ दिया। उनकी सबसे बड़ी कृति 'पन ते दोश' है, जिसे मित्स्केविच ने सन् 1834 ई. में पूर्ण किया। पोलैंड का इतिहास भारत के राजपूतों के इतिहास से मेल खाता है। पोलिश जाति का इतिहास वीरता और बलिदान का इतिहास है, किन्तु उसके समस्त बलिदान, अन्त में, विपत्तियों में विलीन होते रहे। अदम मित्स्केविच ने अपनी जाति की पीड़ाओं को अभिव्यक्ति दी तथा उसकी वीरता को उभारा। 'पन ते दोश' में पोलिश जाति की वेदना और वीरता, दोनों का कलात्मक चित्रण हुआ है और, इसीलिए, यह काव्य पोलैंड का अप्रतिम राष्ट्रीय काव्य समझा जाता है। मित्स्केविच रूसी कवि पुश्किन और जर्मन कवि गेटे के मित्र थे एवं बायरन तथा शीलर का उन पर काफी प्रभाव था। विचित्र बात यह है कि पोलैंड का यह राष्ट्रीय कवि कभी भी अपने देश में न रह सका। उसकी सारी उम्र निर्वासन में बीती, बल्कि, अपना अधिकांश समय उसने फ्रांस में व्यतीत किया।

'पन ते दोश' लिखने के बाद, मित्स्केविच ने काव्य-रचना छोड़ दी, इससे यह नहीं समझना चाहिए कि उस समय तक उनकी काव्य-प्रतिभा का स्रोत सूख गया था। असल में, जिस उमंग से उच्छल होकर वे काव्य लिख रहे थे, उसी उमंग को आकार देने के लिए उन्होंने कविता से अवकाश ग्रहण किया। उनके सामने पोलैंड को स्वाधीन करने का प्रश्न सबसे प्रमुख था। वे पोलैंड के केवल कवि ही नहीं थे, वरन् उसके नेतृत्व का भार भी उन पर आ पड़ा था। इसी कर्तव्य को पूरा करने के लिए वे पत्रकार बन गए और जब पत्रकारिता भी अयथेष्ठ दीखने लगी, तब राजनीतिक नेता बनकर उन्होंने पोलैंड के लिए क्रान्ति की सेना तैयार करने में अपने

को लगा दिया। अर्थाभाव के कारण उन्होंने प्रोफेसरी भी स्वीकार की थी और कॉलेज में भी पोलिश छात्रों के भीतर क्रान्ति की भावना भरने के लिए वे बदनाम थे। कविता लिखना बन्द कर देने के बाद वे कहा करते थे, 'सपनों के गीत कब तक गाता रहूँ? अब तो वह समय आ गया है, जब कवियों के हाथों उन सपनों को आकार दिया जाना चाहिए, जिनके वे अब तक गीत ही गाते रहे हैं।'

मित्स्केविच रोमांटिक कवि थे। रहस्यवाद की कविता, कदाचित् उन्होंने नहीं लिखी। किन्तु, अपने अन्तिम दिनों में वे रहस्यवादी भी हो गए थे और अदृश्य के स्वप्न में प्रविष्ट होने को वे बहुत बेचैन थे।

मित्स्केविच के काव्य से मेरा परिचय नहीं था। इधर जो थोड़ा-बहुत परिचय हो पाया है, उससे मुझ पर यह प्रभाव पड़ा है कि वे सचमुच महाकवि थे एवं उनका स्थान गेटे, पुश्किन और बायरन से नीचे नहीं माना जा सकता। उनकी कविताओं के अनुवाद यूरोप की सभी भाषाओं में उपलब्ध हैं। अंग्रेजी में उनकी कविताओं का अनुवाद कैलिफोर्निया के प्रोफेसर न्वायस ने किया है। एक और अनुवाद सुश्री मौदे बिग्स का है, जो सन् 1885 ई. में प्रकाशित हुआ था। यह अनुवाद न्वायस के अनुवाद से अधिक अच्छा लगता है। मित्स्केविच की कृतियाँ अरबी और तुर्की में भी आज से कोई पचास वर्ष पूर्व ही आ चुकी हैं।

पोलैंड तबाह और बर्बाद देश है। पिछली लड़ाई के समय हिटलर ने सत्तर लाख पोलिश मानवों का वध करवाया, जिनमें कलाकारों, मनीषियों और बुद्धिजीवियों की संख्या काफी बड़ी थी। अब तो वारसा फिर से बनकर तैयार हो गया है, फिर भी वहाँ जाने पर ध्वंस की इतनी कहानियाँ सुनाई पड़ती हैं कि आदमी की यह जिज्ञासा आप-से-आप समाधान पा जाती है कि रूस और पोलैंड शान्ति के लिए ऐसी घनघोर पुकार क्यों मचा रहे हैं। शान्ति की पुकार तानाशाही देशों की चाल नहीं है। वह निश्छल पुकार है। 'शान्ति-शान्ति' चिल्लाकर वहाँ की जनता शान्ति ही चाह रही है, युद्ध नहीं।

लन्दन, पेरिस, ब्रुसेल्स और जिनेवा को देखकर यूरोप के विषय में जो अनुमान हुआ, उससे तो यही कहा जा सकता है कि पोलैंड यूरोप का गाँव है। किन्तु इस वर्णन से पोलैंड का अनादार नहीं होता। उदाहरणार्थ, पोलैंड में जो ग्रामीण हार्दिकता है, प्रेम-परिचय में वहाँ जो घनत्व है, वह लन्दन और पेरिस में नहीं दिखाई पड़ा। मशीनों का उपयोग पोलैंड में भी हो रहा है, किन्तु आदमी वहाँ मशीन से अभी बहुत कुछ ऊपर है। कदाचित् यही कारण है कि लौह-प्राचीरों का देश होते हुए भी पोलैंड उन प्राचीरों से बहुत कुछ स्वतन्त्र है, प्रत्युत, जो कुछ मैंने वहाँ देखा, उससे मुझे तो यह कहने का कोई आधार नहीं मिलता कि पोलैंड के चारों ओर कोई लक्ष्मण-रेखा भी विद्यमान है। लोग कला का आनन्द लेने में पटु हैं। कलाकारों का सम्मान वे उसी प्रकार करते हैं, जैसे भारतवासी देवताओं और मंत्रियों का।

मित्स्केविच का शताब्दी-समारोह मनाने के लिए निमंत्रण पोलिश एकेडेमी ऑव् साइंस की ओर से भेजे गए थे और क्या वैज्ञानिक, क्या कवि और क्या प्राध्यापक, अतिथियों के स्वागत में सारे के सारे पोलिश लोग हाथ बाँधे खड़े थे। अल्बानिया, चीन, फ्रांस, इंग्लैंड, दोनों जर्मनी, इटली, स्पेन, स्विट्जरलैंड, रूस, टर्की, अमरीका, मिस्र, फिनलैंड, क्यूबा, बुलगेरिया, युगोस्लाविया, डेनमार्क, इजराइल आदि तीस देशों से कोई एक सौ वैदेशिक अतिथि वारसा पधारे हुए थे, जिनमें से आधे तो कवि थे, बाकी आधे लोग प्राध्यापक, विद्वान अथवा आलोचक रहे होंगे। भारत की ओर से मैं गया था और मेरे साथ उर्दू के प्रसिद्ध कवि सागर निजामी साहब थे। एक विचित्र बात यह देखी कि कवियों और विद्वानों के इस अन्तरराष्ट्रीय मेले में अंग्रेजी की नाव चल नहीं पाती थी। जिन्हें फ्रेंच भाषा का ज्ञान था, वे बड़ी आसानी से लोगों से मिल लेते थे, किन्तु एकमात्र अंग्रेजी माध्यम का भरोसा रखने के कारण मुझे परिचय बढ़ाने में काफी दिक्कत हुई। फिर भी अंग्रेजी के जरिये अथवा दुभाषिया मिल जाने के कारण मैं जिन लोगों के सम्पर्क में आ सका, उनमें से कुछ लोग काफी अच्छे व्यक्ति और ऊँचे साहित्यकार थे। इनमें से श्री पियरे लुई फ्लुके की सज्जनता से मैं काफी प्रभावित हुआ। फ्लुके साहब बेल्जियम के हैं और ब्रुसेल्स में रहते हैं। कविता के सम्बन्ध में फ्रेंच भाषा में वे दो पत्रिकाएँ निकालते हैं—एक वार्षिक और दूसरी मासिक, जिनका यूरोप में बड़ा नाम है। वार्षिक में सरोजिनी नायडू की कहारोंवाली कविता का फ्रेंच अनुवाद छपा था, जिसे उन्होंने मुझे बड़े उत्साह से दिखाया। रूस से सम्मेलन में तीन कवि आए हुए थे, जिनमें से मेरा परिचय श्री स्टीफेन श्चीपाचोव से अच्छा रहा। श्री श्चीपाचोव की उम्र 60 के करीब होगी। बड़ी ही प्रसन्न मुद्रा के व्यक्ति हैं। सारे समारोह में पोलिश लोग उनका सम्मान सर्वाधिक करते थे। वे एक तरह से इस समारोह में मीर-मजलिस बने हुए थे। लोगों से पता चला कि रूसी भाषा के लिरिक कवियों में श्री श्चीपाचोव का स्थान सर्वोच्च है। क्यूबा के स्पेनिश कवि श्री निकोलस गिलन भी खूब मिलनसार हैं। कविता के लिए उन्हें स्टालिन पुरस्कार भी मिला है। अन्तरराष्ट्रीय कवि-सम्मेलन में कविता पढ़कर जब मध्यान्तर में मैं बाहर निकला, तब दौड़कर वे मुझसे लिपट गए। वे मेरे कमरे में भी जब-तब आकर भारतीय कविता के विषय में बातें करते थे। रूमानिया की एक कवयित्री थीं, जो मुझसे काफी हिलमिल गई थीं। नाम तो उनका याद नहीं है, किन्तु वे छोटी-सी गुड़िया-सी लगती थीं और जब भी बोलतीं, मालूम होता, कोई वीणा बज रही है। इसी प्रकार बुलगेरिया की कवयित्री ब्लागा दिमित्रोवा भी बड़ी मिलनसार हैं। छात्र-जीवन समाप्त करके अभी तुरन्त बाहर आई हैं, किन्तु कविता के क्षेत्र में उन्होंने अभी ही ख्याति प्राप्त कर ली है।

28 नवम्बर के संध्या समय अन्तरराष्ट्रीय कवि-सम्मेलन वारसा के एक संगीत-भवन में आरम्भ हुआ। हॉल के भीतर हम लोग ग्रीन रूम की ओर से मंच पर लाये गए।

एक क्षण के अन्दर मंच पर सभी कवि अपनी-अपनी जगह लेकर बैठ गए। मंच और श्रोता-समुदाय तथा दीर्घा पर जब मैंने दृष्टि डाली, मेरा हृदय आनन्द से भर गया। ऐसे सुसज्जित हॉल में मैंने पहले कभी कविता नहीं पढ़ी थी, न यही अनुमान था कि कवि-सम्मेलन में भी ऐसी शान्ति और भव्यता तथा गम्भीर सौन्दर्य का ऐसा वातावरण हो सकता है। मंच पर आगे की ओर छह कुर्सियों का अर्ध-मंडल था, जिन पर बैठनेवाले व्यक्ति, कदाचित्, यूरोप के प्रसिद्ध साहित्यकार रहे होंगे। ऐसा अनुमान मैंने इसलिए लगाया कि रूसी कवि श्चीपाचोव इसी पंक्ति में बैठे या बिठाये गए थे। मैं और सागर साहब दूसरी पंक्ति में बैठे। मंच के बाईं ओर पोलैंड के लेखक-संघ के सभापति और पोलिश भाषा के ख्यातनाम कवि इवास्केविच अपने कार्यकर्ताओं को लेकर अलग बैठे थे। उन्हीं की मेज पर से कवियों के नाम पुकारे जाते थे। सम्मेलन में कई कवियों ने मित्स्केविच की कविताओं के अनुवाद अपनी भाषाओं में सुनाए। इनकी कविताओं के अनुवाद सुनाए नहीं गए। बाकी जो भी कविताएँ पोलिश या रूसी में नहीं थीं, उनके पोलिश अनुवाद भी सुनवाए जाते थे। इवास्केविच की मेज के पीछे ही एक और मेज थी जहाँ एक अभिनेत्री तथा दो युवक बैठे थे। अनुवाद सुनाने का काम इन्हीं लोगों का था।

हममें से सागर साहब ने मित्स्केविच पर एक नई कविता लिख रखी थी, जिसका अंग्रेजी अनुवाद भी वे भारत से साथ ले गए थे। मैं कोई नई कविता न लिख सका था; किन्तु 'कुरुक्षेत्र' के षष्ठ सर्ग का अंग्रेजी अनुवाद मेरे साथ था। यों भी, मैं कोई ऐसी कविता सुनाना चाहता था, जिसमें उस प्रयोग की झाँकी हो, जिसमें भारत लगा हुआ है; जिसमें उस भाव की कोई झलक हो, जो अति-वैज्ञानिकता के विरुद्ध जग रहा है; जिसमें आत्मा के उस आकाश की ओर कोई संकेत हो, जिस पर बादल छाए जा रहे हैं। स्पष्ट ही, मेरी सारी आवश्यकताएँ 'कुरुक्षेत्र' के षष्ठ सर्ग से पूरी होती थीं। अतएव, मैंने उसी के एक अंश का पोलिश अनुवाद करवाने को प्रोफेसर ओलगियर्थ को दे दिया। कवि-सम्मेलन के दिन मुझसे ओलगियर्थ कह गए थे कि आपकी कविता का पोलिश अनुवाद बड़ा ही स्वाभाविक उतरा है।

मैं आरम्भ में इस चिन्ता से कुछ-कुछ दबा हुआ था कि न जाने, हिन्दी कविता सुनते समय श्रोताओं की क्या प्रतिक्रिया हो। किन्तु धीरे-धीरे जब मैंने यह देखा कि सभी भाषाओं की कविताएँ जनता पूरे धीरज, बल्कि उत्साह के साथ सुन रही है, तब मेरी चिन्ता जाती रही। सूची पर कवियों के नाम अक्षरानुक्रम से रखे गए थे। मेरा नम्बर बारहवाँ था। कविता पढ़ने के लिए कोई खास मेज नहीं रखी गई थी। जब मेरा नाम पुकारा गया, मैं पंक्ति के आगे बढ़कर खड़ा हो गया। तालियाँ उसी प्रकार बजीं, जैसे सब के खड़े होने पर बजती थीं। और कविता पढ़ने के समय फिर शान्ति भी वैसी ही घनी हो गई, जैसे सबके पढ़ते समय होती थी। किन्तु कविता पढ़कर मैं ज्योंही अपने स्थान पर लौटा, तालियों की गड़गड़ाहट से भवन का रंध्र-रंध्र

गूँज उठा। यह भी कोई असाधारण बात नहीं थी। असाधारणता तब दिखाई पड़ी, जब यह भान हुआ कि तालियाँ रुकनेवाली नहीं हैं। मैं अभिभूत हो उठा। कई कवियों ने आकर मुझसे हाथ मिलाया और कहा कि ऐसे समय आपको जनता के सामने खड़े हो जाना चाहिए। मैं खड़ा हो गया। किन्तु तब तो जन-समुद्र में तरंगें और भी जोर से उठने लगीं। मैं चकित रह गया कि यह क्या चीज है। अर्थ समझे बिना इतना प्रोत्साहन! किन्तु भीतर से कोई बोल उठा–यह तुम्हारे लिए नहीं है। यह उनकी अभ्यर्थना है, जो तुम्हारे पीछे खड़े हैं। यह गांधी की अभ्यर्थना है, यह रवीन्द्र की अभ्यर्थना है, यह जवाहरलाल का अभिनन्दन है, यह उस महाध्येय की प्रशंसा है, जिसे लेकर स्वतन्त्र भारतवर्ष संसार के सामने खड़ा हुआ है। तुरन्त अपने ही मन के भीतर से किसी मसखरे ने आवाज दी–और यह उस अचकन, चुस्त पाजामा और गांधी टोपी का भी चमत्कार है, जिसके कारण तुम सबसे अलग पहचाने गए हो। तब बुद्धि बोली–इसके सिवा, एक और बात है कि अब यूरोप की कविताएँ पढ़कर सुनाने के लिए नहीं, मन-ही-मन बाँचकर समझने के लिए लिखी जाती हैं। यह बाजी भारतीय कविता का वह गुण मार रहा है, जिसका विकास मंच पर हुआ है। मुझे समाधान मिल गया। फिर भी, गुण-ग्राहक जनसमुदाय के सम्मुख मैं सम्मान में विनत रहा।

मेरे पढ़ने के बाद मेरी कविता का पोलिश अनुवाद पोलैंड की सुप्रसिद्ध अभिनेत्री स्करजंका ने सुनाया। स्करजंका की आवाज में वह पौरुष है, जिसे गरजता हुआ दर्द कह सकते हैं। एक सभा में उसने मित्स्केविच की एक लंबी कविता का पाठ कोई घंटे भर तक किया था और सारी सभा उसके काव्य-पाठ पर दंग रह गई थी। आज भी उसके काव्य-पाठ का जादू अनोखा रहा। जनता फिर तरंगित हो उठी और फिर मुझे बार-बार उठकर सभा-समुद्र को शिरसा नमन करना पड़ा।

19 कवियों के काव्य-पाठ के बाद मध्यान्तर हुआ और हम लोग चाय पीने को ग्रीन रूम में आ गए। अब सभी कवियों ने मुझसे हाथ मिलाना आरम्भ किया और सब-के-सब बधाई देने लगे। बुलगेरिया की कवयित्री दिमित्रोवा तथा अन्य दो कवियों की पत्नियाँ फोटो के लिए खड़ी हो गईं तथा ऑटोग्राफ लेने के लिए लड़कों और लड़कियों ने ग्रीन रूम पर धावा बोल दिया।

सागर साहब का नम्बर उनतीसवाँ था। उनका काव्य-पाठ मध्यान्तर के बाद हुआ। उन्होंने, सदा के अनुसार, आज भी अपनी कविता तरन्नुम में पढ़ी। फिर तो सभा में आनन्द का कोलाहल छा गया। तरन्नुम की शायरी और तराना लगानेवाले सागर निजामी! बधाइयाँ ऐसी बरसीं कि कुछ मत पूछिए।

सम्मान तो हमारा भारतवासी होने के कारण पहले से ही था, किन्तु अन्तरराष्ट्रीय कवि-सम्मेलन के दूसरे दिन से उसमें स्पष्ट वृद्धि हो गई। हाँ, कवि-सम्मेलनों में सफलता पानेवाले कवि के प्रति जो द्वेष भारत में अनायास फैलता है, उसकी

बानगी वारसा में भी देखी। कवि-सम्मेलन के दूसरे दिन रात के समय मैं और सागर डाइनिंग हॉल में भोजन करके सिगरेट पी रहे थे। पास की मेज पर फिनलैंड के एक कवि बैठे थे। शायद कुछ नशे में रहे होंगे। हमें सुनाकर बोले, 'अगली बार जब मैं कविता सुनाने आऊँगा, तब अपनी वायलिन साथ लाना हरगिज नहीं भूलूँगा।' चोट करारी थी और सागर को वह लग भी गई। मगर, मुस्कुराते हुए ही उन्होंने कहा, 'समझ गया। यह चोट मुझ पर है।' इस पर बेचारा फिनिश कवि झेंप गया और शर्म छिपाने को कहने लगा, 'नहीं, मैं यह कहना चाहता था कि कविताएँ मैं भी गा सकता हूँ। आप लोग मेरे कमरे में चलिए। मैं अपनी कविताएँ आपको गाकर सुनाऊँगा।' सौजन्य के कारण हम कवि के साथ उनके कमरे में गए और उन्होंने अपनी कविताएँ गा-गाकर हमें सुनाईं भी। मगर कहाँ सागर की तरन्नुम और कहाँ ऊँघते फिनिश कवि का ऊँघता गीत! हम थोड़ी देर बैठकर अपने कमरे में चले गए।

अन्तरराष्ट्रीय कवि-सम्मेलन का एक आयोजन वारसा यूनिवर्सिटी में भी हुआ, जहाँ छात्रों, छात्राओं तथा प्राध्यापकों ने कवियों का स्वागत बड़े ठाठ से किया। हम लोगों ने यहाँ भी वे ही कविताएँ सुनाईं, जो पहले दिन सुनाई थीं और उनके पोलिश अनुवाद भी सुनाए गए। मेरे बाद कविता पढ़ने को इंग्लैंड के कवि लारी ली खड़े हुए। ली साहब जरा मस्त तबीयत के आदमी हैं। मेरी तरफ देखकर उन्होंने अपनी कविता का शीर्षक घोषित किया—'बॉम्बे अराइवल दैट इज़ द फर्स्ट इंग्लिशमैन लैंडिंग इन बॉम्बे।' मुझे लगा, ली मुझे देखकर ही यह कविता सुना रहे हैं। इसलिए मैंने भी एक हल्की चोट की, 'मिस्टर ली, यू कुड राइट ए मोर एलेगेंट पोयम ऑन बॉम्बे डिपार्चर नाउ।' ली से जवाब देते नहीं बना। उन्होंने हाथ जोड़कर मुझे प्रणाम किया, जैसे मैं करता था। सभा में जोर का ठहाका उठा जिसमें हम लोगों की भी हँसी शामिल थी। श्चीपाचोव अंग्रेजी नहीं जानते हैं। इसलिए, दुभाषिये के द्वारा उन्हें इस मजाक का हाल बताना पड़ा। फिर तो वे भी खूब हँसे।

वारसा में अन्तरराष्ट्रीय कवि-सम्मेलन हुआ और वह बहुत ही सफल रहा। जनता ने उनका भी हौसला बढ़ाया, जिनकी कविताएँ वह समझ सकती थी, और उनका भी जिनकी कविताओं के केवल अनुवाद ही उसके पल्ले पड़े। किन्तु यदि हम भारत की चौदह भाषाओं के कवियों को एक मंच पर एकत्र करें तो क्या होगा? क्या जनता प्रत्येक भाषा के कवि को निश्छल प्रेम देगी? या जो भाषा वह नहीं समझती है, उसकी कविताएँ सुनते समय बेवकूफी की हँसी हँसेगी? यदि शान्त रहकर निश्छल सत्कार देगी, तो भारत भी सुसंस्कृत देश है। यदि नहीं, तो संस्कृति के अभिमानी इस प्राचीन देश को अभी पोलिश जाति से भी कला-प्रेम और सौजन्य की शिक्षा लेनी चाहिए।

पोलैंड की भाषा और साहित्य

पोलिश भाषा स्लाव-परिवार की है। पूज्यवर राहुल जी कहा करते थे कि स्लाव भाषाएँ संस्कृत के बहुत समीप हैं। इसके कुछ थोड़े प्रमाण मुझे भी मिले। एक दिन मैं ओपेरा देख रहा था कि बाहर निकलने की हाजत हुई। अब जो बाहर निकला, तो अंग्रेजी जाननेवाला कोई व्यक्ति नहीं। मैंने जब 'बाथ', 'ट्वायलेट', 'यूरिनल', अनेक शब्द कहे, तब एक आदमी मेरा अभिप्राय समझ गया और उसने 'नीजे', 'नीजे' कहकर नीचे जाने का संकेत किया। और, सचमुच, 'त्वायलेत' नीचे ही था। पीछे पता चला कि मांस को पोलिश भाषा में 'म्यांसो' कहते हैं, पीने को 'पिच', माता को 'मातका', भ्राता को 'व्रात' और आँख को 'ओको'। इसी प्रकार, गोमांस के लिए वहाँ 'गव्यादीन' शब्द चलता है। सम्मेलन में बाहर से प्रोफेसर रेगमे भी आए हुए थे। उनकी आकृति शुद्ध ब्राह्मण की-सी लगी। वे यूरोप में अभी संस्कृत के सबसे बड़े ज्ञाता समझे जाते हैं। उन्होंने भी कहा कि ट्यूटनिक और लातीनी भाषाओं की अपेक्षा स्लाव भाषाएँ संस्कृत के अधिक समीप हैं, जिससे यह अनुमान होता है कि भारत और स्लाव देशों के आर्यों के पूर्वज कुछ अधिक समय तक साथ रहे होंगे।

परशियन भाषा भी संस्कृत के अत्यन्त समीप थी, किन्तु, सत्रहवीं शताब्दी में उसका चलन रुक गया। अब लिथूनियन भाषा ही ऐसी है, जो स्लाव भाषाओं में संस्कृत के सर्वाधिक निकट है। रूसी कवि श्चीपाचोव रूसी भाषा में ही बोलते थे और उस समय बराबर मुझे संस्कृत वाक्यों की यति याद आती थी।

पोलैंड में मुझे यह भी जानने की इच्छा हुई कि यहाँ विज्ञान के पारिभाषिक शब्दों का क्या हाल है। क्या पोलैंड वालों ने अपने शब्द बनाये हैं या वे अन्तरराष्ट्रीय शब्दों को ही लेकर काम चला रहे हैं? पता चला कि पोलैंड में विज्ञान के, प्रायः, आधे से अधिक शब्द पोलिश हैं अथवा वे अन्तरराष्ट्रीय शब्दों के पोलीकृत रूप हैं। वैसे बहुत-से चालू अन्तरराष्ट्रीय शब्दों के लिए भी पोलैंड में पोलिश शब्द ही चलते हैं। उदाहरणार्थ, पोलैंडवाले ऑक्सीजन को 'लेन' (Tlen) कहते हैं और हाइड्रोजन को वोदोराद (Wodorod)। 'Wodor' वाटर से बना होगा, जिसका अर्थ है—वह तत्त्व, जिससे जल उत्पन्न होता है। यहाँ अपने देशवासियों की विचित्र रुचि की याद आई, जिन्हें हाइड्रोजन आसान और जलाणु कठिन मालूम होता है। इसी प्रकार, कार्बन को वहाँ वेगील (Wegiel) कहते हैं, जिसका अर्थ कोयला है। प्रोफेसर लांगे से इस विषय पर बात हुई तो उन्होंने बताया कि पोलैंड की सामान्य रुचि सभी शब्दों के पोलीकरण की ओर थी। किन्तु विज्ञान की प्रगति जिस तेजी से हुई, उस तेजी से पोलिश भाषा उसे पचा नहीं सकी। यहाँ मैं फिर अपने देश की बात सोचने लगा। पोलैंड में तो, खैर, विज्ञान की थोड़ी-बहुत राष्ट्रीय परम्परा भी

थी, किन्तु हमने तो जो कुछ सीखा है, अंग्रेजी के जरिये ही सीखा है। हम क्या करें? यदि पोलिश भाषा तेजी से विज्ञान को न पचा सकी, तो भारतीय भाषाएँ उसे पचा सकेंगी क्या? प्रश्न दो प्रकार के हैं : एक तो विज्ञान का पूरा यूरोपीय उत्तराधिकार हमें भारतीय भाषाओं में ले आना है। दूसरे, विज्ञान का मौलिक चिन्तन भी, कभी न कभी, हमें भारतीय भाषाओं में करना है। कोश रचकर हम अंग्रेजी शब्दों के प्रतिशब्द तो दे सकते हैं, किन्तु प्रतिशब्दों में जिन्दगी की गर्मी तभी आ पाएगी, जब वे सम्यक् प्रयोग में आएँगे। मुझे यह भासने लगा कि अंग्रेजी शब्दों के भारतीय प्रतिशब्द जरूर बनाए जाएँ, किन्तु उन प्रतिशब्दों में अंग्रेजी रूपों के चलन के लिए भी द्वार मुक्त रहना चहिए। नहीं तो, विज्ञान में हम गच्चे खा जाएँगे। राष्ट्रीयता के जोश में हमें विज्ञान की प्रगति को नहीं रोकना है। विज्ञान, स्वभाव से ही, अन्तरराष्ट्रीय है।

प्रोफेसर लांगे हमारे योजना-आयोग के भी सलाहकार हैं। उन्हें देखा कि लिखकर वे हिन्दी सीख रहे हैं। उनके घर में संस्कृत का व्याकरण और वेदों के भाष्य भी दिखाई पड़े। 19वीं सदी में यूरोप में संस्कृत साहित्य के प्रति जो उत्साह जगा था, उसकी लहर पोलैंड में भी फैली थी। स्लावनिक भाषाओं में खोज करते-करते लोग संस्कृत तक जा पहुँचे और संस्कृत का अनुवाद वे अपनी भाषाओं में प्रकाशित करने लगे। उपनिषदों के कई पोलिश अनुवाद मैंने प्रोफेसर लांगे के यहाँ देखे। कुछ जिल्दें भारतीय धर्म पर भी देखीं। स्वेंचित्स्की नामक एक विद्वान ने 19वीं सदी में भारतीय साहित्य पर एक मोटी जिल्द पोलिश भाषा में प्रकाशित की थी। भारतीय धर्म पर पुस्तक प्रोफेसर शायर ने लिखी। शायर पिछले युद्ध में मारे गए।

जिन-जिन देशों में साम्यवाद पहुँचता है, वहाँ साहित्य साम्यवादी दर्शन के अनुसार नियंत्रित कर दिया जाता है। साम्यवादी दर्शन में धर्म की प्रशस्ति नहीं चल सकती, क्योंकि धर्म अफीम का काम करता है। साम्यवादी दर्शन में रहस्यवाद निन्दनीय समझा जाता है, क्योंकि वह मनुष्य की भावना और विचार को अनुपयोगी दिशा की ओर ले जाता है। साम्यवादी दर्शन में ऐसे साहित्य के भी चलने देने की मनाही है, जिससे समाज में विलासिता या कदाचार बढ़ते हों अथवा आत्महत्या, निराशा और उदासी का प्रचार होता हो। युद्ध के बाद पोलैंड में भी साहित्य का यह नियंत्रण हुआ, किन्तु नियंत्रण से निकला हुआ साहित्य जनता को रुचिकर न हो सका। अतएव, अब वहाँ नियंत्रण ढीला कर दिया गया है। फिर भी वह मौजूद है। लेखक और कवि तो सचेत साम्यवादी होने के कारण रहस्यवाद और रोमांसवाद की रचनाएँ नहीं करते, किन्तु जनता में दोनों के लिए चाव है, अन्यथा मित्स्केविच और स्लोवास्की की कविताओं को वह चाव से नहीं पढ़ती।

पोलैंड ओपेरा का देश है। इंग्लैंड में नाटक अच्छे होते हैं, किन्तु ओपेरा तो बस पोलैंड के ही देखने योग्य हैं। मैंने पोलैंड के अनेक नगरों में कई ओपेरा देखे और सब-के-सब मुझे अच्छे लगे। किन्तु यहाँ भी स्पष्ट दिखलाई पड़ा कि मंच का सांस्कृतिक महत्त्व पोलैंड के शासकों के सामने स्पष्ट है और वे मंचों से कोई भी ऐसी चीज दिखलाने के विरुद्ध हैं, जिससे साम्यवादी दर्शन को धक्का लगता हो। वहाँ प्रत्येक नाटक का मोड़ साम्यवादी दर्शन की ओर होता है। इसे स्पष्ट करने के लिए, उदाहरण के तौर पर, एक ओपेरा की व्याख्या करूँगा। क्रैकोव में मैंने एक ओपेरा देखा, जो शीरीं-फरहाद की कहानी पर विरचित है। इसकी रचना नाजिम हिकमत नामक एक तुर्की नाटककार ने की है, जो अब स्वदेश से निर्वासित होकर रूस में रहते हैं। कहानी में फरहाद चित्रकार के रूप में दिखलाया गया है। शीरीं बीमार है। उसकी बड़ी बहन देश की रानी है। रानी अपने सौन्दर्य की बलि देकर शीरीं को अच्छा करती है। शीरीं का फरहाद से प्रेम हो जाता है और रानी भी फरहाद पर, मन-ही-मन, मरने लगती है। इसलिए, फरहाद और शीरीं का ब्याह नहीं हो पाता। तब ईरान में अकाल पड़ता है और रानी फरहाद से कहती है कि यदि तुम पहाड़ काटकर जनता के लिए पानी ला सको, तो शीरीं तुम्हें मिल जाएगी। फरहाद इस कार्य में सफल हो जाता है। पानी आने लगता है किन्तु नहर में अभी और काम बाकी है। फरहाद जनता का पूजनीय वीर हो जाता है और सारी जनता उसके इशारों पर चलने लगती है। इस स्थिति से घबराकर या प्रसन्न होकर रानी शीरीं को फरहाद के पास भेज देती है। शीरीं फरहाद से कहती है कि अब कोई रुकावट नहीं है, इसलिए, आओ, हम ब्याह कर लें। किन्तु फरहाद इस प्रस्ताव को यह कहकर ठुकरा देता है कि अभी जनता के बहुत-से काम बाकी हैं। अभी और ठहरो। विवाह हम जनता का सारा कार्य पूरा करके करेंगे। स्पष्ट ही, इस नाटक की शिक्षा यह है कि कर्तव्य प्रेम से बड़ा है और समाज की आवश्यकता के लिए व्यक्ति को अपनी भावनाओं का बलिदान करना ही चाहिए।

नाटक देखते-देखते अपने देश की याद आई। सुना था, जब 'देवदास' फिल्म पहले-पहल निकली, तब कलकत्ते की झील में नगर के अनेक युवक प्रेमियों ने आत्महत्याएँ की थीं। और इस दुष्परिणाम के बावजूद 'देवदास' अति उत्तम चित्र माना जाता है। हमारे साम्यवादियों में भी विचित्रता है। जहाँ विरोध करना ध्येय है, वहाँ तो वे उनका भी विरोध करते हैं, जो प्रगतिशीलता की राह पर बहुत आगे जा चुके हैं और, जहाँ उन्हें विरोध नहीं करना है, वहाँ वे रहस्यवादियों की भी उड़-उड़कर तारीफ करते हैं। प्रगतिशीलता की जो कसौटी भारत में तैयार हुई थी, उसे साम्यवादियों ने संदिग्ध बना डाला। यदि यह कसौटी सन् 1935 ई. से बरकरार चली आई होती, तो हमारे यहाँ भी स्वस्थ साहित्य को बहुत बल मिला होता।

पोलैंड की अर्थ-व्यवस्था के कुछ मनोरंजक पहलू

साम्यवादी राज्य की एक विशेषता यह भी है कि वहाँ, प्रायः, प्रत्येक व्यक्ति को कुछ-न-कुछ काम करना पड़ता है। पोलैंड में यह पता तो नहीं चला कि बैठकर खानेवाले को वहाँ कोई दंड दिया जाता है या नहीं, किन्तु काम करने की प्रवृत्ति वहाँ, प्रायः, सबमें दिखाई पड़ी। पिता, पति या संरक्षक की कमाई पर जीना, कदाचित्, दंडनीय नहीं है, क्योंकि दो-एक पोलिश मित्रों को जान गया हूँ, जिनकी पत्नियाँ काम नहीं करतीं। फिर भी देश की अधिकांश नारियाँ स्वयं काम करती हैं और परिवार की आय केवल पुरुषों के अर्जन पर ही निर्भर नहीं है। श्रम का महत्त्व वैसे तो सारे यूरोप में है और उसका सुफल पोलैंड भी पा रहा है।

एक दिन वारसा का बाजार देखने गया, तो वहाँ का हाल देखकर दंग रह जाना पड़ा। सभी दुकानें वहाँ सरकार की होती हैं। यह, प्रायः, देखने में आता है कि एक ही मकान के अन्दर विभिन्न तल्लों पर आपको सभी सामान मिल जाते हैं। अपने यहाँ की पान की दुकान के सदृश कुछ अत्यन्त छोटी-छोटी दुकानें भी दिखाई पड़ीं, जिनके बारे में मुझे बतलाया गया कि वे सरकारी नहीं हैं। किन्तु यह साधारण बात है। विस्मित होने की बात यह रही कि चीजों के दाम सुनकर तबीयत चकरा गई। एक जोड़ी साधारण जूते का दाम एक हजार स्लोती (रुपये) लिखा था। औरतों के मामूली वैनिटी बैग वहाँ साढ़े तीन सौ के मिलते हैं। और साबुन की एक टिकिया का दाम पैंतीस रुपये होता है। सागर ने एक मामूली छड़ी खरीदी, जिसके लिए बाईस रुपये देने पड़े। मैंने एक गुड़िया खरीदी, जिसके 98 रुपये लगे। किन्तु इस स्थिति का अंदाज हमें होटल में ही लग गया था, क्योंकि वहाँ से हम जो सिगरेट खरीदते थे, उसके बीस के पैकेट का दाम साढ़े बारह रुपये देना पड़ता था।

हम लोग जिस होटल में ठहराए गए थे, उसका नाम होटल ब्रिस्टल था और उसका ठाठ बड़ा ही अमीराना था। मेरे मन में यह जिज्ञासा उठी कि इसमें जो व्यक्ति रोज भोजन करेगा, उसे क्या देना होगा? हिसाब लगाने पर पता चला कि होटल ब्रिस्टल में 30 दिनों तक रोज एक समय नाश्ता और दो समय भोजन का खर्च बारह सौ रुपये से ऊपर होगा।

अब मैं यह जानने की कोशिश करने लगा कि यहाँ वेतन का क्या सिलसिला है। पता चला कि पोलैंड के मंत्री प्रति मास साढ़े सात हजार स्लोती पाते हैं और उपमंत्री कोई छह हजार स्लोती। प्रोफेसर का वेतन चार हजार और असिस्टेंट प्रोफेसर का तीन हजार स्लोती है। अखबार के प्रधान संपादक साढ़े चार हजार के लगभग पाते हैं और मेहतरों का मासिक वेतन पन्द्रह सौ स्लोती है। हाँ, मजदूरों में कोयला खान के मजदूर बहुत अच्छे हैं। उनका मासिक वेतन तीन से साढ़े तीन हजार तक

है। इसके अतिरिक्त, उन्हें घर और पोशाक मुफ्त मिलती है और समय-समय पर उन्हें इनाम भी दिये जाते हैं।

जैसाकि पहले बता चुका हूँ, पोलैंड में कवियों और कलाकारों का बड़ा सम्मान है और यह सम्मान केवल वाचिका ही नहीं, आर्थिक भी है। प्रत्येक अभिनेता और अभिनेत्री को राज्य की ओर से प्रति मास दो हज़ार रुपये वेतन दिया जाता है। इसके सिवा, प्रत्येक खेल के उन्हें पाँच सौ रुपये रॉयल्टी के तौर पर मिलते हैं। कवि की जो पुस्तक प्रकाशन के लिए स्वीकार की जाती है, राज्य की ओर से उसकी रॉयल्टी की काफी बड़ी रकम उसे प्रकाशन के पूर्व ही मिल जाती है। पुस्तक की प्रतियाँ बिकीं या नहीं, इस स्थिति का कवि की मुख्य आय के साथ कम सम्बन्ध है या कह सकते हैं कि कोई सम्बन्ध नहीं है, क्योंकि बाद के संस्करणों पर रॉयल्टी नाममात्र को ही दी जाती है।

यह अच्छी स्थिति है, किन्तु इसे हम संतोषजनक नहीं कह सकते। इसलिए मैंने जानना चाहा कि इसके सिवाय कवि की और क्या आय है। पता चला कि प्रत्येक कवि किसी-न-किसी अखबार के दफ्तर में भी काम करता है, जहाँ से उसे दो से लेकर साढ़े तीन हजार रुपये तक मिल जाते हैं। अभी तो शान्ति-समिति के भी बहुत-से काम फैले हुए हैं और लिखनेवालों की आय का एक जरिया वह भी है। भारत की तरह वहाँ के कवि रेडियो में काम करते हैं। असल में, पोलिश कवि की आमदनी के अनेक रास्ते हैं, जैसे—रेडियो, सिनेमा, पत्र-पत्रिकाओं, ग्रामोफोन, मंच और नाटक में ली जानेवाली कविताओं की रॉयल्टी और प्रसिद्ध होते ही विभिन्न नगरों की ओर से मिलनेवाले पुरस्कार। भारत में तो अभी यह परम्परा ही नहीं बनी है कि नगर-विशेष अपनी पसन्द के कवि को बुलाकर उसे पुरस्कृत करें।

पोलैंड में अनेक बार यह सुना कि यहाँ का सबसे सुखी वर्ग कवियों और कलाकारों का वर्ग है। इस वर्ग की आय भी अधिक है और उसे आय-कर भी कम देना पड़ता है। पोलैंड के इनकम टैक्स कानून में कवियों के लिए खास रियायत रखी गई है। कवि और कलाकार पोलैंड में भी करोड़पति नहीं हैं, किन्तु वहाँ वे अमीर जरूर हैं और यह सुख केवल उन्हीं को नहीं है। जो बहुत प्रसिद्ध हैं, बल्कि उन सभी लोगों को, जो कला का पेशा अख्तियार किये हुए हैं। प्रसिद्ध होते ही पोलैंड के कवि अपने देश के सांस्कृतिक दूत हो जाते हैं और सरकार उन्हें बाहर भेजती ही रहती है। यह ठीक है कि अधिक रुपये जमा करके वे उद्योग या व्यापार खड़ा नहीं कर सकते, किन्तु तब वे मकान खरीद सकते हैं, मोटर ले सकते हैं तथा चित्र और मूर्तियाँ खरीदकर अपने घरों को सजा सकते हैं।

पोलैंड में औसत प्रोफेसर को जो वेतन मिलता है, उसे न्यून समझना चाहिए। किन्तु जो प्रोफेसर बाहरी काम कर सकते हैं (अर्थात् अनुवाद का काम, पुस्तक लिखने का काम आदि), वे बाहर से वेतन की अपेक्षा अधिक कमा लेते हैं। प्रोफेसर

एबांस्की खुद अनुवाद वगैरह से वेतन की अपेक्षा अधिक पैसे कमा लेते हैं। उन्हीं ने यह भी बताया कि कोयला-खान के मजदूर कभी-कभी इतने पैसे कमा लेते हैं कि उनकी आमदनी कवि और प्रोफेसर की आमदनी से भी बढ़ जाती है।

पोलिश किसान, अधिक से अधिक, 50 बीघे जमीन रख सकता है। जो किसान अपने बाल-बच्चों के साथ स्वयं खेती करते हैं, उन्हें सरकार की ओर से भी सहायता दी जाती है और उन्हें आय-कर भी नहीं देना पड़ता। किन्तु जो किसान खेती के लिए मजदूर रखते हैं, उन्हें सरकारी सहायता तो दी ही नहीं जाती, उल्टे उन पर इनकम टैक्स भी लगाया जाता है।

पोलैंड की आर्थिक व्यवस्था में दो सिद्धान्त हैं, जो बहुत अच्छे हैं। एक तो नियत कार्य-समय से फाजिल काम करने के लिए विशेष प्रोत्साहन, जिससे प्रत्येक सुयोग्य व्यक्ति का सारा समय काम में लगा रहे और दूसरा, उन कामों के लिए अधिक वेतन देना, जो स्वास्थ्य के लिए बुरे और जीवन के लिए संकटपूर्ण हैं। यदि मेहतरों की आमदनी चार हज़ार प्रति मास होती, तो पोलैंड की आर्थिक व्यवस्था की हम और प्रशंसा करते।

यूरोप कैसा लगा?

पोज़न से लौटकर हम वारसा आए। उस दिन संस्कृत से प्राध्यापक डॉ. स्लुस्कोविच भी वारसा में ही थे। अतएव उन्होंने कृपापूर्वक मुझे घर बैठे ही दर्शन दिये और भारत से अपना प्रगाढ़ प्रेम दिखाया। उनका स्वभाव सरल और चित्त निर्मल मणि के समान है।

वारसा से हमने आठ दिसम्बर को लन्दन की ओर प्रस्थान किया। ब्रुसेल्स हम लगभग नौ बजे रात में पहुँचे। पता चला कि लन्दन में सघन कुहासा लगा हुआ है, इसलिए जहाज आज रात भर नहीं जाएगा। हवाई कम्पनी ने रात भर के लिए हमें ब्रुसेल्स होटल में ठहरा दिया। यह भी अच्छा ही हुआ, क्योंकि ब्रुसेल्स ठहरने का हमारा कार्यक्रम नहीं था। फिर भी, भाग्य ने हमें जबर्दस्ती ब्रुसेल्स शहर दिखला दिया।

रात में हम खाने-पीने और शहर देखने को बाहर निकले। एक अंग्रेज यात्री हमारे साथ हो गए और घूम-घूमकर उन्होंने थोड़ी ही देर में सारा शहर दिखला दिया। मध्य रात्रि के विद्युत-प्रकाश में ब्रुसेल्स मुझे अत्यन्त सुहावना दिखाई पड़ा। इस नगर की नैश श्री लन्दन से भी अच्छी है।

प्रातःकाल हम उड़कर लन्दन पहुँचे। अड्डे पर दूतावास से एक सज्जन आए हुए थे। उन्होंने हमारे ठहरने का इंतजाम रसल स्क्वायर के इम्पीरियल होटल में करवा दिया था। होटल में उतरने के बाद हमें ऐसा अनुभूत हुआ कि हम अपने घर आ गए हैं, क्योंकि अब हम एक ऐसे देश में पहुँच गए थे, जहाँ भाषा की दीवार नहीं थी।

लन्दन जितने दिन रहा, बड़े आनन्द से रहा। किरण, वीरेन्द्र, वटुकदेव आदि मित्र तो थे ही, वहाँ भारत और बिहार के बीसियों मित्रों से भेंट हो गई और विदेश का वातावरण जाता रहा।

लन्दन नगर का रूप-रंग कलकत्ते के समान है। फर्क यह है कि लन्दन कलकत्ते का बड़ा भाई मालूम होता है। यह भी कि लन्दन में सुरंग होकर चलनेवाली गाड़ियाँ हैं, जो कलकत्ते में नहीं हैं। और कलकत्ते में जो चमक चौरंगी की है, कुछ बड़े पैमाने पर, वही चमक लन्दन के पिकेडली सरकस में मिलती है। एक विचित्रता यह भी देखी कि लन्दन के ऊँचे आलीशान मकान बाहर से काले और मटमैले दीखते हैं। लोगों

ने बताया कि लन्दनवाले मिजाज से पुरातनता के प्रेमी हैं और मकानों में पुरानेपन की झलक को वे पसन्द करते हैं।

भारतीय छात्रों ने यह भी बताया कि लन्दन में काले-गोरे का भेद काफी चलता है, यद्यपि अंग्रेजों का यह दोष आसानी से पकड़ाई नहीं देता। कभी-कभी ऐसा होता है कि किराए का मकान लोग फोन पर ठीक कर लेते हैं; किन्तु जब वे मकान लेने पहुँचते हैं, तब उनका काला रंग देखकर मकान-मालिक अपनी बात को पलट देता है और स्पष्ट कह देता है कि अभी पाँच मिनट पहले वह मकान किसी दूसरे किराएदार को दे चुका है। जहाँ-तहाँ यह भी सुना कि जब अंग्रेजों को यह मालूम होता है कि आगन्तुक पाकिस्तानी नहीं, हिन्दुस्तानी है, तब उनके चेहरे उतर जाते हैं। ये सारी बातें जानकर मन को क्लेश पहुँचा और ब्रिटिश जाति के स्वभाव के इस पक्ष से निराशा हुई।

छात्रों ने यह भी बताया कि हम जब अकेडेमिक भाषणों में भी अमरीका की ओलाचना करते हैं, तब यह बात अध्यापकों द्वारा नोट कर ली जाती है और इसका प्रतिशोध अध्यापक कटूक्तियों द्वारा निकालते हैं। पर यही कटूक्ति अन्य देशों के छात्रों को नहीं सुननी पड़ती। मुझे ऐसा भासित हुआ कि कम-से-कम पी-एच.डी. की उपाधि के लिए युवकों को वर्षों तक इंग्लैंड में सड़ाना अनावश्यक है। मैंने अधिक छात्रों को इंग्लैंड से आजिज और परेशान तथा घर लौटने को अत्यन्त लालायित पाया। क्या यह नहीं हो सकता कि पुस्तकालयों एवं विश्रुत विद्वानों की संगति से लाभ उठाने को छात्र कुछ थोड़े दिनों के लिए इंग्लैंड भेजे जाएँ, बाकी वे थीसिस लिखने का काम यहाँ स्वदेश लौटकर ही करें? और यहाँ से थीसिस की प्रतियाँ तो परीक्षा के निमित्त कहीं भी भेजी जा सकती हैं।

जब हम यूरोप भ्रमण कर रहे थे, उस समय रूस के नेता बुलगानिन और खुश्चेव भारत में मौजूद थे। उनके स्वागत-सत्कार और नीति-आख्यान के संवाद सारे संसार में छप रहे थे और सारा पश्चिमी यूरोप उन दिनों भारत से जला हुआ था। लोग तो हमारी आकृतियों से ही यह समझ जाते थे कि हम हिन्दुस्तानी हैं। फिर, जब उन्हें यह मालूम होता कि हम कम्यूनिस्ट देश से आ रहे हैं, तब उनका मुँह बिदक जाता। ब्रुसेल्स में एक अजनबी यूरोपियन मुझे सुनाकर बोला, 'पोलैंड जाना कौन बड़ाई की बात है? पोलैंड गन्दा देश है।' जिस अंग्रेज ने हमें ब्रुसेल्स शहर घुमाया था, वह भी रह-रहकर पोलैंड और रूस की निन्दा करता जाता था। एकाध व्यक्ति ने यह भी सवाल किया कि क्या भारत कम्यूनिस्ट हो रहा है? लोगों को कोई भी बात ठीक से समझाना कठिन था। भारत कम्यूनिज्म के तानाशाही रूप का विरोधी है, इसमें मैंने किसी भी यूरोपियन का विश्वास नहीं देखा। सब यही समझते थे कि भारत के लोग 'फेलो ट्रैवलर' हैं। उन दिनों हमारे राजदूत भी इसी समस्या को लेकर परेशान थे।

रूस तो मैं गया नहीं, जिससे यह जान सकूँ कि वहाँ कम्यूनिज्म की उपलब्धियाँ कैसी हैं। हाँ, बिल्ली को देखकर जैसे बाघ का अनुमान होता है, वैसे ही पोलैंड को देखकर रूस की कल्पना की जा सकती है। किन्तु रूस की उपलब्धियाँ बहुत बड़ी हैं, यह सब लोग कहते हैं। फिर भी, इंग्लैंड, फ्रांस और स्विट्जरलैंड में समृद्धि और सभ्यता का जो रूप दिखाई पड़ा, वह बहुत ही उत्तम है। उसमें नफासत है, बारीकी है, और है वह सुगन्ध, जो व्यक्ति की स्वतन्त्रता से फैलती है। लन्दन, ब्रुसेल्स और पेरिस में भारत के ही समान वेश्यावृत्ति का प्रत्यक्ष प्रमाण मिलता है, किन्तु कम्यूनिज्म जहाँ-जहाँ गया है, इस दोष को उखाड़ता गया है। मगर एक दूसरी बात भी है, जिसे भुलाना कठिन है। चेकोस्लोवाकिया बड़ा ही उन्नत देश था। किन्तु अब वह कम्यूनिज्म के अधीन है। वहाँ हम लोग थोड़ी देर के लिए ही उतरे थे। होटल में नाश्ता करने को गए, तो सामने जो रोटी आई, उसे हम किसी भी तरह निगल नहीं सके। पता नहीं, यह दरिद्रता का सबूत था या कुप्रबन्ध का। मेरा साधारण मत यह बना है कि कम्यूनिज्म स्वभाव से स्थूल है। बारीकी और नफासत उसे बुर्जुआ समाज से सीखनी होगी। बुर्जुआ के विनाश के साथ अगर बारीकी और नफासत भी विदा हो गई, तो इससे संस्कृति की हानि होगी।

लन्दन में एक पत्रकार मुझसे कुछ बात करने आए। जब उन्होंने देखा कि मैं रेजिमेंटेशन से रुष्ट हूँ, उनका हौसला बढ़ गया और वे मुझसे बातें निकालने की कोशिश करने लगे। मैंने निवेदन किया कि 'भारतीय को तो रूस और इंग्लैंड बहुत कुछ समान दीखते हैं। जहाँ तक प्रजातन्त्री ढाँचे का सवाल है, उसे हम कबूल कर चुके हैं और इस पद्धति से अगर साम्यवादी विचारवाले लोग प्रभुत्व में आ गए, तो हम तो उसे भी प्रजातन्त्र ही कहेंगे बशर्ते कि साम्यवादी लोग आगे भी प्रजासत्ता को खुलकर चलने दें। विरोध हमारा तानाशाहों की हिंसात्मक पद्धति से है। उसे हम भी रोकना चाहते हैं। इससे ऊपर संस्कार और विचारों का जो स्तर है, वहाँ आप सभी पाश्चात्य लोग समान हैं। तानाशाहों ने विज्ञान का सहारा लेकर मनुष्य के मन के चारों ओर लक्ष्मण-रेखा खींच दी है। किन्तु वैसी ही रेखा अन्य देशों में भी है, यद्यपि इस रेखा को तानाशाह ने नहीं, व्यक्तियों ने स्वेच्छा से खींचा है। इसीलिए तो एमर्सन और थुरो, रोम्याँ रोलाँ और टॉल्स्टॉय तथा इलियट आपके यहाँ विदेशी लगते हैं। भारत गरीब देश है और गरीब लोग पहले रोटी चाहते हैं। इसलिए जहाँ तक समाज में समत्व लाने का सवाल है, हम कम्यूनिज्म के सार को प्रजातन्त्री ढंग से अपने यहाँ लाना चाहते हैं। हमारे यहाँ खोना तो बहुत कम लोगों को पड़ेगा। अतएव, हमें रूस और चीन से भय नहीं लगता। भय हमें तब लगता है, जब हम यह देखते हैं कि वैज्ञानिक सुविधाओं की अधीनता स्वीकार करके मनुष्य अपने सूक्ष्म रूप से दूर होता जा रहा है। और भारत के इस पिछले भय का कारण केवल रूस ही नहीं, इंग्लैंड और अमरीका भी हैं। यूरोप और अमरीका समृद्ध देश हैं, अतएव उनकी समस्या

कम्यूनिज्म का अवरोध हैं। एशिया निर्धन महादेश है। अतएव हम वह मार्ग खोज रहे हैं, जिस पर चलकर हम सामाजिक समत्व को प्रजातन्त्री ढंग से ला सकें।'

यह सुनकर पत्रकार भाई का उत्साह ठंडा पड़ गया। आश्चर्य मुझे तब हुआ, जब वे क्षण भर मौन रहकर बोले, 'तो सचमुच ही भारत लाल होनेवाला है?'

मैंने कहा, 'लाल नहीं, श्वेत होनेवाला है। हम अपनी क्रान्ति गांधी जी के नेतृत्व में पूरी कर चुके हैं। वह श्वेत क्रान्ति थी और आगे भी इसी श्वेत क्रान्ति के फल प्रकट होते रहेंगे। भारत पहुँचकर चाहे तो कम्यूनिज्म अहिंसा का वरण कर लेगा अथवा हमीं अहिंसा के द्वारा वे परिणाम प्राप्त कर लेंगे, जिनके लिए कम्यूनिस्टों को हिंसा, पाप, मार-काट, तानाशाही, दलन, बन्धन और अत्याचार का सहारा लेना पड़ता है। विनोबा जी और जयप्रकाश जी जो वैचारिक आन्दोलन चला रहे हैं, उसका नाम साम्यवाद नहीं, प्रत्युत साम्य-योग है, सिंथेसिस थ्रू इक्वेलिटी है।'

लन्दन से उड़कर हम जिनेवा आए। जिनेवा सही अर्थों में अन्तरराष्ट्रीय शहर है। जिनेवा शहर की आबादी केवल एक लाख है, जिसमें से आधे लोग प्रायः विदेशी होंगे। स्विट्जरलैंड देश में चालीस लाख लोग बसते हैं, जितने लोग अकेले कश्मीर में होंगे। मगर यह देश अत्यन्त समृद्ध है। विश्व की अन्तरराष्ट्रीय राजधानी होने के कारण सभी देशों का धन बहकर इस देश में पहुँच जाता है। अब स्विट्जरलैंड के बाद वह चाहे जहाँ जाए। इस देश का प्रत्येक वयस्क व्यक्ति बैंक एकाउंट रखता है। हमारे दूतावास के एक अफसर ने कहा कि भारत चाहे तो यहाँ से जितना भी कर्ज ले सकता है।

स्विट्जरलैंड की स्थायी सेना बहुत थोड़ी है। लेकिन यहाँ के हर व्यक्ति के पास बन्दूक और कारतूस हैं और प्रतिवर्ष उसे सैनिक शिक्षा दी जाती है। केवल तीन घंटे की नोटिस पर वहाँ पच्चीस लाख की सेना खड़ी की जा सकती है। कहते हैं, इसी भय से लड़ाई के समय हिटलर ने स्विट्जरलैंड की ओर कदम नहीं बढ़ाए। कदम बढ़ाता, तो लोग डटकर उसका सामना करते। युद्ध के समय यह देश तटस्थ था और तटस्थ होने के कारण ही यह देश-देश के जासूसों का अड्डा भी बना हुआ था। प्रायः, सारे-के-सारे अन्तरराष्ट्रीय षड्यन्त्र यहीं सोचे और गढ़े जाते थे।

जिनेवा शहर लेमा झील के किनारे बसा हुआ है। झील की एक तरफ फ्रांस शुरू हो जाता है। इस झील का पानी निर्मल सुनील रंग का है। हमारे दूतावास के अध्यक्ष श्री पद्मनाभर का घर भी झील के ही तट पर है। वैसे तो सारा यूरोप होटलों का देश है, किन्तु जिनेवा तो खास कर होटलों का ही शहर है।

जिनेवा में हम विश्व पार्लियामेंटरी सम्मेलन के महामन्त्री श्री आन्द्रे वोन से मिलने गए। वे उसके ठीक एक दिन पूर्व भारत से जिनेवा लौटे थे। उन्होंने हमारे देश की भूरि-भूरि प्रशंसा की और कई चित्र दिखलाए, जिन्हें वे भारत से अपने साथ ले गए थे। उन्होंने राष्ट्रपति डॉ. राजेन्द्र प्रसाद से अपनी भेंट का जिक्र किया और

वे बोले, 'आपके प्रेसिडेंट अत्यन्त विनम्र व्यक्ति हैं। उनकी विनम्रता उनकी आकृति पर स्पष्ट अंकित रहती है। किन्तु जब मैं उनसे हाथ मिला रहा था, मुझे भासित हुआ कि उनकी विनम्रता के भीतर से कोई अप्रतिम महत्ता मुझे झाँक रही हो। मैंने अनेक महापुरुषों से हाथ मिलाए हैं, किन्तु डॉक्टर प्रसाद से हाथ मिलाने की बात तो मैं भूल ही नहीं सकता।' मैंने इस पर श्री वोन को धन्यवाद दिया और कहा कि आपके इस निश्छल संस्मरण का आख्यान अपने देशवासियों से मैं अवश्य करूँगा।

जिनेवा से हम तीन-चार दिन के लिए ट्रेन से पेरिस चले गए और वहाँ से फिर जिनेवा लौट आए। पेरिस की मस्ती, रंगीनी और बेफिक्री की कहानी सारी दुनिया में मशहूर है। बारह महीने तीस दिन पेरिस में यात्रियों का ताँता लगा रहता है। मेरा खयाल है, वहाँ नगर में बेफिक्री का जो समाँ है, वह इन्हीं यात्रियों के आधिक्य के कारण। पेरिस में कार्य-व्यस्तता और परेशानी का दौर नहीं दिखाई दिया। जिसे भी देखो, घूम रहा है, मजे ले रहा है, आनन्द की खोज में मँडरा रहा है। लन्दन में ठीक इसके विपरीत वातावरण है। लन्दन में कलकत्ते की तरह भागदौड़ है। पेरिस में लोग काशी की तरह निर्द्वन्द्व घूमते हैं। लन्दन कारखाना है, पेरिस को कला का म्यूजियम कहना चाहिए। लन्दन के होटलों में कामकाजू आदमी ज्यादा आते हैं। पेरिस के होटलों में हमने चित्रकारों को काम करते और लेखकों को कुछ लिखते-पढ़ते भी देखा।

पेरिस की एक विचित्रता यह भी देखी कि दिन में बाजार और सड़कें हलकी रहती हैं, किन्तु सन्ध्या होते ही सड़क पर जिन्दगी दौड़ने लगती हैं और रात ज्यों-त्यों भींगती है, मोटरों की भाग-दौड़ में वृद्धि होती ही जाती है। मुझे बार-बार लगता कि रात में भीड़ लगानेवाले लोग पेरिस के नहीं होंगे, उनका बहुत बड़ा अंश विदेशी रहता होगा। किन्तु इस विषय में मैं कोई पक्की राय नहीं बना सका। मेरा खयाल है, पेरिस में और नगरों की अपेक्षा 'नाइट क्लब्स' भी कुछ अधिक होंगे, अन्यथा रात में सड़कों के व्यस्त होने का कोई खास कारण नहीं दीखता। यूरोप में आनन्द लेना लोग खूब जानते हैं और पेरिस आनन्द का केन्द्र है। दिन में तो यात्री लुब्र (चित्रागार), गिमे म्यूजियम, इफेल टावर, पैलेस द वर्सेल्स आदि दर्शनीय स्थानों में घूमते रहते हैं, किन्तु रात होते ही सब-के-सब साँजे-लिजे पहुँच जाते हैं। कलकत्ते में जो स्थान चौरंगी का और लन्दन में पिकेडली सरकस का है, पेरिस में वही स्थान साँजे-लिजे का मानना चाहिए। फर्क केवल यह है कि चौरंगी और पिकेडली सरकस साँजे-लिजे की तुलना में बहुत हीन हैं। साँजे-लिजे का अर्थ—सुना है, स्वर्ग की गली होता है और साँजे-लिजे में, सचमुच ही, होटलों के बाहर और भीतर स्वर्ग लोटता है।

पेरिस से जिनेवा लौटते समय पेरिस स्टेशन पर काफी कष्ट हुआ। कारण यह था कि स्टेशन के कर्मचारी अंग्रेजी नहीं जानते थे और जिससे भी बात की, पता चला कि अंग्रेजी का ज्ञाता कोई नहीं है। केवल इशारों और संकेतों के द्वारा हम ट्रेन में सवार हुए और बड़ी मुश्किल से जिनेवा वापस आए।

ट्रेन में दो-एक घंटा खड़ा रहने के बाद मुझे एक महिला के पार्श्व में जगह मिली। ईश्वर की असीम अनुकम्पा का बोध तब हुआ, जब मैंने देखा कि वे अंग्रेजी बोल सकती हैं। मुझे तो ऐसा भान हुआ कि समुद्र में अचानक कोई टापू मिल गया हो! मैं उनसे बातें करने लगा और उनका दो साल का बच्चा मुझसे ऐसा हिल गया कि वह मुझे छोड़कर कहीं जाता ही नहीं। मैंने बच्चे की माँ से पूछा कि यह क्या बात है? वे बोलीं कि 'इसके पिता भी काले हैं।' मैंने पूछा, 'क्या आपके पति एशियाई हैं?' उन्होंने बताया, 'नहीं, हैं तो फ्रेंच ही, मगर मेरे समान गौर नहीं हैं।' मन-ही-मन मुझे हँसी आ गई कि भारत में गौर समझी जानेवाली चमड़ी भी यूरोप में काली ही समझी जाती है।

पोलैंड में देखा कि अखबार वहाँ आकार में छोटे होते हैं और उनके पन्ने भी दो-चार ही होते हैं। किन्तु, पश्चिमी यूरोप में अखबारों का आकार-प्रकार बड़ा होता है एवं उनमें पन्ने भी अधिक होते हैं। मगर इन पन्नों में रहता क्या है? जो अखबार अधिक बिकते हैं, उनकी प्रतियाँ मैंने ट्रेनों, सुरंग-ट्रेनों और वायुयानों में सबसे अधिक देखीं। उनमें कुत्सा और कलंक की कहानियाँ ही ज्यादा छपती हैं। किसी मोटर ड्राइवर और उसकी पत्नी ने मिलकर किसी को धोखा दिया था और परिणामतः दोनों गिरफ्तार हो गए थे। जिस दिन वे रिहा हुए, उनकी कहानी एक अखबार के मुख-पृष्ठ पर बड़ी ही शान से प्रकाशित देखी। अपने देश में तो ऐसे समाचार-पत्रों में स्थान भी मुश्किल से पाते हैं, और इस मामले में मैं भारतीय पत्रकारों की रुचि को ही श्रेष्ठ मानता हूँ।

नाइट क्लबों के सामने नंगे या अधनंगे चित्र, अखबारों में कलंक और व्यभिचार की उत्तेजक कहानियाँ एवं बुकस्टालों पर भद्दी किताबें और नंगे चित्रों का व्यापार— भला इन सबसे कोई बात निकलती है! विज्ञान की सुविधाओं ने यूरोप में आदमी को बहुत कुछ स्वतन्त्र कर दिया है, किन्तु आदमी वहाँ यह जानता ही नहीं कि अवकाश का समय कैसे गुजारना चाहिए। स्थूल आनन्द भोगते-भोगते वह इस धरातल पर आ गया है कि आनन्द का स्वाद लेने को भी उसे आघात चाहिए। यही आघात लोगों को जुर्म और व्यभिचार की कहानियों से प्राप्त होता है, जिन्हें वे बड़े ही चाव से पढ़ते हैं। सुर्रियलिस्ट चित्रकार, अपने ढंग पर, मनुष्य को यही आघात देते हैं और इसी आघात की सामग्री वहाँ के नाइट क्लबों में भी मौजूद है।

अरब के वर्तमान बृहस्पति डॉक्टर तहा हुसैन

पोलैंड में जितने दिन रहा, कुछ-न-कुछ साहित्यिक कार्यक्रम चलता रहा, जिससे तबीयत नहीं ऊबी। इंग्लैंड में भी लन्दन की 'हिन्दी साहित्य-परिषद्' और 'बी.बी.सी.' की भारतीय शाखा के चलते यात्रा यत्किंचित साहित्य के रस से सिक्त रही, किन्तु स्विट्जरलैंड और फ्रांस में साहित्य-समागम का कोई सुयोग नहीं निकला, जिसका परिणाम यह हुआ कि यात्रा भारी लगने लगी। म्यूजियमों और चित्रागारों में तो मन रमता था, किन्तु सड़कों, दुकानों और होटलों को देखकर तृप्ति नहीं होती। आत्मा बराबर संकेत करती रहती कि क्यों अपना समय व्यर्थ गँवा रहा है? ये चीजें कलकत्ते, बम्बई और दिल्ली में भी हैं। साहित्य के सिवा कौन वातायन है, जिससे तू यूरोपवासी बन्धुओं को समझ सकता है? किन्तु साहित्य का वातायन मेरे लिए बन्द था और ऐसा भासित हुआ कि इटली में भी वह बन्द ही रहेगा। अतएव, मैंने इटली की यात्रा स्थगित कर दी और जिनेवा से उड़कर सीधे काहिरा पहुँच गया।

काहिरा में मैं वहाँ के प्रसिद्ध नाटककार मिस्टर अजीज अबाजा पाशा का अतिथि हुआ। वारसा के अन्तरराष्ट्रीय सम्मेलन में उनसे अच्छी जान-पहचान हो गई थी और उन्हीं का यह आग्रह था कि लौटती बार मैं काहिरा अवश्य रुकूँ। मिस्टर पाशा ने बड़ी खातिरदारी की। मुझे नील-तट पर स्थित 'जजीरा पैलेस' नामक राजसी होटल में ठहराया और स्थानीय साहित्यिकों से अच्छी भेंट भी करा दी। इन साहित्यिकों में से दो सज्जनों का मुझ पर अच्छा प्रभाव पड़ा। एक थे डॉक्टर हिकेल पाशा, जिन्होंने कई नाटक और हजरत मुहम्मद की जीवनी लिखी है और दूसरे थे डॉक्टर तहा हुसैन, जो आँख से अन्धे हैं, किन्तु जिनके भीतर का सूर्य अपनी सोलहों कलाओं के साथ चमकता है।

डॉक्टर तहा हुसैन अंग्रेजी नहीं जानते, किन्तु लातीनी और फ्रेंच भाषाओं पर उनका पूरा अधिकार है तथा अरबी के तो वे उद्‌भट विद्वान हैं ही। बातें उनसे दुभाषिये के माध्यम से हुई जबकि काहिरा के सभी प्रसिद्ध साहित्यकार गोष्ठी में उपस्थित थे। 'विद्या ददाति विनयम्' की कहावत हम रोज सुनते हैं, किन्तु उसकी सच्चाई तभी प्रकट होती है, जब हमारी किसी सच्चे विद्वान से भेंट होती है। विद्या और संस्कृति, दोनों की असली पहचान नम्रता है और डॉक्टर तहा हुसैन नम्रता की मूर्ति हैं।

गोष्ठी में सारे-के-सारे लोग अरब के थे, इसलिए सबकी दिलचस्पी को ध्यान में रखते हुए मैंने यह विषय छेड़ा कि भारतीय संस्कृति पर अरब के क्या-क्या प्रभाव हैं। इस सिलसिले में, मैंने भारतीय ज्योतिष पर अरबी प्रभाव की चर्चा की और यह भी बताया कि बाद में कैसे अरब का तसव्वुफ भारत पहुँचा तथा हिन्दी के दो महाकवियों–जायसी और कबीर–में वह किस प्रकार अभिव्यक्त हुआ है।

किन्तु डॉक्टर हुसैन ने मुझे आगे बढ़ने नहीं दिया। वे कहने लगे, 'आप जो कहते हैं, वह एक हद तक ठीक है; किन्तु हमें भी याद रखना चाहिए कि पठानों के भारत जाने के पहले भारत ने इस्लाम को अरब में ही प्रभावित करना आरम्भ कर दिया था। जो तसव्वुफ कबीर में मिलता है, उसका मूल उपनिषदों में है और जब यह तसव्वुफ अरब में उत्पन्न हुआ, उसके पूर्व अरबी दुनिया पर उपनिषदों का प्रभाव पड़ चुका था। असल में, इस्लामी तसव्वुफ के जन्म के पीछे भारतीय विचारों का बहुत बड़ा हाथ था। और, अरब ने भारत से केवल रहस्यवाद के ही बीज नहीं लिये, बल्कि गणित, अंक, वैद्यक आदि की भी बहुत-सी बातें अरब में भारत से आईं और यहाँ उनका यूनानी विद्याओं से मेल हुआ।'

मैंने बात को फिर से रहस्यवाद की दिशा में मोड़ना चाहा और निवेदन किया कि कबीर और जायसी की परम्परा भारत में फिर से जीवित हुई है, जिसके सबसे आधुनिक व्याख्याता रवीन्द्रनाथ ठाकुर और इकबाल हुए हैं। डॉक्टर हुसैन बोले, 'सो ठीक है, किन्तु इकबाल रहस्यवादी तब हुए, जब ईरान ने उन्हें ठुकरा दिया।'

इस वाक्य में क्या व्यंग था, यह मेरी समझ में नहीं आया। क्या डॉक्टर हुसैन रहस्यवाद की हँसी उड़ाना चाहते थे अथवा उनका भाव यह था कि इकबाल ने भारतीय होकर फारसी में कविताएँ क्यों लिखीं? वे पूरी तरह खुले नहीं। उस दिन वार्तालाप के मैंने जो 'नोट लिये थे, उनसे पता चलता है कि डॉक्टर हुसैन रहस्यवाद के फेर में पड़कर विज्ञान की उपेक्षा करने के विरोधी हैं, क्योंकि उन्होंने कहा, 'यूरोप में रहस्यवाद के पतन का कारण विज्ञान का उत्थान था, किन्तु ईरान से रहस्यवाद बिना विज्ञान के आए ही विदा हो गया।'

इसी सिलसिले में उन्होंने बताया कि अरबी तसव्वुफ पर भारत का प्रभाव ईरान होकर पड़ा था और इसी माध्यम से भारत ने यूनान के दर्शन को भी प्रभावित किया था, यद्यपि यूनान के प्रभावित होने के कारण कुछ और भी रहे होंगे, क्योंकि यूनान और भारत, दोनों का एक समय सीधा सम्पर्क भी था।

डॉक्टर हुसैन मानते हैं कि केवल प्राचीन काल में ही नहीं, अपितु वर्तमान युग में भी भारत के प्राचीन विचार नवीन विश्व को प्रभावित करते रहे हैं और इस सिलसिले में उन्होंने जर्मन दार्शनिक शापेनहार एवं जर्मन कवि शीलर और हाइने की विशेष रूप से चर्चा की। ये बातें मेरे लिए नई नहीं थीं, किन्तु यह सोचकर डॉक्टर हुसैन पर मेरी श्रद्धा बहुत बढ़ गई कि मैं यदि अपने देश की देन की बातें जानता

हूँ तो इसमें बड़ाई की बात नहीं है; किन्तु डॉक्टर हुसैन कितने भावुक और जिज्ञासु हैं कि समस्त विश्व के विचारों में तारतम्य खोजते रहते हैं और वे कितने उदार हैं कि भारत के व्यापक सांस्कृतिक प्रभाव को मुक्त कंठ से स्वीकार करने में उन्हें कोई हिचकिचाहट नहीं होती। काश, यह भाव अपने देश के विद्वानों में भी होता!

यहाँ से हमारी बातें आध्यात्मिकता बनाम आधिभौतिकता की ओर मुड़ीं। मैंने निवेदन किया कि नवीन भारत ने महात्मा गांधी के मुख से जो सन्देश दिया है, वह यह है कि मनुष्य को अपनी आवश्यकता घटानी चाहिए, जबकि विज्ञान का प्रभाव उन्हें बढ़ाने की ओर है। गांधी जी के अनुसार शरीर की सार्थकता यह है कि वह आत्मा की अभिव्यक्ति का उपयुक्त साधन बने, किन्तु, विज्ञान आत्मा की बात नहीं समझता।

डॉक्टर हुसैन के मुख पर हलकी मुस्कुराहट दौड़ गई। फिर वे गम्भीर हो गए और बोले, 'आत्मावालों को अपनी राह नहीं छोड़नी चाहिए। किन्तु विज्ञान का बहिष्कार सम्भव नहीं है। दोनों के बीच कहीं-न-कहीं समझौता करना होगा। जैसे आप शरीर को आत्मा की अभिव्यक्ति का साधन बनाना चाहते हैं, वैसे क्या विज्ञान धर्म का साधन नहीं बनाया जा सकता? आत्मा का त्याग करने पर कविता की वह महिमा नहीं रहेगी, जो पहले के युगों में थी और आदमी का स्वभाव है कि वह कविता चाहता है। आप तो स्वयं कवि हैं। मेरा क्या आशय है, इसे आप समझ सकते हैं। आत्मा और शरीर के संघर्ष में आत्मा बराबर जीतती जाएगी। आदमी चाहे जितनी भी दौड़ लगावे, अन्ततः वह आत्मा पर आकर टिकेगा।'

बोलते-बोलते डॉक्टर हुसैन की स्मृति व्यापक हो उठी, 'महात्मा गांधी के विचार निःसंग नहीं हैं। उनकी चिन्ताधारा के समान लहरें समस्त विश्व में उठ रही हैं।' इसकी व्याख्या करते हुए उन्होंने कई लेखकों और कवियों के नाम गिनाए। इस सिलसिले में उन्होंने हक्सले की दो पुस्तकों–'एप एंड एसेंस' तथा 'एंड्स एंड मीन्स'–का उल्लेख किया तथा कवियों में ईलियट और क्लादल के नाम लिये। क्लादल का नाम मैंने नहीं सुना था। डॉक्टर हुसैन ने ही बतलाया कि यह कवि चीन में फ्रांस का राजदूत था और वहीं रहकर उसने पूर्वी जगत के अध्यात्मवाद से प्रेरणा ग्रहण की थी।

प्रसंगवश, याद आता है (और डॉक्टर हुसैन से बातचीत करते समय भी यह बात याद आई थी) कि डॉक्टर हिकेल पाशा ने भी कुछ ऐसे ही विचार मेरे साथ बात करते समय व्यक्त किए थे, 'कम्यूनिज्म अभी बढ़ेगा; क्योंकि सभी देशों में भीड़ की मनोवृत्ति वाले लोगों को यह आदर्श अच्छा लगता है। जो लोग कम्यूनिज्म के विरोधी हैं, वे संस्कारतः ऊँचे और बारीक लोग हैं, किन्तु वे अल्प संख्या में हैं। उनकी बारीकी जनता की पकड़ में नहीं आ रही है। लेकिन आइक, टीटो या बुल्गानिन चीजों को सँभाल नहीं सकेंगे। वे जनता को लाचार करते हैं कि बँधी-बँधाई एक राह पर चलो

और जनता चलती भी है। लेकिन उसकी चाल में बारीकी या खूबसूरती नहीं है। इतिहास में 'डिक्टेटर' होते ही आए हैं; मगर उन्होंने दैहिक उत्थान ही दिया। आत्मा के प्रसार तो प्रजातंत्र से होता है–व्यक्ति को इज्जत देने से होता है। इसलिए अन्त में प्रजासत्ता ही ठहरेगी। जरूरत ऐसे लोगों की है, जो हार मानकर झुंड में न जा मिलें, जो अडिग रहकर आत्मा की बात बोलते जाएँ क्योंकि यह कमजोर आवाज ही दुनिया की असली उम्मीद है।'

डॉक्टर तहा हुसैन से और भी बातें हुईं। उन्होंने कहा, 'अरबी के सबसे बड़े कवि अबुल अरा हुए हैं। उन पर भारतीय विचारों का पूरा प्रभाव था। उन्होंने अपनी वसीयता में लिखा था कि 'मरने के बाद मुझे गाड़ना नहीं, चिता पर जलाकर खाक कर देना।'

यहाँ मुझे खलील जिब्रान की याद आई। मैंने जानना चाहा कि जिब्रान के साहित्य को डॉक्टर हुसैन कैसा समझते हैं? किन्तु इस प्रश्न का उन्होंने उत्तर नहीं दिया। मैंने मिस्टर अबाज़ा की ओर दृष्टिपात किया। वे बोले, 'जिब्रान को हम लोग अरबी का श्रेष्ठ लेखक नहीं मानते। उन्हें भाषा पर अधिकार तो क्या, उसका सम्यक् ज्ञान भी नहीं था! हाँ, लेबनान में लड़के उनकी कविताएँ खूब चाव से पढ़ते हैं।'

मैं आसमान से गिरा। फिर सोचने लगा कि कविता का असली मजा उसकी भाषा में है। हमने जिब्रान की चीजें अंग्रेजी में पढ़ी हैं। और 'प्रोफेट', जो जिब्रान की सर्वश्रेष्ठ कृति है, उसे उन्होंने मौलिक रूप से अंग्रेजी में ही लिखा था।

डॉक्टर हुसैन विद्वान तो अगाध हैं; किन्तु उनका साहित्यिक सुयश, प्रधानतः उनकी आत्मकथा को लेकर है, जिसका नाम 'एय्याम' है। इस पुस्तक का अंग्रेजी अनुवाद दो जिल्दों में निकला है। मिस्टर अबाज़ा ने मुझे बताया कि डॉक्टर हुसैन का नाम अगले वर्ष के 'नोबेल पुरस्कार' के लिए विचाराधीन है। इस पर मैंने, स्वभावतः, हर्ष और शुभकामना प्रकट की, जिस पर डॉक्टर हुसैन हँसते हुए बोल उठे, 'किन्तु, यह मत भूलिएगा कि अभी तक पूर्वी विश्व में साहित्य पर 'नोबेल पुरस्कार' रवीन्द्रनाथ ठाकुर को छोड़कर और किसी को नहीं मिला है!'

पश्चिमी जर्मनी की यात्रा

मार्च, 1968 में जर्मन दूतावास के संस्कृति-सचिव और मेरे मित्र श्री आलफ्रेड व्यूरफेल ने यह विचार प्रकट किया कि मुझे एक बार पश्चिमी जर्मनी की भी यात्रा करनी चाहिए। मार्च में मेरा स्वास्थ्य बहुत अच्छा नहीं था, अतएव मैंने निवेदन किया कि स्वास्थ्य जरा सुधर जाए तो जाऊँगा। आलफ्रेड साहब ने इसे मेरी मंजूरी मान ली, जो ठीक ही था। जर्मन सरकार से निमन्त्रण आने और भारत सरकार की मंजूरी पाने में मार्च और अप्रैल, दोनों महीने बीत गए। इन दो महीनों में भी मेरा मिजाज ठीक से नहीं सुधरा था। तब भी नया देश देखने की उमंग में मैंने 15 दिनों की यात्रा पर निकलने की तैयारी पूरी कर ली और 1 मई को मैं लुफ्तहंसा विमान से यात्रा पर निकल पड़ा। यह बात मुझे यात्रा पर निकलने के बाद मालूम हुई कि मेरा मिजाज, सचमुच ही ठीक नहीं था और लम्बी यात्रा पर मुझे नहीं निकलना चाहिए था।

जैसे भारत की अन्तरराष्ट्रीय-उड्डयन-सेवा का नाम एयर-इंडिया इंटरनेशनल है, उसी प्रकार पश्चिमी जर्मनी की उड्डयन-सेवा का नाम लुफ्तहंसा है। लुफ्तहंसा विमान काफी आराम देनेवाला है और उसकी तुलना एयर-इंडिया इंटरनेशनल से मजे में की जा सकती है।

पालम से हमारा जहाज 1 मई की रात में 9 बजकर 15 मिनट पर उड़ा। कोई दो या डेढ़ घंटे बाद वह कराची उतरा। मुझे यह देखकर कौतूहल हुआ कि भारत और पाकिस्तान के बीच अब समय में भी फर्क आ गया है। पाकिस्तान की मिट्टी पर खड़ा होने का मेरा यह पहला ही अवसर था। हवाई अड्डे पर घूमते हुए तबीयत में गुदगुदी पैदा होती रही और उन मुसलमान दोस्तों की याद आती रही, जो भारत छोड़कर पाकिस्तान चले गए हैं। सबसे अधिक याद आई तमन्नाई की, जो गया जिले के वासी थे और सन् 1946 के दंगों से घबराकर पूर्वी बंगाल चले गए थे। फिर याद आई भाई जोश मलीहाबादी की, जिन्होंने बुढ़ापे में नया भविष्य खोजने को भारत छोड़ दिया था। फिर ध्यान में यह बात आई कि कराची भी कभी भारतवर्ष ही था। मगर अब दिल्ली और कराची के बीच केवल मित्रता का अभाव ही नहीं है, वे दोनों परस्पर शत्रु का व्यवहार करते हैं। वैसे कराची रास्ते में एक पड़ाव भर था, लेकिन कराची के हवाई-अड्डे पर मेरा मन भावों से आन्दोलित हो

उठा और बार-बार यह अनुभूति पैदा हुई कि हिन्दुओं और मुसलमानों की किस्मत जरूर खराब थी, नहीं तो भारत का विभाजन रोका जा सकता था। कितनी बुरी बात है कि एक देश के दो टुकड़े हो गए और अब दोनों टुकड़े आपस में लड़ते हैं और जब लड़ाई होती है, दोनों देशों के कवि लड़ाई की कविताएँ लिखते हैं। अपना गुनाह याद आया क्योंकि सन् 1965 की लड़ाई के समय क्रोध की कविता मैंने भी लिखी थी।

हमारा जहाज कराची, तेहरान, कैरो और रोम होकर फ्रांकफुर्त जानेवाला था। तेहरान में तो मैं जहाज से नहीं उतरा, लेकिन कैरो में उतरना पड़ा, गरचे अभी रात खत्म नहीं हुई थी। रोम आया तब यूरोप में भोर हुआ था और मेरी घड़ी में 12-50 हुआ था। जब मैं फ्रांकफुर्त पहुँचा, वहाँ के हवाई-अड्डे की घड़ी में 8-25 हुआ था। दिल्ली से चलकर फ्रांकफुर्त अपनी घड़ी से हम 15 घंटे 35 मिनट में पहुँचे थे। अन्तरराष्ट्रीय यात्राओं में समय का फर्क देखकर मुझे बराबर कौतूहल होता है और बदले हुए समय के साथ सामंजस्य बिठाने में मुझे बराबर थोड़ी कठिनाई होती है।

अपनी घड़ी के हिसाब से यदि मैं चलता, तो मुझे छह बजे भोर में ही हाथ-मुँह धो लेना चाहिए था। लेकिन समय का धोखा मेरे आचरण का समर्थन करता रहा, क्योंकि यूरोप में अभी मुश्किल से सवा आठ बजे थे।

दिल्ली में जहाज पर चढ़ रहा था, तब एक जर्मन विद्वान भी जहाज में चढ़े थे और मुझसे उन्होंने कहा था कि मैं फ्रांकफुर्त में आपसे मिलूँगा। लेकिन फ्रांकफुर्त में उनसे भेंट नहीं हुई। उस जहाज से एक भारतीय महिला भी उतरी थीं, लेकिन वे इस भाव से घूम रही थीं, मानो उनका यह परिचित शहर हो! मुझसे उनकी कोई बातचीत नहीं हुई। फ्रांकफुर्त से मुझे स्टुटगार्ट जाना था। हवाई अड्डे पर बैठा मैं सोच रहा था कि आगे के ठौर-ठिकाने का पता किससे लूँ कि एक जर्मन महिला मेरे पास आकर खड़ी हो गई और मुझसे पूछ बैठी, 'आप भारत से आनेवाले अतिथि मिस्टर दिनकर तो नहीं हैं?' मैंने कहा, 'हाँ, मेरा नाम दिनकर ही है।' फिर उन्होंने मेरे हाथ में एक कागज थमा दिया, जिसमें जर्मनी का मेरा कार्यक्रम दर्ज था—कहाँ-कहाँ मुझे जाना होगा, कहाँ कौन मुझे लेने आएगा और कहाँ किस होटल में ठहरना होगा। लेकिन आगे चलकर अनुभव हुआ कि इंटरनेशंस के सेक्रेटेरिएट ने कागज पर मेरे लिए जैसी मुस्तैदी दिखाई थी, ठीक वैसी ही मुस्तैदी वे लोग नहीं दिखा सके, जिन्हें हर स्टेशन पर मुझे लेने को तैयार रहना था।

फ्रांकफुर्त हवाई अड्डे पर लघुशंका करने गया, तो ट्वायलेट की प्रभारी महिला ने पैसे माँगे। यह एक नया अनुभव था। अतएव बैंक के काउंटर पर जाकर मुझे पैसे भुनाने पड़े। वह औरत यह नहीं समझ पा रही थी कि उसे कितने पैसे लेने चाहिए। मैंने उसके सामने मुट्ठी खोल दी, उसने एक व्यक्ति से कुछ पूछा और फिर उसने पच्चीस पैसे उठा लिये। प्यास बुझाने को मैंने कोकाकोला खोजा, पर वह

कहीं भी उपलब्ध नहीं था। निदान मैंने पेप कोला पिया, जिसके लिए एक रुपया पच्चीस पैसे देने पड़े।

दिल्ली से फ्रांकफुर्त तक की उड़ान वैसे तो ठीक ही थी। लेकिन मैं अनजाइना का रोगी हूँ। या तो मुझे ऑक्सीजन की कमी महसूस हो रही थी अथवा मुझे यह भ्रम हो गया था कि साँस में काफी हवा नहीं मिल रही है, मैं सारी रात परेशान ही रहता। एक बार थोड़ी देर कुछ जाप भी किया। इससे हृदय में शान्ति आ गई।

अपने देश के पालम, सान्ताक्रुज और दमदम के हवाई अड्डे बड़े समझे जाते हैं, किन्तु फ्रांकफुर्त के हवाई अड्डे के सामने वे कुछ नहीं हैं। फ्रांकफुर्त हवाई अड्डे पर मैंने जितने जहाज एक साथ खड़े देखे, उतने और कहीं नहीं देखे थे। हाँ, उनसे भी अधिक हवाई जहाज बर्लिन के हवाई अड्डे पर दिखाई पड़े थे।

स्टुटगार्ट

फ्रांकफुर्त से उड़कर स्टुटगार्ट मैं 2 मई के दोपहर दिन में पहुँचा। यहाँ हवाई अड्डे पर कोई दिक्कत नहीं हुई, क्योंकि अड्डे पर मिस रेखार्त मौजूद थीं—बीस-पच्चीस की उम्र, लम्बा बदन, अनाकर्षक चेहरा और पाँवों में घुटनों तक बूट पहने हुए। वे मुझे एक होटल में ले गईं, जिसका सही उच्चारण मैं सीख नहीं सका। रेखार्त को विदा करके मैं स्नान, पूजा-ध्यान आदि कर्म में लगा। फिर नीचे उतरकर मैंने भोजन किया और फिर कमरे में आकर सो रहा। लेकिन नींद नहीं आई। एक तरह से करवटें बदलते-बदलते ही शाम हो गई। शाम को मिस रेखार्त फिर आईं और मुझे लेकर टेलीविजन टावर पर चली गईं। यह टावर 211 मीटर ऊँचा है। उसी टावर के रेस्तराँ में हमने भोजन किया। टावर पर से सारा शहर ऐसा दिखाई देता था, मानो हम उसे हवाई जहाज पर से देख रहे हों! होटल से जब हम टावर पर जा रहे थे, मोटर को एक जगह सुरंग होकर गुजरना पड़ा था।

तीन मई को शुक्रवार था। नाश्ता करके तैयार होते-होते दिन के दस बज गए। मैं होटल से निकलकर सड़क पर चहलकदमी करता रहा। पश्चिमी जर्मनी अत्यन्त सुखी देश है। झुंड-के-झुंड नर-नारी दिन भर सड़कों पर आते-जाते रहते हैं। शेरवानी और चुस्त पाजामे में होने के कारण मेरी ओर एक नजर हर आदमी फेंकता था, मगर बात करने की नौबत किसी से भी नहीं आई। मिस रेखार्त अपने नियत समय पर आईं और मुझे इंडोजर्मन सोसायटी में ले गईं। इस समाज के सचिव डॉ. रायसेल हैं। वे बड़े ही मृदुभाषी और कुलीन प्रतीत हुए। भारत के बारे में उनकी जानकारी भी अच्छी है। पश्चिमी जर्मनी में गांधी-शताब्दी-समारोह बड़े पैमाने पर मनाया जानेवाला है। डॉ. रायसेल ने कहा कि इस अवसर पर सत्तर व्याख्यान आयोजित करने का प्रस्ताव है।

गांधी-शताब्दी-समारोह भारत में भी मनाया जाएगा, लेकिन वह सम्भवतः आनुष्ठानिक होगा। लेकिन देश से बाहर जाने पर गांधी जी की चर्चा सुनकर खुशी होती है। भारत, भारत को ही लेकर अभी बेहाल है। अन्तरराष्ट्रीय समस्याओं को वह भाव के स्तर पर अभी नहीं समझ रहा है। लेकिन जर्मनी में अन्तरराष्ट्रीय समस्याएँ प्रमुख दिखाई देती हैं। और जर्मनी के मनीषियों का विचार है कि गांधी जी इन समस्याओं को अहिंसक ढंग से सुलझा सकते हैं। अहिंसा गांधी जी का सबसे बड़ा अवदान है। इसी अवदान के कारण मनुष्यता उन्हें आवश्यक समझती है।

इंडो-जर्मन समाज से लौटा, तब मिस्टर लेन्स नामक एक लेखक मिलने आए। लिखना उन्होंने सन् 1948 के बाद आरम्भ किया है और अब तक ये आठ पुस्तकें प्रकाशित कर चुके हैं, जिनमें अधिक पुस्तकें उपन्यास की हैं। मैंने मिस्टर लेन्स से कहा, 'आप लोग तो काफी सुखी होंगे! सुना है, यूरोप में जिसकी एक किताब कामयाब हो गई, वह भी जिन्दगी-भर के लिए निश्चिन्त हो जाता है!'

मिस्टर लेन्स बोले, 'नहीं, केवल कलम के सहारे यहाँ भी जीना कठिन है। हमारे देश में केवल पाँच लेखक ऐसे हैं, जिनकी सालाना आमदनी एक से दो लाख रुपये तक है। बाकी लेखकों को लेखन के साथ कुछ अन्य काम भी करना पड़ता है। मैं भी केवल लेखक नहीं हूँ। कुछ और काम भी करता हूँ।'

मिस्टर लेन्स ने होटल में हमारे साथ ही भोजन किया। भोजन करते समय छात्र-अनुशासनहीन की बात छिड़ गई। मिस्टर लेन्स ने बताया, 'छात्रों की अनुशासनहीनता का मूल कारण यह है कि उनमें श्रद्धा का अभाव हो गया है। श्रद्धा का अभाव एक रोग है, जो नई सभ्यता के साथ बढ़ता जाता है। एक ही छत के नीचे रहनेवाले पिता का भाव और है तथा पुत्र का कुछ और। पिता में श्रद्धा अभी मरी नहीं है, लेकिन लगता है, पुत्र में श्रद्धा का जन्म ही नहीं हुआ। हम लोग नहीं जानते कि छात्रों की अनुशासनहीनता कहाँ जाकर रुकेगी।'

मिस्टर लेन्स तो भोजन के बाद चले गए, लेकिन हम लोग दो बजे के लगभग टुइबिंगन के लिए रवाना हो गए। यह एक प्रकार की तीर्थयात्रा थी। टुइबिंगन विश्वविद्यालय अत्यन्त प्राचीन है। प्रसिद्ध दार्शनिक हीगेल यहीं पढ़ाया करते थे। इसी स्थान पर महाकवि होल्डन लीन भी रहते थे। यहाँ एक मीनार है, जिसे होल्डरलीन मीनार कहते हैं। मैंने उस घर को भी देखा, जिसमें होल्डरलीन अपनी विक्षिप्तावस्था में रहते थे। होल्डरलीन की कविताएँ मैंने अंग्रेजी अनुवाद में पढ़ी हैं और कुछ का हिन्दी में अनुवाद भी किया है। होल्डरलीन पर मेरी श्रद्धा अपार है। होल्डरलीन मीनार के पास पहुँचकर मैं भावाभिभूत हो उठा और नीचे झुककर वहाँ की मिट्टी उठाकर मैंने मस्तक पर लगा ली।

टुइबिंगन में मैंने मिस्टर एर्डमन से भी मुलाकात की। ये विशुद्ध साहित्यिक रुचि के प्रकाशक हैं। एशिया और यूरोप तथा अफ्रीका की कई भाषाओं की कविताओं

का अनुवाद इन्होंने जर्मन में प्रकाशित किया है तथा जर्मन कविताओं के अनुवाद अन्य भाषाओं में भी निकलवाए हैं। इन्हीं की प्रेरणा और सहयोग से श्री बुद्धदेव बसु ने होल्डरलीन की कविताओं का अनुवाद बंगला में प्रकाशित किया है। एर्डमन ने इस पुस्तक की एक प्रति मुझे भेंट की। उनकी इच्छा यह है कि होल्डरलीन की कविताओं का हिन्दी-अनुवाद भी इसी तरह प्रकाशित किया जाए। भारत की कहानियों और नई कविताओं का भी जर्मन अनुवाद उन्होंने प्रकाशित किया है।

यूरोप में प्रकाशकों के पास रीडर हुआ करते हैं, जो एक तरह के साहित्यिक सलाहकार होते हैं। मिस्टर एर्डमन ने मुझे अपने रीडर से मिलाया और मैंने उनकी सूझ-बूझ और साहित्य-ज्ञान की प्रशंसा की।

टुइबिंगन से स्टुटगार्ट लौटते-लौटते शाम हो गई। चूँकि रात में ओपेरा देखने का कार्यक्रम था, इसलिए खाना सात बजे शाम को ही खा लिया। शाम को हम ला बोहेम ओपेरा देखने गए। इसके कम्पोजर कोई इटैलियन सज्जन हैं और उनका नाम पुच्चिनी है। ओपेरा सामान्यतः अच्छा था, किन्तु उतना अच्छा नहीं, जितना अच्छा ओपेरा रूस या पोलैंड में देखा था। किन्तु यह राय उस व्यक्ति की है, जो रूसी, पोलिश और जर्मन भाषाएँ नहीं जानता है। आँखों से नृत्य और अभिनय देखना और दुभाषिये से कभी-कभी कुछ समझ लेना—बस, इतनी पूँजी पर ही मैं अपनी राय कायम कर सका हूँ।

दिल्ली के जर्मन दूतावास के सचिव श्री आलफ्रेड की एक बहन हैं कुमारी एलिजाबेथ जिनसे मेरी मुलाकात दिल्ली में ही हुई थी। आलफ्रेड साहब ने उन्हें सूचना दे दी थी कि अमुक तारीखों पर मैं स्टुटगार्ट रहूँगा। अतएव चार मई को कुमारी एलिजाबेथ होटल में ही मुझसे मिलने को आ गईं।

एलिजाबेथ ने मुझसे पूछा, 'कहिए, जर्मनी कैसी लग रही है?'

मैंने कहा, 'मेरी रुचि बहुत सीमित है। सड़क, मकान और होटल देखते-देखते ऊब गया हूँ। इच्छा थी कि यहाँ साहित्यिकों से मिलूँगा, मगर कार्यक्रम का वही पक्ष कमजोर है।'

एलिजाबेथ बोलीं, 'मैंने तो आपको भारत में ही कहा था कि हमारे देश में लोग व्यस्त रहते हैं। कोई विदेशी अतिथि आ रहा है, इस आशा में पलक पाँवड़े बिछानेवाले लोग यहाँ नहीं मिलेंगे। फिर भी नया देश घूमने में मजा तो मिलता ही है!'

मैंने निवेदन किया, 'मजा खाक है। दुनिया में जहाँ भी जाओ, होटलों में रहो। और सारे संसार भर में होटलों की जिन्दगी एक ही समान है। लगता है, होटलों ने सारे विश्व को एक बना डाला है।'

एलिजाबेथ भारत के दोष बताने लगीं। बोलीं, 'सारे संसार में सफाई एक समान नहीं है। इस होटल की सफाई देखिए। लड़के असबाबों को किस तरह साफ रखते हैं! वहाँ भारत में भी असबाब झाड़े जाते हैं, लेकिन असबाबों पर जभी उँगली लगाओ, उँगली में जरा-सी धूल लग ही जाती है।'

जब मैंने एलिजाबेथ को यह बताया कि मैं बिहार का हूँ, उन्हें एक टिप्पणी और जड़ने का मौका मिल गया। बोलीं, 'भाई से मिलने को मैं हर दूसरे-तीसरे साल भारत जाती रहती हूँ। जब बिहार में सूखे से अकाल पड़ा था, मैं भारत में ही थी। यहाँ यूरोप में सुना था, भारत में लोग अन्न के बिना मर रहे हैं। लेकिन दिल्ली में यह देखकर मैं दंग रह गई कि पार्टियों में भोजन तरह-तरह के परोसे जाते हैं और मात्रा में इतने अधिक कि उन्हें खाना मुश्किल होता है। क्या जिस देश के एक भाग में अकाल पड़ा हो, उस देश के दूसरे भाग में अन्न इस तरह बर्बाद किया जाना चाहिए?'

एलिजाबेथ का कहना सही था, इसलिए मैंने उसका प्रतिवाद नहीं किया। मगर मन में यह विचार आए बिना नहीं रहा कि राष्ट्रीयता और समाजवाद ऊँची जातियों के लक्षण हैं। जर्मनी का ढाँचा पूँजीवादी भले ही हो, मगर नागरिकों का दृष्टिकोण समाजवाद से रिक्त नहीं है।

एलिजाबेथ को विदा करके हम ब्लैक फारेस्ट घूमने को निकल पड़े। जर्मनी के देहात सघन नहीं हैं। कई मील चलने पर एक गाँव के दर्शन होते हैं। सड़क की एक तरफ जंगल था, दूसरी तरफ दूर-दूर तक बिछी नन्ही घास जिसमें पीले रंग के फूल होते हैं। दृश्य तो बड़ा ही सुहावना था, मगर 30-35 मील चलने के बाद ही मुझे महसूस हुआ कि मुझे रक्तचाप चढ़ आया है और वह जोर पर है। सिर में धीमे चक्कर का आभास हो रहा था। अतएव मैंने मिस रेखार्त से कहा कि स्टुटगार्ट लौट चलो, मुझे रक्तचाप चढ़ आया है।

मिस रेखार्त उदास होकर बोलीं, 'बड़ी अफसोस की बात है। बीस मील आगे वह स्थान है, जहाँ लोग हमारा इन्तजार कर रहे होंगे। हमें आज भोजन भी वहीं करना है।'

लेकिन मेरा मिजाज बहुत ही खराब हो रहा था, अतएव मैंने आग्रह किया कि 'जोखिम उठाने से फायदा क्या है? हमें वापस हो जाना चाहिए।'

निदान रेखार्त को ड्राइवर से कहना पड़ा कि गाड़ी मोड़ लो। गाड़ी मोड़ ली गई और हम स्टुटगार्ट वापस हो गए। रेखार्त का मिजाज उदास ही रहा। वह बोलीं, 'अब तक कोई मेहमान बीमार नहीं पड़ा था। आपकी बीमारी पर मुझे अफसोस है।' रेखार्त की बात सुनकर मुझे ग्लानि हुई। लेकिन और उपाय क्या था? मैं तो सचमुच बीमार था।

स्टुटगार्ट पहुँचकर मैंने भोजन नहीं किया, दवा खाकर चुपचाप सो गया। तीन बजे उठा, तब मिजाज ठीक मालूम हुआ। रेखार्त तब तक आ गईं। मैं चंगा हो गया हूँ, यह जानकर उनकी चिन्ता दूर हो गई। फिर हम लोगों ने चाय पी। चाय पीकर हम अभी तैयार ही हुए थे कि डॉ. हाइमो राव आ गए। वे भारत देख चुके हैं। डॉक्टर राव हमें अपने घर ले गए और अपने परिवार से उन्होंने हमारा परिचय कराया।

डॉ. हाइमो राव के घर हम दो घंटे रहे होंगे। वहाँ दुबारा चाय पीनी पड़ी और कुछ खाना भी पड़ा। बातचीत के क्रम में यहाँ भी छात्र-अनुशासनहीनता की बात चल पड़ी। मैंने कहा, 'डॉक्टर राव, छात्र-अनुशासनहीनता तो भारत में भी बड़े पैमाने पर चल रही है, लेकिन उसका एक खास कारण है। भारत भयानक रूप से गरीब देश है और लड़कों को अपना निश्चित भविष्य नहीं दिखाई पड़ता, इसलिए वे बेचैन हैं। किन्तु जर्मनी तो सुखी-सम्पन्न देश है। यहाँ के लड़के इतने उच्छृंखल क्यों हो रहे हैं?'

डॉ. हाइमो बोले, 'आपने अनुशासनहीनता का कारण ठीक समझा है। जब सुरक्षा का अभाव होता है, तभी बेचैनी उत्पन्न होती है। बुर्जुआ इसलिए निश्चिन्त हैं कि उसके पास आमदनी के जरिये हैं, बीमा की पॉलिसी है, घर है और मोटर कार है और वह समझता है कि ये चीजें निश्चित रूप से उसके पास रहनेवाली हैं। किन्तु नौजवान समझते हैं, बुर्जुआ अन्धा है। वह नहीं जानता कि उसकी हर चीज खतरे में है। बुर्जुआ का भविष्य डाँवाँडोल है। जिन कारणों से दुनिया में युद्ध नहीं रुक रहे हैं, उन्हीं कारणों से अनुशासनहीनता नहीं रुकेगी। बड़े-बूढ़ों की किसी भी धारणा में लड़कों का विश्वास नहीं है। यहाँ जर्मनी में तो वे यह कहते हैं कि जिसकी भी उम्र बीस साल से ज्यादा हो गई, उसका विश्वास मत करो।'

डॉ. हाइमो ने आगे कहा, 'यूरोप में छात्रों की चिन्ता का एक और कारण है। वे सोचते हैं कि यूरोप रहेगा या मिट जाएगा। यूरोप का रहना या उसका एक रहना एक ही बात है। यूरोप एक हो गया, तो उसका नाम 'यूनाइटेड स्टेट्स ऑव यूरोप' होगा। सारे यूरोप की एक संसद अभी भी है। उसका हेड क्वार्टर्स अलसस लोरेन में है। यूरोप की हर एक संसद के प्रतिनिधि इस यूरोपीय संसद में जाते हैं। वे सारे यूरोप के लिए कानून तो नहीं बनाते, मगर सलाह वे सभी देशों को देते हैं।'

मैंने कहा, 'यह तो शुभ लक्षण है कि यूरोप राष्ट्रीयता से अन्तरराष्ट्रीयता की ओर जा रहा है।'

हाइमो बोले, 'सच पूछिए तो राष्ट्रीयता का यूरोप में कोई भविष्य नहीं है। इंग्लैंड भी कॉमन मार्केट में पहुँचकर रहेगा। अभी मुश्किल यह है कि डि गाल की चलती है और डि गाल अंग्रेजी-भाषियों को पसन्द नहीं करता। लेकिन डि गाल के दिन भी लद चुके हैं। यहाँ जर्मनी में तो लोग उसका मजाक उड़ाते हैं।'

मैंने पूछा, 'डि गाल अंग्रेजी-भाषियों के विरुद्ध क्यों हैं?'

हाइमो ने कहा, 'जब डि गाल निर्वासन में थे, अंग्रेजी-भाषियों ने उनके साथ अच्छा सलूक नहीं किया था।'

फिर हाइमो बोले, 'और लड़कों को पागल बनानेवाली समस्या बर्लिन की भी समस्या है। जरा सोचिए कि लड़के उच्छृंखल क्यों नहीं हों? बर्लिन दो टुकड़ों में बँटा हुआ नगर है। आधी बर्लिन पश्चिमी जर्मनी की है, दूसरी आधी एक तरह से रूस

की है। और जो बर्लिन जर्मनी की है, उसमें भी जर्मनी का जहाज उतर नहीं सकता। लड़के समझते हैं, हमारी सारी राजनीति दूषित हो गई है। इसलिए वे राजनीति का विश्वास नहीं करते।'

म्यूनिख

स्टुटगार्ट से म्यूनिख तक मुझे ट्रेन से जाना था। म्यूनिख का जर्मन नाम मंचन है। 5 मई को मैं तैयार होकर 9 बजे भोर में स्टेशन आया। रेखार्त ने टिकट मेरे सुपुर्द किया और मैं ट्रेन में अकेला सवार हो गया। तुर्रा यह कि जिस कम्पार्टमेंट में मेरी सीट थी, उस कम्पार्टमेंट में दूसरा और कोई नहीं था।

लेकिन ट्रेन की यह यात्रा सुखद नहीं रही। इस यात्रा में भी मुझे ऑक्सीजन की कमी महसूस होने लगी। भय लगने लगा कि कहीं दिल का दौरा पड़ गया, तो यहाँ सेवा करनेवाला कौन है? निदान मैं श्री माँ और महर्षि रमण का स्मरण करने लगा। और पहले की भाँति इस बार भी नाम-स्मरण से शान्ति मिल गई। भगवान से मैंने याचना की कि अगर दिल का दौरा पड़ना है, तो वह विदेश में नहीं पड़े, स्वदेश पहुँचने के बाद पड़े।

मंचन स्टेशन पहुँचा तो यह देखकर निराश हो गया कि स्वागतार्थी कोई नहीं है। निदान मुझे सामान खुद ही उतारने पड़े और उन्हें कुली को देकर मैं स्टेशन से बाहर निकला। स्टेशन से बाहर आकर कुली को देने के लिए मैं बक्से से पैसे निकाल ही रहा था कि एक महिला ने टोका, 'क्या आप मिस्टर दिनकर हैं?' मेरी जान पलट आई। यह श्रीमती लंगेन थीं, जो मुझे लिवाने आई थीं। वे मुझे लेकर शहर पहुँचीं और मुझे उन्होंने रेजीना होटल में ठहरा दिया।

स्टुटगार्ट से मैं पूजा-ध्यान करके चला था। अतएव होटल में भोजन करके मैं सो गया। सोकर मैं कोई ढाई बजे उठा, तो फोन मिला कि श्रीमती लंगेन नीचे मेरा इन्तजार कर रही हैं। उन्होंने कहा, सबसे पहले आपको लेडीस कैथेड्रल देखना चाहिए, क्योंकि वह यहाँ का तीर्थ-स्थान है। हम लोग कैथेड्रल पहुँचे और वहाँ की सफाई और शान्ति का मुझ पर गहरा प्रभाव पड़ा।

मिसेज लंगेन ने बताया कि वह कैथेड्रल बैराक शैली का नमूना है। द्वितीय विश्वयुद्ध में यह ध्वस्त हो गया था। लड़ाई के बाद यह फिर से पुरानी शैली में ही बनाया गया है। यहाँ माँ मेरी की मूर्ति को मैंने प्रणाम किया और आशीर्वाद के जल से अपने को सिक्त किया।

कैथेड्रल से निकलकर हम एक चित्रशाला देखने गए। चित्रशाला काफी सम्पन्न है और उसमें एक मूल चित्र लियोनार्डो द विंसी का भी है। म्यूनिख कला की दृष्टि से समृद्ध नगरी है।

हिटलर ने अपनी नात्सी पार्टी की स्थापना म्यूनिख में ही की थी। हम वह एस्क्वायर देखने गए, जहाँ हिटलर अपनी फौज का परेड करवाता था। अब इस एस्क्वायर पर एक अमरीकी भवन है, जो दिल्ली-स्थित अमरीकी दूतावास की याद दिलाता है।

आजकल म्यूनिख में धरती के नीचे (सब-वे) बनाई जा रही है। मैं म्यूनिख में जिस तरफ को भी गया, यहाँ देखा कि गड्ढे खोदे जा रहे हैं और मिट्टी के ढेर लगे हुए हैं। म्यूनिख में एक ओपेरा हाउस दिखाने का दुभाषिये का खास आग्रह था। ओपेरा हाउस देखने गया। मिसेज लंगेन ने बताया कि यह हाउस रोकोको शैली का नमूना है।

शाम का खाना खिलाने को मिसेज लंगेन मुझे प्याजली रेस्तराँ में ले गईं। यहाँ खाने के समय लोकसंगीत और लोकनृत्य हुआ करता है। हॉल बहुत बड़ा है। खाने की मेजों पर कोई पाँच सौ आदमी रहे होंगे। सबका ध्यान खाने की मेज से ज्यादा नृत्य के मंच पर था। गीत ऐसे गाए जा रहे थे, जिनमें जगह-जगह समाज की घटनाओं और उसके नेताओं पर फब्तियाँ कसी गई थीं। लोग खूब हँस रहे थे। मैं सोचने लगा, यदि भारत में भी समाज की आलोचना करनेवाले गीतों का प्रचलन होटलों में हो जाए, तो होटल समाज-सुधार के मंच बन जाएँ।

6 मई को हम म्यूनिख से 100 मील दूर, आल्प्स की गोदी में बसे एक गाँव में गए। इस गाँव का नाम ओबरामरगाड है। यह गाँव ईसाइयों के बीच सारे संसार में प्रसिद्ध है, क्योंकि यहाँ हर दसवें साल प्रभु ईसामसीह के जीवन पर 'पैसन प्ले' किया जाता है। यह नाटक सबसे पहले सन् 1833 ई. में खेला गया था और तब से हर दसवें साल उसका अभिनय बड़े पैमाने पर किया जाता है। 1833 से पहले इस इलाके में प्लेग का बड़ा जोर था और हर साल हजारों लोगों की मृत्यु हो जाती थी। 1833 में जनता घबराकर प्रभु ईसामसीह की शरण गई और 'पैसन प्ले' खेलने लगी। कहते हैं, 'पैसन प्ले' का आरम्भ जिस वर्ष किया गया, उसी वर्ष से प्लेग की महामारी रुक गई। यह कार्यक्रम मनोरंजन का नहीं, धर्म-साधना का है। सारे संसार के लोग यहाँ आते हैं। उनमें अनेक की मनोवांछाएँ पूरी होती हैं।

'पैसन प्ले' में भाग लेनेवाले अभिनेताओं के लिए यह जरूरी है कि वे बाहर के नहीं, इसी गाँव के हों। अभिनय के लिए दाढ़ी लगाई नहीं जाती, बढ़ाई जाती है। अगला 'पैसन प्ले' 1970 में होगा। इसके लिए तैयारी कई वर्षों से चल रही है। अधिकांश सीटें सुरक्षित करवाई जा चुकी हैं और जिन अभिनेताओं को मंच पर दाढ़ी के साथ उतरना है, वे दाढ़ी अभी से बढ़ा रहे हैं। मिस्टर प्रेसिंगर से भेंट हुई, जो ईसा का अभिनय करेंगे। उनकी दाढ़ी बढ़ी हुई है और वे लगभग ईसा के समान लगते हैं।

थिएटर में कोई 5,000 सीटें हैं। नाटक की पोशाकें धर्म-भाव से जुगाई जाती हैं। नाटक में भाग 500 आदमी लेते हैं, जिनमें से 120 आदमियों को बोलना पड़ता

है। एक महिला हमें उस हॉल में ले गई, जिसमें पोशाकें टँगी हुई थीं। उसने हमें एक-एक पोशाक की महिमा और उपयोगिता बताई और कहा कि इन पोशाकों को हम बहुत ही पवित्र समझते हैं।

इस गाँव में लकड़ी की मूर्तियाँ तराशने का रोजगार है। लोग हमें इस रोजगार के नमूने दिखाने को कई दुकानों पर ले गए। हमने गाँव के भीतर जाकर एक किसान का घर देखा। घर में गाय, साँढ़, घोड़े और सूअर दिखाई पड़े। बहुत-सी घास भी जुगाकर रखी हुई थी। स्पष्ट है कि जहाँ सूअर का बथान होगा, वहाँ बदबू थोड़ी जरूर रहेगी। किसान ने फख्र के साथ कहा कि पैसन प्ले में एक साल मैंने भी काम किया है।

दिन भर घूमते-फिरते रहने पर भी मैं इस जर्मनी-यात्रा का पूरा लुत्फ नहीं उठा सका, क्योंकि ऑक्सीजन की कमी मुझे रोज सताती रही। ओबरामरगाड गाँव में जब मैं पैसन प्ले की पोशाकें देख रहा था, उस समय भी मुझे ऑक्सीजन की कमी महसूस होने लगी। उसी हालत में मैंने सभी कार्यक्रम पूरे किए और भोजन किया और उसी हालत में मैं म्यूनिख को वापस आ गया। म्यूनिख पहुँचकर थोड़ा विश्राम करने के बाद मैं चंगा हो गया। तब तक मिसेज लंगेन मेरे लिए डॉक्टर बुलाकर ले आईं। डॉक्टर ने LANICOR नामक दवा लिखी। वह दवा मैंने खा ली और रात भर मैं गहरी नींद सो सका।

सात मई को नाश्ता करने के बाद कुछ आलस्य-सा लगा। मैं कोई साढ़े नौ बजे सो गया और नींद साढ़े बारह बजे खुली। मिसेज लंगेन आईं और मुझे भोजन कराने ले गईं। उन्होंने कहा, डॉक्टर अभी फिर आएँगे। लेकिन डॉक्टर आए नहीं।

अतएव काफी इन्तजार करने के बाद हम रेजिडेंस म्यूजियम देखने को चले गए। म्यूजियम से लौटकर मैं कमरे में ही रहा। मिसेज लंगेन सवा सात बजे आईं और मुझे ओपेरा दिखाने को ले गईं। ओपेरा से लौटकर मैं 9 बजे होटल वापस आया। खा-पीकर सोया, मगर नींद बराबर टूटती रही और ऑक्सीजन की कमी का भान होता रहा। जी करता था, होटल से बाहर जाकर सड़क पर घूम आऊँ, लेकिन होटल से बाहर निकला नहीं। यात्रा पर आने का पश्चात्ताप होता रहा और सोचता रहा कि अब अगर देश से बाहर जाना पड़ा, तो अकेला नहीं जाऊँगा।

आठ मई को दुबारा रेजिडेंस म्यूजियम देखने गया। फिर होटल में आकर भोजन और विश्राम किया। तीन बजे दिन में मिस रूथ कोहलर के घर जाना था। मिस रूथ वैसे तो मिजाज से मॉडर्न चित्रकार हैं, किन्तु पेशा उनका भित्ति चित्रकारी है और चर्च की परम्परा के अनुसार वे भित्ति चित्रकारी करती हैं।

मिस रूथ एक मकान की चौथी मंजिल पर रहती हैं और मेरा सीढ़ियों पर चढ़ना मना है। जब चार मंजिलों की चढ़ाई सामने आई, मैं मन-ही-मन हनुमान चालीसा का पाठ करने लगा। लेकिन क्या करता? जैसे-तैसे चौथी मंजिल पर चढ़ा और वहाँ पहुँचकर मिस रूथ के दर्शन किए। मिस रूथ को देखते ही लगा कि उनकी प्रकृति

सरल और मिजाज खुला है। मगर वे हर समय कन्धे उचकाती रहती हैं और आँखों को मटकाती रहती हैं, जिससे मैंने अनुमान लगाया कि उनकी मानसिक प्रतिक्रिया बाहर के अंग-संचालन में अपनी अभिव्यक्ति खोजती है। मिस रूथ ने अपने चित्र दिखाए। फाइल के सभी चित्र परम्परा से जुड़े थें, लेकिन दीवारों पर जो चित्र लगे थे, वे सब-के-सब एब्सट्रैक्ट थे।

मिस रूथ के घर पर ही मिस्टर रोडरिक मेंजल सपत्नीक मिलने आए। मिस्टर रोडरिक लेखक हैं और उनकी पत्नी चित्रकार। वे बाल-साहित्य को चित्रित करने का काम करती हैं। दोनों ही प्राणी बहुत भले दिखाई पड़े। मिस्टर रोडरिक खुले दिल के आदमी हैं और अपनी राय जाहिर करने में उन्हें जरा भी हिचक नहीं होती। वे मॉडर्न चित्रकारी को फालतू समझते हैं।

उन दिनों मैं पिकासो की एक प्रेमिका की लिखी किताब 'लाइफ विद पिकासो' बड़े गौर से पढ़ रहा था। इसलिए पिकासो का नाम चर्चा में आ गया। मिस्टर रोडरिक बोले, '1905 तक पिकासो द्वितीय श्रेणी का अच्छा चित्र बनाता था। किन्तु उसके बाद वह केवल अटकलबाजी (स्पेकुलेशन) करता रहा है। जिसे लोग एब्सट्रैक्ट चित्रकारी कहते हैं, वह पूरी-की-पूरी अटकलबाजी है।'

मिस रूथ ने रोडरिक के मत का खंडन किया, किन्तु रोडरिक और भी कठोरता से बोलने लगे। उन्होंने केवल एब्सट्रैक्ट चित्रकारी को ही नहीं लथेड़ा, बल्कि एब्सट्रैक्ट काव्य को भी उसके साथ जोड़ दिया।

मिस्टर रोडरिक हमें दिखाने को अपनी कई किताबें ले आए थे। उनमें से कोई एक किताब मैंने रख ली। सन् 1935 ई. के आसपास रोडरिक टेनिस चैम्पियन की हैसियत से भारत आए थे और घूमते-घामते महर्षि रमण का आश्रम देख आए थे। भारत में रहते समय और बाद को अध्ययन के द्वारा उन्होंने भारत-धर्म से अच्छा परिचय प्राप्त किया है। महर्षि रमण की साधना के बारे में उन्होंने जिज्ञासा प्रकट की और ब्रंटन की थोड़ी निन्दा की। पाल ब्रंटन ने पहले तो महर्षि की प्रशंसा लिखी थी, बाद को उनका विश्वास हिल गया था। यह बात रोडरिक को पसन्द नहीं थी। मैंने महर्षि की महिमा का थोड़ा बखान किया, जिसे रोडरिक ने बहुत पसन्द किया। रोडरिक भारतीयता पर श्रद्धा करते हैं। उनका विचार है कि अशोक पर वे जर्मन में कोई किताब शीघ्र लिखेंगे।

बर्लिन

उसी दिन शाम के जहाज से मैं बर्लिन के लिए रवाना हुआ। जब बर्लिन के हवाई अड्डे पर पहुँचा, यह देखकर घोर निराशा हुई कि मुझे लिवाने को कोई नहीं आया था। लेकिन मुझे मालूम था कि बर्लिन में मुझे एम जू होटल में ठहरना है, अतएव

बड़ी मुश्किल से टैक्सी करके मैं एम जू होटल पहुँचा। होटल में मैं जैसे ही पहुँचा, एक नौजवान हाजिर हो गया और बोला, 'क्या आप भारत से आए हैं?' मैंने कहा, 'हाँ, भारत से मैं ही आया हूँ, मगर आपको हवाई अड्डे पर आना चाहिए था।'

कमरे में पहुँचकर मैंने सामान रखा और चाय पीकर घूमने को बाहर निकल गया। बर्लिन बड़ा शहर है, समृद्ध शहर है, चकमक और रौनकदार है। दुकानें इतनी मनोहर हैं कि हर दुकान के सामने पाँव ठिठक जाते हैं और आगे बढ़ने की इच्छा शिथिल हो जाती है। एक जगह स्केटिंग का खेल चल रहा था, उसे काफी देर तक मैं देखता रहा। स्टुटगार्ट और म्यूनिख में युवकों और युवतियों का व्यवहार थोड़ा संयम लिये हुए था। लेकिन बर्लिन आधुनिकता का अखाड़ा है। सड़कों पर अनेक युवक और युवतियाँ हिप्पी की किस्म के थे। और अनेक जोड़े निर्द्वन्द्व होकर भरी सड़क पर चुम्बन का खेल खेल रहे थे। संसार के जो भी नगर आधुनिकता के जितने ही बड़े अखाड़े हैं, वहाँ काम उतना ही स्वाधीन और स्वच्छन्द होता है अर्थात् लोक-लज्जा का बन्धन वह स्वीकार नहीं करता।

शहर घूमते हुए बर्लिन का मेमोरियल चर्च देखा, जो बड़ा ही विराट है। उसके टावर पर भी चढ़ा, क्योंकि यहाँ लिफ्ट का प्रबन्ध था। टावर पर से शहर का दृश्य अद्भुत दिखाई देता है।

बर्लिन का बाजार बड़ा ही लुभावना है। 9 मई को मैं फिर बाजार घूमने निकला और छोटी-छोटी कई चीजें मैंने खरीदीं। बाजार से लौटकर साहित्य-संघ (लिटररी कोलिक्यम) के दफ्तर में गया और उसके सचिव मिस्टर हासेन क्लेवर से मुलाकात की। उन्होंने जर्मन साहित्य की गतिविधियाँ समझाईं और यह कहा कि जर्मनी में नाटकों ने नया रूप ग्रहण किया है, जिसके उजागर प्रमाण ब्रेख्त के नाटक हैं।

साहित्य-संघ से निकलकर हम आर्ट अकेडेमी के मन्त्री मिस्टर लोय फलर से मिलने गए। मिस्टर फलर ने मुझे चित्रों की प्रदर्शनी दिखाई। इस प्रदर्शनी में इंग्लैंड के चित्रकारों की कृतियाँ प्रमुख रूप से प्रदर्शित की गई थीं। मिस्टर फलर ने बताया कि जिन चित्रकारों के चित्र यहाँ सजाए गए हैं, उनकी उम्र 25 और 35 के बीच है। प्रायः सभी चित्र एब्सट्रैक्ट शैली के थे और मूर्तियाँ सारी-की-सारी बेढब और नवीन थीं। कला में नवीनता की जो बाढ़ आई है, उससे मालूम होता है कि हमारी पीढ़ी की दुनिया गुजर चुकी है और हम लोग दूसरों की दुनिया में किराये पर जी रहे हैं।

आर्ट अकेडेमी का क्षेत्र केवल चित्रकारी और मूर्ति तक ही सीमित नहीं है, उसके क्षेत्र में स्थापत्य का भी स्थान है। और अकेडेमी की ओर से नाटक, काव्य और उपन्यास के विषय में भी गोष्ठियाँ आयोजित की जाती हैं। मिस्टर फलर ने हमें बताया कि फ्रांज काफ्का, टामस मान और रिल्के पर जो गोष्ठियाँ हुई थीं, वे काफी कामयाब रहीं और उसके कार्यवृत्त साहित्य केन्द्रों में चाव से पढ़े गए हैं।

बर्लिन विश्व की विराट नगरी है। उसमें ओपेरा थियेटर अठारह हैं। एक ओलिम्पिया नामक स्टेडियम है, जिसमें एक लाख दर्शक बैठ सकते हैं। एक बोटैनिकल गार्डन है, जिसमें 25 ग्रीन हाउस अवस्थित हैं। यूरोपा सेंटर नाम का एक बाजार है, जो यूरोप का सबसे बड़ा बाजार माना जाता है। यह बाजार क्या है, एक पूरा शहर है! इसका उद्घाटन सन् 1965 ई. में हुआ था। यह बाजार बीस हजार वर्गमीटर में फैला हुआ है। इसका कार्यालय भवन 22 महल का है। इसके जो गलियारे हैं, उनकी कुल लम्बाई एक मील से कुछ ऊपर है। इस बाजार में दो सिनेमा हैं, कई रेस्तराँ हैं, कई कैबरे हैं तथा स्केटिंग और मिनिगोल्फ का भी इन्तजाम है। बाजार में घूमने से कल्पना होती है कि स्वर्ग धरती पर लोट रहा है और कुबेर का सारा धन यहाँ बिछा हुआ है। चीजें तो जिधर देखो, उधर ही लुभावनी थीं और निमन्त्रण दे रही थीं, मगर मैं तो सभी लोगों के बीच निष्कंचन और दरिद्र था। बाजार घूमते समय मुझे मन मसोसकर रह जाना पड़ा और सारे बाजार से मैं उसी प्रकार गुजर गया, जैसे संन्यासी बिना कुछ लिये-दिये मधुवन से गुजर जाता है।

बर्लिन में नाइट-क्लब भी बहुत हैं और नग्नता में वे पेरिस के नाइट क्लबों के भी कान काटते हैं। गाइड ने मुझसे पूछा भी कि कहिए, तो किसी नाइट-क्लब का भी कार्यक्रम बनाया जाए। मैंने निवेदन किया कि नाइट-क्लब मैं पेरिस में एक बार देख चुका हूँ। अब तो चर्च और कैथेड्रल में ही बार-बार जाने की इच्छा है।

सो एक दिन कैसर विलहेम स्मारक चर्च देखने गया। यह चर्च द्वितीय विश्वयुद्ध में बर्बाद हो गया था। इसका नया निर्माण सन् 1961 ई. में हुआ है। इसके 207 फीट ऊँचे टावर का भग्नावशेष अभी मौजूद है, जो युद्ध की भीषिका की याद दिलाता है।

वैसे तो बर्लिन में बहुत कुछ देखने का मौका मिला, किन्तु बर्लिन के विख्यात चिड़ियाखाने (जू) को देखकर आँखें निहाल हो गईं। मुझे चिड़ियाखाना देखने का खास शौक है और जहाँ भी अच्छा चिड़ियाखाना होता है, उसे मैं अवश्य देखने जाता हूँ। कलकत्ते और दिल्ली के चिड़ियाखाने तो मुझे विशेष रूप से प्रिय हैं और सुयोग मिलते ही मैं उन्हें बार-बार देखने जाता हूँ। किन्तु बर्लिन के चिड़ियाखाने का जवाब नहीं है। इसमें 12,000 जानवर हैं और उन्हें भली भाँति पाला जाता है। यह जर्मनी का सबसे बड़ा और पुराना चिड़ियाघर है और संसार के प्रमुख चिड़ियाघरों में भी इसका अन्यतम स्थान है।

चिड़ियाखानों में मरियल जानवरों को देखकर दया आती है, तकलीफ होती है। किन्तु बर्लिन के चिड़ियाखाने के जानवर खूब पुष्ट और प्रसन्न दिखाई दिये। उत्तरी ध्रुव के भालू मैंने नहीं देखे थे। यहाँ उनके अनेक पुष्ट जोड़ों को देखकर मन आनन्द से भर गया। गोरिल्ला बन्दर भी अब तक मैंने चित्र में ही देखा था। बर्लिन के चिड़ियाघर में उसके साक्षात् दर्शन हुए। भगवान रामचन्द्र की सेना कितनी शक्तिशालिनी रही होगी, इसका अनुमान गुरिल्ला को देखने से मजे में किया जा सकता है।

चिड़ियाखाने में एक मछली-घर भी है, जिसमें रंग-बिरंग की मछलियाँ पाली जाती हैं। किन्तु सबसे विचित्र घड़ियाल-घर है। यहाँ लगभग उतनी ही गर्मी है, जितनी दिल्ली में मई महीने में होती है। घड़ियालों को गर्मी अनुकूल पड़ती है, अतएव उनके लाभ के लिए घड़ियाल-घर का तापमान ऊँचा रखा जाता है।

बर्लिन ज्ञान, सौन्दर्य और संस्कृति का केन्द्र है। जर्मनी की राजधानी वह सन् 1871 ई. में बना था और तब से उसका विकास होता ही आया था। द्वितीय विश्वयुद्ध में यह नगर ध्वस्त हो गया था, किन्तु अब ऐसा लगता है, मानो ध्वंस ने उसका स्पर्श भी न किया हो! यह नगर हरा है, ताजा है, फूलों की तरह सुन्दर और सुखदायी है।

द्वितीय विश्वयुद्ध की समाप्ति के बाद मित्रराष्ट्रों ने जर्मनी के साथ बर्लिन का भी बँटवारा कर दिया। पूर्वी जर्मनी और पूर्वी बर्लिन रूस के प्रभाव-क्षेत्र में गए तथा पश्चिमी जर्मनी और पश्चिमी बर्लिन अमरीका, इंग्लैंड और फ्रांस के प्रभाव-क्षेत्र में रहे। लेनिन ने कहा था कि बर्लिन जिसके हाथ में है, उसके हाथ में जर्मनी रहेगी और जर्मनी जिसके हाथ में है, उसके हाथ में यूरोप होगा। युद्ध जब जाते हैं, दर्द का निशाना छोड़कर जाते हैं। द्वितीय विश्वयुद्ध ने दर्द का जो सबसे बड़ा निशान छोड़ा है, वह जर्मनी और बर्लिन के बँटवारे में मौजूद है।

यह आम बात है कि स्वतन्त्रता-प्रेमी व्यक्ति साम्यवादी देशों से भागकर प्रजातन्त्र के भीतर पनाह खोजते हैं। बँटवारे के बाद पूर्वी बर्लिन के लोग भी भागकर पश्चिमी जर्मनी में शरण खोजने लगे। इस स्थिति पर रोक लगाने के लिए साम्यवादियों ने पश्चिमी और पूर्वी बर्लिन के बीच 25 मील लम्बी दीवार खींच दी और उसे काँटेदार तारों से छा दिया। कहते हैं, जितनी सामग्री से यह लम्बी दीवार बनाई गई है, उतनी सामग्री से एक छोटा-मोटा शहर बसाया जा सकता था और जितना तार उसे छाने में लगा है, उतने तार से भूमंडल के चारों ओर तार का एक घेरा लग सकता था। आज पश्चिमी और पूर्वी बर्लिन दो बँटे हुए शहर हैं। उनके बीचोबीच लम्बी दीवार है और उस पर 210 टावर हैं, जिन पर पहरेदार बैठे रहते हैं। प्रेसिडेंट केनेडी यह दीवार देखने आए थे और उन्होंने कहा था, 'लोग कहते हैं कि भविष्य साम्यवाद का है। सच्चाई समझने को उन्हें बर्लिन आना चाहिए।'

एक बार ख्रुश्चेव भी पूर्वी बर्लिन में इस दीवार पर आए थे और उन्होंने कहा था, 'सुनता हूँ, अमरीकी राष्ट्रपति को यह दीवार देखकर असन्तोष हुआ था; किन्तु उसे देखकर मुझे तो सन्तोष ही होता है।'

बर्लिन के दो टुकड़े हैं। एक टुकड़े में पूँजीवाद की दुकान है और दूसरे में साम्यवाद की। पूँजीवाद की दुकान में रौनक है, धन और माल की अधिकता है, आने-जानेवालों की भीड़ है, खुले जीवन का उत्साह और उमंग है। साम्यवाद की दुकान में संयम है, कड़ाई है, वैराग्य का वातावरण है और भीड़ वहाँ कम है।

साम्यवादी लोग कड़ाई तो बहुत रखते हैं, किन्तु पर्यटकों को वे पूर्वी बर्लिन जाने की इजाजत दे देते हैं। शर्त यह रखी जाती है कि पर्यटकों के साथ पश्चिमी बर्लिन या पश्चिमी जर्मनी का कोई नागरिक न हो। मुझे पूर्वी बर्लिन दिखाने का काम जिन सज्जन को सौंपा गया, वे भारतीय थे। बर्लिन का मेरा जर्मन गाइड मुझे उस सीमा पर छोड़कर लौट गया, जहाँ साम्यवादियों का परमिट दफ्तर है। मेरे भारतीय गाइड मोटर चलाना जानते थे, अतएव परमिट हम दो ही व्यक्तियों की ली गई।

परमिट दफ्तर में कड़ाई बहुत अधिक थी और क्यू में खड़े लोगों को, जिनमें ज्यादा अमरीकी पर्यटक थे, परमिट मेज तक पहुँचने में काफी देर लग रही थी। उम्मीद थी कि मेरे भारतीय होने का कुछ लाभ यहाँ भी पहुँचेगा। शायद कुछ पहुँचा भी, क्योंकि हमारी कार की जाँच शीशे से नहीं की गई। और कारों की जाँच कार के नीचे शीशे लगाकर की जा रही थी। यह भी हुक्म हुआ कि आप पाँच रुपयों के पूर्वी जर्मनी के सिक्के खरीद लीजिए। यह काम सभी पर्यटकों को करना पड़ा। यह एक तरह से विदेशी मुद्रा अर्जित करने का उपाय है।

सीमा से आगे बढ़ने पर देखा कि पूर्वी बर्लिन की सड़कें और मकान भी उतने ही शानदार हैं, जितने पश्चिमी बर्लिन के। और हो भी क्यों नहीं? युद्ध के अन्त तक दोनों बर्लिन एक ही थे। किन्तु साज-सजावट और समृद्धि का प्रदर्शन यहाँ कम दिखाई पड़ा। पूँजीवाद और साम्यवाद के दर्शन परस्पर भिन्न हैं। पूँजीवाद का दर्शन उन्मुक्तता का दर्शन है और साम्यवाद भोग में संयम को महत्त्व देता है। दोनों बर्लिन में इन दोनों दर्शनों का महत्त्व, वातावरण में ही, दिखाई देता है। पश्चिमी बर्लिन में हँसते-चहकते नर-नारियों की भीड़ मिलती है। पूर्वी बर्लिन में भीड़ के दर्शन नहीं होते। सड़कें प्रायः सूनी दीखती हैं और बाजारों में वह रौनक और रेलपेल नहीं है, जो मास्को और लेनिनग्राद में दिखाई देती है।

पूर्वी बर्लिन से लौटने के बाद हम बर्लिन दीवार को पश्चिम की तरफ से देखने लगे। कई जगह जर्मन में नारे लिखे हुए थे। एक नारा अंग्रेजी में भी था : 'हियर बिगिन्स द कांसेंट्रेशन कैम्प'।

दीवार बन जाने पर भी, पहरों के 210 टावर बनाने पर भी, पूर्वी बर्लिन से भागकर लोग पश्चिमी जर्मनी में आते ही रहते हैं। कई बार लोग सुरंग बनाकर भागते हैं, कई बार बसों और कारों के द्वारा। और अक्सर भागने की कोशिश करनेवालों की जान चली जाती है अथवा उन्हें जेलों में सड़ना पड़ता है। बर्लिन विश्व-राजनीति का गहरा घाव है।

सन् 1960 तक बर्लिन को बाँटनेवाली यह दीवार नहीं थी। उसकी जगह पर कँटीले तारों का घेरा था। दीवार सन् 1961 में बनने लगी और सन् 1964 में वह कंक्रीट की बन गई। कहते हैं, पूर्वी बर्लिन की सुरक्षा के लिए दीवार के किनारे-किनारे बंकर भी बने हैं, जिनकी संख्या 245 है।

केवल देश और शहर ही नहीं बँटे हैं–कितने ही परिवार बँट गए हैं, कितने ही रिश्ते बिना टूटे टूट गए हैं। दीवार के दोनों ओर तड़पते हुए हृदय हैं, जिन्हें हिटलर अपनी क्रूरता की कहानी कहने को छोड़ गया है।

बर्लिन का घाव इतना नाजुक है कि बर्लिन के लोग अपना दर्द खोलने में भी घबराते हैं। जर्मनी की एकता का बाधक कौन है? रूस! क्या अमरीका अपना घेरा उठाने को तैयार होगा? शायद नहीं!

तो फिर सारा दोष रूस का कैसे है? कोई उत्तर नहीं। वह भविष्य दूर दीखता है, जब उस दर्द की कहानी खुलकर कही जाएगी, जिसे दीवार के दोनों ओर जनता भोग रही है।

बर्लिन महान है, लेकिन उसके सपने में प्रेत घूमते हैं। बर्लिन खूबसूरत है, लेकिन उसके कलेजे में गाँस गड़ी हुई है।

बर्लिन मैंने केवल तीन दिन देखा, लेकिन पूर्वी बर्लिन को देख लेने के बाद मुझे लगा, भगवान शायद वेदना की यही लीला, राजनीति-रूपी साँपिनी का यही दंश दिखाने को मुझे जर्मनी ले आए थे। हिटलर अपना तांडव करके चला गया। रूजबेल्ट, स्टालिन और चर्चिल भी जा चुके हैं। बच गई है जनता, जनमी है नई जनता, जो उन महापुरुषों के न्याय का कुपरिणाम भोग रही है। चर्चिल ने लिखा है कि जर्मनी का बँटवारा जिस आसानी के साथ हुआ, उस आसानी के साथ किसान भी अपना खेत नहीं बाँटता है। रूजवेल्ट, स्टालिन और चर्चिल–तीन कुर्सियों पर बैठे विजय की मस्ती में गप्पें मार रहे थे। इतने में चर्चिल ने एक कागज पर टेढ़ी-मेढ़ी लकीरें खींचकर कहा, यह जर्मनी का विभाजन है। और स्टालिन ने मीन-मेख किए बिना उसे मंजूर कर लिया।

बर्लिन के बाद मेरा कार्यक्रम वोन और फ्रांकफुर्त जाने का था, किन्तु ऑक्सीजन की कमी का एहसास मुझे पूरा भीरु बना चुका था। अतएव मैंने फैसला किया कि अब बर्लिन से ही दिल्ली लौट जाना ठीक है। बर्लिन से मेरी वापसी यात्रा 12 मई की शाम को शुरू हुई। फ्रांकफुर्त में वह जहाज पकड़ना था, जो दिल्ली जाता है। फ्रांकफुर्त हवाई अड्डे पर जर्मनी के पाँच सिक्के अड्डे की फीस के रूप में देने पड़े।

सीट सुरक्षित करवाकर मैं मुसाफिरखाने में बैठा ही था कि एक लड़का पास आकर बैठ गया और बोला, 'मैं पाकिस्तान का हूँ। आपको हिन्दुस्तानी जानकर आपके पास बैठने की बात सूझी कि उर्दू में आपसे थोड़ी बात करूँगा।'

मैंने कहा, 'आपका लहजा तो बिहारी मालूम होता है। आपका परिवार कहाँ से उखड़कर पाकिस्तान में बसा है?' लड़का बोला, 'हम लोग बिहार से पाकिस्तान आए हैं।'

मैं जरा गमगीन होकर बोला, 'मेरे भी एक दोस्त पाकिस्तान में बसते हैं। वे गया जिले के थे और उनका नाम तमन्नाई था।'

मेरी बात सुनते ही लड़का उछल पड़ा और बोला, 'चचा, मैं तो उन्हीं तमन्नाई साहब का लड़का हूँ।'

इस परिचय से मुझे भारी आनन्द हुआ और तब से हम दोनों साथ ही रहे।

13 मई के भोर को हम कराची पहुँचे। तमन्नाई साहब अपने लड़के को लेने के लिए हवाई अड्डे पर पहुँचे हुए थे। जब उन्होंने सुना कि मैं हवाई अड्डे पर मौजूद हूँ, वे दौड़कर मुझसे मिलने आए और बड़े ही प्रेम से मिले।

कराची से दिल्ली तक की उड़ान वैसे तो ठीक ही थी, लेकिन पालम हवाई अड्डे पर उतरते समय जहाज में इतनी आवाज होने लगी कि लगा, अब कुछ होने ही वाला है। सभी मुसाफिर घबराने और काँपने लगे। मैंने भी जेब से रुद्राक्ष की माला निकाल ली। लेकिन जहाज सकुशल जमीन पर उतर गया और मेरी यात्रा पूरी हो गई।

जान बची और लाखों पाए, घर के बुद्धू घर को आए।

कलकत्ते से शेंगतू

चीन जाने का निमंत्रण मुझे चीन के लेखक-संघ की ओर से मिला था। भारत में चीनी दूतावास का पहले यह विचार था कि मैं और श्री ताराशंकर बनर्जी साथ ही चीन जाएँ किन्तु यह सम्भव न हो सका। मेरा खयाल है, जब मैं चीन के लिए भारत से प्रस्थान कर रहा था, उस समय तारा बाबू चीन से भारत के लिए रवाना हुए थे।

25 अक्टूबर, 1957 ई. को मेरा जहाज कलकत्ते से उड़ा और उसी दिन रंगून पहुँच गया। कलकत्ते से रंगून की उड़ान अच्छी रही। रंगून में हवाई-अड्डे पर दूतावास से श्री भट्टाचार्यी जी आए हुए थे। कस्टम वगैरह की देखभाल उन्होंने ही करवाई। रंगून से चीन जाने का एक रास्ता बैंगकाक और हांगकांग होकर है; दूसरा रास्ता सीधे रंगून से कुनमिंग को जाता है। मुझे रंगून से सीधे कुनमिंग जाना था। अतएव एक रात रंगून में ठहरने का मौका मिल गया।

हवाई-अड्डे से मैं भारतीय राजदूत श्री लाल जी मेहरोत्रा के घर चला गया और वहीं रात भर ठहरा। जब श्रीमती मेहरोत्रा मुझे चाय पिला रही थीं, उसी समय चीनी दूतावास से फोन आया। फोन पर दूतावास वालों को मैंने अपना कार्यक्रम बता दिया। तय यह हुआ कि दूसरे दिन चीनी दूतावास के लोग भी हवाई अड्डे पर मुझसे मिलने आएँगे। चाय अभी मुश्किल से खतम हुई थी कि भारतीय राजदूत श्री लाल जी मेहरोत्रा दफ्तर से लौटे। मेहरोत्रा साहब बहुत अच्छे आदमी हैं, मगर देखने में वे कुछ-कुछ किसान के समान लगते हैं। आनन्द की बात यह है कि उन्हें देखते ही उन पर विश्वास करने को जी चाहता है। मैं मेहरोत्रा साहब से बातचीत कर ही रहा था कि चीनी दूतावास के सांस्कृतिक अधिकारी दुभाषिये के साथ आ गए और जो बातें फोन पर हुई थीं, उन्हें वे दुहराने लगे। सुबह 6 बजे श्री भट्टाचार्यी आए और मुझे हवाई-अड्डे पर ले गए। रंगून से सीधे चीन (कुनमिंग) जाने वाला जहाज साढ़े सात बजे भोर में उड़ा। उड़ान तीन घंटे की थी। उड़ान किसी तरह अच्छी ही रही। थकान तो हुई, लेकिन मतली नहीं आई, न चक्कर आए। जहाज पर ही मेजबान लड़की ने मेरी घड़ी की सूइयों को बढ़ाकर पीकिंग का समय बना दिया। पीकिंग का समय दिल्ली या कलकत्ते के समय से तीन घंटे आगे है।

कुनमिंग के हवाई-अड्डे पर स्थानीय लेखक-संघ के उप-सभापति दुभाषिये के साथ आए हुए थे। वे मुझे ग्रीनलेक नामक होटल में ले गए। होटल अच्छा था। तुरन्त

ही खा-पीकर हम शहर देखने को निकल पड़े। यह शहर यूनान प्रदेश की राजधानी है। होटल से सड़क पर आते ही किसी लेखक की यह बात याद पड़ी कि चीन में बुद्धि का अनुवाद संख्या की भाषा में किया गया दिखाई पड़ता है। लोगों में सड़क पर चलने की अकल यहाँ अच्छी है। सड़क के दोनों ओर फुटपाथ पर भीड़ ही भीड़ दिखाई पड़ी, लेकिन बीच सड़क पर केवल सवारियाँ ही चलती थीं। आबादी तो भारत की भी भयानक है, फिर भी चीन के सामने वह कम ही है, किन्तु उससे जनसंख्या की अधिकता का भान नहीं होता। कलकत्ता, दिल्ली या भारत के दूसरे शहरों में काम करनेवाले लोग ही सड़कों पर घूमते या दौड़ते रहते हैं, किन्तु चीन में तो पाँच साल के बच्चे भी बहुतायत से सड़कों पर घूमते रहते हैं, मानो घर में अटान नहीं हुआ, इसलिए लोग सड़क पर अडेल रहे हैं। मैं कोई दो मील पैदल चला गया, परन्तु मर्दों, औरतों और बच्चों की भीड़ वैसी की वैसी ही रही।

बिहार में गाँव के चौकीदारों की पोशाक नीले रंग की होती है। यहाँ सारा देश उसी रंग में रँगा है। नीले रंग में ही कोई गाढ़ा रंग पहनता है, कोई हलका। औरत, मर्द और बच्चे–सब-के-सब बदन से सटे हुए छोटे-छोटे कोट और टाँगों से सटी हुई पैंटें पहनते हैं। पैंट उटंग होती है और देखने में अच्छी नहीं लगती। लड़कियों की पीठ पर दो चोटियाँ झूलती होती हैं। देखने से यह भी मालूम होता है कि सफाई कम है। लड़कों के चेहरे लाल थे, लेकिन धुले हुए नहीं। बच्चों की जैसी तन्दुरुस्ती दीखी, बड़ों की वैसी नहीं थी। औरतें ज्यादातर अनाकर्षक दिखाई पड़ीं। रास्ते में चलती हुई कितनी ही स्त्रियाँ गर्भिणी अथवा दो-जीवा भी थीं। बहुत-सी औरतें गोद में बच्चे लिये हुए थीं। भीड़ में एक प्रकार की एकरसता दिखाई पड़ी। उदाहरण के लिए, इतनी बड़ी भीड़ में यह पता नहीं चला कि जो लोग क्रान्ति के कारण अभी-अभी निर्धन हुए होंगे, वे कौन हैं। सात-आठ वर्षों में ही समता की चक्की ने सबको पीसकर एक कर डाला है और अब कमकरों का धरातल ही सबका धरातल बन गया है।

चीन में औरतों के पाँव जितने ही छोटे होते थे, वे उतनी ही अधिक खूबसूरत समझी जाती थीं। अतएव पाँव को छोटा रखने के लिए बचपन में ही औरतों के पाँव काठ के जूतों में कस दिये जाते थे। यह प्रथा अब तो नहीं है, किन्तु अनेक बूढ़ी औरतों के पाँव मैंने बहुत छोटे देखे। अनुमान हुआ कि ये औरतें वे ही हैं, जिनके पाँव बचपन में काठ के जूतों में कस दिये गए होंगे। बाकी औरतों के पाँव ठीक थे और चलने में वे डगमगाती भी नहीं थीं।

बाजार में दुकान पर बड़े-बड़े बीज भूने जा रहे थे। मैंने समझा, ये चेस्टनट के बीज हों। अतएव मैंने एक बीज को चखकर देखा। कटहल के बीज थे। बाजार की सभी दुकानें सरकार की हैं। चीजों के दाम भारत से प्रायः दुगुने हैं।

मैं कई किताबों की दुकानों में भी गया। एक दुकान केवल साहित्य की थी, एक पत्र-पत्रिकाओं की और कई साधारण पुस्तकों की। मुल्कराज आनन्द की एक किताब

का अनुवाद चीनी में देखा। एक पुस्तक कनफ्यूसियस की जीवनी पर थी, एक दूसरी किताब जर्मनी के कवि गेटे पर।

नवजीवन की झाँकी यह देखी कि किताब की हर दुकान में काफी लोग थे, जो किताबें लेकर शान्त-भाव से पढ़ रहे थे। बच्चे भी बच्चों की किताबों की दुकान में खड़े या बैठे किताबें उलट रहे थे। यह दृश्य बहुत अच्छा लगा। सब लड़कों के मुख पर यह भाव था कि देश हमारा है, दुकान हमारी है। खड़े होकर या बैठकर पढ़ने में भय किसका है? यह नये चीन का बड़ा ही सुन्दर दृश्य दिखाई पड़ा।

शाम को यूनान विश्वविद्यालय के अहाते में गया। विश्वविद्यालय के अहाते की सड़कों के किनारे-किनारे बाँसों की टट्टियाँ लगी थीं और उन टट्टियों पर हाथ से लिखे हुए पोस्टर सटे हुए थे। इन पोस्टरों की संख्या कई सौ रही होगी। जगह-जगह लोग खड़े होकर उन्हें ध्यान से पढ़ भी रहे थे। मुझे बताया गया कि ये पोस्टर छात्रों के लिखे हुए हैं। प्रत्येक छात्र को अधिकार है कि वह अपने सुझाव लिखकर यहाँ साट दे। सुझाव व्यक्ति भी लिखता है और कॉलेज की सोसायटी भी लिखती है। दुभाषिये ने मुझे बताया कि एक सुझाव यह था कि अंग्रेजी निबन्धों का संग्रह प्रकाशित करना अच्छा होगा। एक दूसरा सुझाव यह था कि प्रोफेसरों के बच्चों को किंग्सगार्डन में जाने देना चाहिए। विश्वविद्यालयीय शासन की ओर से सुझावों के जवाब भी यहीं साटे जाते हैं।

दुभाषिये ने मुझसे पूछा कि आपके देश में यह आजादी है या नहीं–कि लड़के अपने पोस्टर साट सकें? मैंने कहा कि पोस्टर साटने का रिवाज विश्वविद्यालयों में नहीं है, लेकिन जिन्हें भी शासन से कोई शिकायत हो, वे अपनी शिकायतें अखबारों में छपवा सकते हैं और, निश्चय ही, अखबार इन पोस्टरों की अपेक्षा ज्यादा जोरदार माध्यम हैं। लेकिन मन-ही-मन मैंने यह जरूर महसूस किया कि अगर पोस्टर साटने का रिवाज भारत के विश्वविद्यालयों में चालू किया जाए, तो लड़के ज्यादातर अवांछनीय बातें लिखकर साट देंगे।

खेल के मैदान में गया तो आँखें तृप्त हो गईं। कोई दो सौ छात्र टेनिस, वालीबॉल, बैडमिंटन आदि खेल रहे थे। लड़कों के गोल में लड़कियों के भी अखाड़े थे, जिनमें वे आपस में टीमें बनाकर वालीबॉल खेल रही थीं। लड़कों और लड़कियों के अखाड़ों के बीच पर्दा या विभाजन नहीं था, किन्तु क्या मजाल कि कोई लड़का किसी लड़की को छेड़े। सारा वातावरण शीलयुक्त और पवित्र था। खेल के मैदान में मेरे भीतर यह भाव जगा कि यह देश ठीक तरह से उठ रहा है।

विश्वविद्यालय के अहाते में राख, छाई और चूने से छात्र एक सड़क बना रहे थे। यह भी व्यावहारिकता का उदाहरण था। सीमेंट की प्रतीक्षा में काम नहीं रोका जा सकता। सड़क बनाना जरूरी है, भले ही उसमें सीमेंट न लगने पावे। पूछने पर पता चला कि विश्वविद्यालय में तीन हजार छात्र हैं। भारतीय विश्वविद्यालयों की

सुकुमारता यहाँ नहीं दिखाई पड़ी। पहले शायद रही होगी, लेकिन अब कमकरों का स्तर आम हो जाने से वह दूर हो गई है।

रात में ओपेरा देखने गया। घंटे भर देखकर लौट आया। रात में दरवाजे की छिटकिनी टूट गई, जिसे दुरुस्त करवाना पड़ा। खाना न दिन में अच्छा लगा, न रात में। एक तरह की वास उत्तरी चीन में सर्वत्र मिलती है, जो मुझे अच्छी नहीं लगती। लोगों के खाने के ढंग भी काफी सुथरे नहीं हैं।

27 अक्टूबर के भोर में कुनमिंग से उड़कर शेंगतू आया। मौसम खराब होने से जहाज यहीं रोक लिया गया, नहीं तो आज ही जहाज पीकिंग पहुँच जाता। यात्रा के अन्तिम 15 मिनट बहुत बुरे रहे। मुझे मितली आने लगी, सिर में चक्कर आने लगा और मैं लगभग बीमार हो गया, इसलिए यात्रा की यह रुकावट मुझे बुरी नहीं लगी।

कुनमिंग से पीकिंग जाने के दो रास्ते हैं : एक, चुं किंग होकर; दूसरा, चेंगतू या शेंगतू होकर। आज पारी शेंगतू की थी। यात्री पाँच-सात ही थे। शेंगतू के हवाई अड्डे पर सभी यात्री मुसाफिर-खाने में आए। एक घंटा इन्तजार करने के बाद खबर दी गई कि जहाज आज नहीं जाएगा। मेरी मुश्किल यह थी कि यहाँ कोई व्यक्ति अंग्रेजी नहीं जानता था। मैं चिन्ता में था कि अब क्या होगा। इतने में एक चीनी लड़की आई और कुछ पूछने लगी। मैंने कुछ समझा नहीं। तब पास ही खड़ा एक नौजवान हिन्दी में बोल उठा, 'खाना क्या?' हिन्दी के शब्द सुनकर मेरे प्राण लौट आए। यह लड़का बर्मी था और चीन में बर्मी दूतावास में क्लर्क होकर जा रहा था। चीनी भाषा वह अच्छी तरह जानता था और हिन्दी कटर-मटर, वैसी ही कटर-मटर अंग्रेजी भी। जब यह तय हुआ कि हमें रात होटल में बितानी होगी, तब मैं उस लड़के को अपने साथ ही होटल ले आया और अपने ही कमरे में उसे ठहराया था।

हवाई-अड्डे से यह होटल 10-12 मील दूर था। रास्ते में चीनी जनता का रूप अच्छी तरह देखने का मौका मिला। कुनमिंग उतरते समय ही मुझे भास गया था कि चीन भारत के ही समान है। यूरोप की जमीन और खेत भारत की जमीन और खेत से भिन्न लगते हैं, मगर चीन में जमीन और खेत बिलकुल भारत के ही समान हैं। शंगतू हवाई-अड्डे से चला तो धान और तरकारी के खेत मिलने लगे। पेड़ों से भरे बागीचे और बाँसों के झुंड। भारत के ही समान फूस के छप्पर और मिट्टी के मकान। मिट्टी के बने किसी-किसी मकान पर छप्पर खपड़ों के भी थे। यह भी देखा कि जैसे भारत में हरिजनों की टोलियाँ बाँसों के कुंजों और पेड़ों के आसपास बसती हैं, वैसे ही चीन में भी गरीबों की बस्तियाँ हरियाली के पास बसी हुई हैं।

खेतों में आड़ें खूब हैं, इससे मैंने समझा, यहाँ सामूहिक या सरकारी खेती अभी चालू नहीं हुई है। पानी पटाने के लिए लोग टोकरों का प्रयोग करते हैं। कुदाल की बेंट बहुत लम्बी होती है और औरतें भी कुदाल चलाती हैं। रास्ते में असंख्य लोग ठेलागाड़ी खींचकर ले जा रहे थे। गाड़ी एक पहिए की भी थी, दो पहियों की भी और

चार पहियों की भी। कुछ औरतें भी ठेले खींच रही थीं। किसी-किसी गाड़ी में घोड़े, किसी-किसी में भैंसे दिखाई पड़े, मगर दो-एक गाड़ियाँ ऐसी भी दीखीं, जिन्हें मरियल बैल खींच रहे थे। चीन में साधारणतः ठेले हाथ से ही खींचते हैं। किसी-किसी ठेले पर सवारी भी बैठी दीखी। पता नहीं, ये घर के लोग थे या किराये के मुसाफिर, मगर जितने लोग भी दिखाई पड़े, वे निहायत गरीब थे।

यह मौसम जाड़े का था, फिर भी कई मर्द नंगे बदन थे। कितनों के पाँवों में मूँज के जूते दिखाई दिये। वैसे अधिकांश के पाँवों में कपड़े के जूते जरूर थे। बच्चे आज भी सड़क पर बेशुमार दिखाई पड़े। कई लोग सुअरों को बाँधकर ले जा रहे थे। कई उन्हें गोद में उठाए हुए थे। कुत्तों के चेहरे यहाँ भालूनुमा दिखाई देते हैं। मुर्गियाँ काफी दिखाई पड़ीं, लेकिन भेड़, बकरी, गाय और भैंस नहीं। सड़े हुए पानी में बहुत-से लोग मछली मार रहे थे। ठेलेवालों की कतार बारहों मील एक-सी मिली। गरीबी यहाँ की भयानक है। सारे रास्ते में दो-एक औरतें मिलीं, जो लाल कोट पहने हुए थीं, लेकिन पैंटें वही नीले रंग की। धूप नहीं थी, फिर भी कई लोग घास की हैट लगाये हुए थे।

शेंगतू बाजार आया, तब शहर का चाक-चिक्य दिखाई देने लगा। सड़क काफी चौड़ी थी और उसके दोनों ओर दुकानें थीं। कई दुकानें दो-मंजिला भी देखीं। शेंगतू बाजार में सड़क के दोनों ओर एक ही प्रकार के पेड़ लगे हुए हैं। ये पेड़ शायद क्रान्ति के बाद रोपे गए हैं। इस बाजार में भी भीड़ भयानक थी और भीड़ में बच्चे भी बहुत अधिक थे।

हमारी बस एक होटल के सामने रुकी। हमने समझा कि रात इसी होटल में गुजारनी होगी, अतएव हम उसमें घुस पड़े। लेकिन एक औरत इशारे से हमें बाहर ले आई और बस में बिठाकर एक दूसरे होटल में ले गई। यह होटल शायद खास तौर से विदेशियों के लिए है।

चीन के पकवान और व्यंजन की बहुत तारीफ सुनी थी। दिल्ली से चलने के पूर्व चीनी दूतावास ने मुझे खाना भी खिलाया था, जो अच्छा था। लेकिन कुनमिंग और शेंगतू में जो खाना परोसा जाता था, वह मुझसे खाया नहीं जाता था। शेंगतू की डायरी में मैंने लिखा है कि 'खाना सामने आते ही रुलाई आती है। सिर्फ रोटी के टुकड़े पानी के साथ निगलकर उठ जाता हूँ। इधर दिल्ली में काफी खाना खाया था, सो भगवान डायटिंग करवाने को चीन ले आए हैं। पीकिंग में भी यही हाल रहा, तो शीघ्र ही भागना पड़ेगा। मक्खन फोंकरौंधा है और तरकारियाँ भी फोंकरौंधी ही लगती हैं।' दिन में भात और जेली खाकर खाने की रस्म पूरी की। दोनों के दोनों अपथ्य, मगर कोई उपाय नहीं था। कुनमिंग में ही मुझे कुछ ज्वर-सा भी मालूम होने लगा था। आज भी मिजाज थका हुआ था। अतएव सोने का उपक्रम करने लगा। सोने के समय मुझे पढ़ने की आदत है। जब पढ़ने को किताब उठाई, तब याद पड़ा कि चश्मा जहाज में ही छोड़ आया।

शेंगतू से भोर में साढ़े आठ बजे उड़ा और साढ़े दस के लगभग सिकियाङ शहर पहुँच गया। नगर का निरीक्षण जहाज से ही किया। बड़ा नगर है। यह भी एक प्रांत की राजधानी है। सड़कें काफी चौड़ी हैं, मकान करीने से बनाए हुए हैं, लेकिन सब मकान बैरकनुमां और खपड़ापोश हैं। प्रायः हर मकान लम्बाई में बड़ा और चौड़ाई में छोटा है। दो-मंजिलें मकान भी बहुत थे, लेकिन सब-के-सब दो छप्परों वाले। शहर में चाक-चिक्य नहीं है। ऐसा भासित हुआ कि शहर काफी पुराना है और वह देहातीपन को भी साथ लिये हुए है।

सिकियाङ से सवा ग्यारह बजे उड़ा। कोई सवा तीन घंटे उड़ने के बाद अचानक पीकिंग आ गया। हमसे कहा गया था कि जहाज रास्ते में एक जगह और उतरेगा, लेकिन उड़ान नानस्टॉप रही। अड्डे पर जो सज्जन मेरे स्वागत में आए हुए थे, उन्होंने फूलों के गुच्छे दिये और हाथ जोड़कर नमस्कार किया। फिर वे लोग मुझे पीकिंग होटल ले गए। पीकिंग होटल काफी शानदार है।

राजधानी पीकिंग

पीकिंग होटल में भोजन अंग्रेजी ढंग का और अच्छा मिला। भोजन का हॉल निचली मंजिल पर था। भोजन करके जब मैं ऊपर अपने कमरे में आया, तब मिजाज वैसा थका हुआ नहीं था, फिर भी उड़ान के मारे शिराएँ थरथरा रही थीं। रात में नींद नहीं आई। बार-बार महसूस हुआ, मानो ज्वर चढ़ रहा है। नाड़ी गिनी तो 100 थी। सोने की बहुत कोशिश की, साँस रोकी, प्राणायाम किया, सिर धोया, दवा खाई, लेकिन नींद नहीं आई। चार बजे रात में सोया और सुबह सात बजे जग पड़ा। नाड़ी अब घटकर 80 पर आ गई थी, लेकिन सारा शरीर हरारत से चूर मालूम होता था।

पीकिंग हवाई-अड्डे पर जो सज्जन मुझे लेने गए थे, उनके नाम श्री लीची और श्री सिंगये हैं। श्री लीची प्रसिद्ध कवि हैं और श्री सिंगये प्रसिद्ध नाटककार। पीकिंग से जो दुभाषिया मेरे साथ हुआ, उसका नाम वू चिं येन था। रात को खाने पर इनके सिवा एक और लड़का आया था, जो हिन्दी जानता है। चीन में चीनी पढ़ने वाले भारत के 10 छात्र हैं और हिन्दी पढ़ाने वाले दो भारतीय शिक्षक।

पीकिंग हवाई अड्डे से चला, तो पहले देहाती हिस्सा मिला। हिन्दुस्तान की तरह ही मिट्टी के घर, घर से लगे हुए खेत और बारियाँ और बारियों में सब्जी, लता और फूल। शेंगतू में शकरकंद के खेत भी दूर तक दिखाई पड़े थे और वे बिलकुल बिहारी किसान के खेत मालूम होते थे। दिल्ली में किसान देखने को नहीं मिलते। किन्तु पीकिंग में शहर से सटे हुए किसानों के घर और खेती के काम हैं। अड्डे से आते समय ही चेयरमैन माओ का दफ्तर देखा। दफ्तर का सामने वाला दरवाजा गाढ़े लाल रंग में रँगा गया है। उसी के सामने कंकरीट से बना हुआ एक मैदान है जिसे चेयरमैन स्क्वायर कहते हैं।

निर्माण का काम जोरों से चालू था। मकान बनाने में किफायतसारी देखी। दिल्ली में रिजर्व बैंक, विज्ञान भवन, यूनेस्को भवन आदि बड़े-बड़े भवन हैं, मगर वे उपयोगी से अधिक भड़कीले दिखलाई पड़ते हैं। पीकिंग में जो नये मकान मैंने देखे, वे भड़कीले बिलकुल नहीं थे। उन्हें देखकर यह स्पष्ट मालूम होता था कि केवल जरूरत के लायक और गरीबी में निर्वाह करने योग्य मकान बनाए जा रहे हैं। कुछ मकानों की बनावट से मैं यह समझ गया कि चीन के लोग व्यावहारिक बुद्धि रखते हैं और हर काम यह जानते हुए करते हैं कि वे गरीब हैं। शेंगतू होटल में सुतली के चप्पल देखे थे। पीकिंग होटल में बाँस के हेंगर्स हैं। सीमेंट का खर्च कहीं भी ज्यादा नहीं है। जो साधन चीन को उपलब्ध हैं, उन्हीं की मदद से काम आगे बढ़ाया जा रहा है।

पीकिंग में 28 अक्टूबर को पहुँचा था। 29 तारीख को निकला तो कई स्थान देख आया। सबसे पहले विंटर पैलेस गया, फिर पी-हाइ पार्क। अपराह्न में चुंपाओ गया। यहाँ चित्रों का पुनर्मुद्रण वुडकट से तैयार किया जाता है। वहाँ के अफसर ने एक छोटा-सा एलबम मुझे उपहार में दिया। 29 की रात में ही 'रिक्शा-पुलर' नाटक देखने गया। यह नाटक लाओ-से के उपन्यास पर से तैयार किया गया है। इस उपन्यास का हिन्दी में अनुवाद बिहार के श्री राधाकृष्ण प्रसाद ने किया है और वह पुस्तक-भंडार से प्रकाशित भी है। नाटक मुझे बेहद पसन्द आया। नाटक में मैं अन्त तक बैठा रहा और कोई 11 बजे रात में होटल लौटा।

30 अक्टूबर को लेखक-संघ की ओर से मुझे दावत दी गई। दावत में केवल 6 साहित्यकार आए थे, जिनका परिचय नीचे दिया जाता है :

1. **श्री लाओ-से**
   'रिक्शा पुलर' उपन्यास के लेखक, चीन के सबसे बड़े उपन्यासकार और चीनी लेखक-संघ के उप-सभापति।
2. **श्री श्यो शेन**
   कवि। उम्र 60 के लगभग। एशियाई लेखक-सम्मेलन के समय भारत आए थे।
3. **श्री यांग सुव**
   उपन्यासकार। एशियाई लेखक-सम्मेलन में ये भी भारत आए थे।
4. **श्री लिङ्-लिङ्**
   कवि हैं। भारत में चीनी दूतावास में सांस्कृतिक मंत्री का काम करते हैं।
5. **श्री लीची**
   चीन के नवयुवक कवियों में सबसे प्रसिद्ध। ये पीकिंग में मेरे साथ हुए और इन्हीं के साथ मैंने सारे चीन का पर्यटन किया।
6. **श्री लिंगये**
   नाटककार हैं और चीनी साहित्य-संघ के निदेशक हैं।

भोजन की मेज पर बातचीत बड़ी ही मित्रता और मिठास की रही। आज का भोजन भी स्वादिष्ट था। जब भोजन समाप्त हुआ, मैंने 'संस्कृति के चार अध्याय', 'चक्रवाल', 'शान्तिदूत', 'हिमालय का सन्देश' और 'कुरुक्षेत्र' के षष्ठ सर्ग के अंग्रेजी अनुवाद की एक-एक प्रति लेखक-संघ को भेंट दी। 'संस्कृति के चार अध्याय' को देखकर श्री लाओ-से ने कहा, इस पुस्तक की शोहरत चीन में पहुँच चुकी है। जब फोटो होने लगा, श्री लाओ-से ने 'संस्कृति के चार अध्याय' को सामने कर लिया, जिससे उसका भी फोटो आ जाए। बदले में लेखक-संघ की ओर से मुझे भी एक सिगरेट पाइप और सिगरेट रखने का एक केस उपहार में दिया गया। लेखक-संघ ने कुछ किताबें भी दीं और फिर सबके साथ कई फोटो भी लिये गए।

वार्तालाप से जानकारी

मैंने किसी बात के सिलसिले में कहा कि छोटे देशों को रेजिमेंटेशन से वश में रखना आसान है, मगर चीन जैसा बड़ा देश रेजिमेंटेशन के द्वारा कैसे काबू में रखा जा सकता है?

श्री लाओ-से चावल की शराब का प्याला उठाते हुए बोले, 'मिस्टर दिनकर, साठ करोड़ लोग रेजिमेंटेशन से वश में नहीं रखे जा सकते। वे पीली शराब के द्वारा काबू में रखे जा सकते हैं।'

एक वर्ष पहले श्री जैनेन्द्र कुमार चीन गए थे और पीकिंग में लेखक-संघ ने उन्हें भी दावत दी थी। चीन में मसालों का रिवाज है और मसालों की चरपराहट से जैनेंद्र जी तनिक भी नहीं घबराते थे। इस बात का उल्लेख करते हुए श्री लाओ-से ने कहा, 'मिस्टर कुमार को जितनी भी मिर्च दीजिए, वे कभी ना नहीं कहेंगे।'

बातों के सिलसिले में श्री लाओ-से ने कहा कि रहस्यवाद की परम्परा चीन में भी थी; किन्तु रहस्यवाद में विश्वास कनफ्यूसियस नहीं, लाओ-त्से के अनुयायियों का था। कनफ्यूसियस रहस्यवाद को नहीं मानते थे, लेकिन लाओ-त्से के विचार उपनिषदों के प्रभाव से दूषित हो गए थे। कनफ्यूसियस और लाओ-त्से के बीच चीन में द्वंद्व था। लेकिन सभी राजे कनफ्यूसियस के भक्त थे, अतएव जो विद्वान मन से लाओ-त्से के भक्त होते थे, नौकरी के लोभ में वे भी राजा से यही कहते थे कि हमारा विश्वास कनफ्यूसियस में है।

श्री लाओ-से ने यह भी कहा कि चीन में जनश्रुति रही है कि यहाँ जितनी भी अच्छी चीजें हैं, सब भारत से आई हुई हैं। इस सिलसिले में उन्होंने यह भी कहा कि हांग चाऊ में एक पहाड़ है, जिसका नाम फ्लाइंग माउंटेन (उड़न पहाड़) है। कहते हैं कि यह पहाड़ हिन्दुस्तान से उड़कर चीन आया था और तब से वह यहीं अवस्थित है।

बातचीत से मालूम हुआ कि प्रोफेसरों का वेतन यहाँ 200 से 300 युआन तक है। सरकार के मंत्रियों का भी वेतन इतना ही है। यहाँ सीनियर मंत्री 400 युआन

पाते हैं। अभिनेताओं का वेतन भी दो सौ से तीन सौ युआन तक ही होता है। भारत की तरह चीन के अभिनेता प्रसिद्ध हो जाने पर भी अधिक नहीं कमा सकते। केवल मेलाफान नामक एक वृद्ध कलाकार हैं, जिन्हें दो हजार युआन मिलते हैं। फिल्में साल भर में 40 के लगभग बनती हैं। फिल्मों के जो भी अभिनेता हैं, वे सब-के-सब वेतन पर हैं।

लेखक और कवि की भी मासिक़ आय 200 से 300 युआन तक है। पुस्तकों पर रायल्टी अच्छी मिलती है। 30 पंक्तियों की कविता पर 60 युआन पारिश्रमिक दिया जाता है। किताबों की रॉयल्टी पहले 5 संस्करणों तक एक ही दर पर चलती है। इसके बाद दर घटा दी जाती है। 200 पेज की पुस्तक पर कभी-कभी 5 हजार युआन तक पारिश्रमिक दिये जाते हैं। पुस्तक छपे या नहीं, इसका निर्णय सम्पादक करते हैं। सरकार के सिवा और कोई प्रकाशक नहीं है। पत्र-पत्रिकाओं में दो हजार शब्दों के लेख पर एक सौ युआन तक पारिश्रमिक देते हैं। श्री लाओ-से ने कहा कि पत्रिकाओं की दर पुस्तक-प्रकाशकों की दर से अच्छी है।

जो लेखक सरकारी संस्थाओं से सम्बद्ध हैं, वे अगर बीमार पड़ें, तो उनका इलाज मुफ्त किया जाता है। घर का किराया एक या दो युआन देना पड़ता है। अतएव पति-पत्नी और दो बच्चों का परिवार 150 युआन गें खुशी से रह लेता है। आमदनी ज्यादा हो, तो जिन्दगी और भी अच्छी तरह से बिताई जा सकती है।

लेखकों ने मुझे यह भी बताया कि समय-समय पर बुद्धिजीवी भी हाथ से काम करने को कारखानों में या देहात में खेतों पर भेजे जाते हैं। वे लेखक वहाँ काम भी करते हैं और साहित्य-रचना भी। सरकारी अफसरों को भी कारखानों और खेतों में काम करने को जाना पड़ता है। यह बात महाकवि एचिङ् के सिलसिले में निकली थी। एचिङ् साम्यवादी हैं और वे चीन के शायद सबसे बड़े कवि हैं। मेरी 'सीपी और शंख' नामक पुस्तक में दो-एक कविताएँ एचिङ् की भी हैं। किन्तु जब मैं चीन गया था, एचिङ् पीकिंग में नहीं थे। उन्होंने आलोचना की थी कि साम्यवाद का व्यावहारिक रूप बहुत ही खराब है। इसके दंडस्वरूप वे हाथ से काम करने को देहात में भेज दिये गए थे, जिससे जनता के बीच रहकर वे अपने विचारों की जाँच कर सकें। मेरे मुख पर ईषत् विस्मय देखकर लोग आपस में कुछ बोलने लगे। तब मैंने कहा कि इसमें विस्मय की कोई बात नहीं है। भारत में भी श्रमदान का रिवाज अभी विनोबा जी ने शुरू किया है।

लेखक-संघ में बोलते हुए मैंने राजनीति की गांधीवादी प्रवृत्ति की व्याख्या की और यह कहा कि मनुष्य या तो डंडे से सुधारा जा सकता है अथवा हृदय-परिवर्तन के द्वारा। गांधी जी की कल्पना है कि एक समय वह आएगा, जब राज्य की आवश्यकता नहीं रहेगी, लेकिन राज्यहीन समाज में मनुष्य तभी प्रवेश कर सकेगा, जब वे आन्तरिक रूप से स्वयमेव शुद्ध हो गया हो। मैं नहीं समझता कि राज्यहीन

समाज में आदमी लाठी के जोर से पहुँचाया जा सकता है, क्योंकि लाठी ही राज्य का प्रतीक है। अतएव अभी चाहे जो भी प्रयोग किए जाएँ, किन्तु राज्यहीन समाज में जाने से पहले मनुष्य को स्वयमेव शुद्ध हो जाना पड़ेगा। यही गांधी जी की विशेषता है। इस सिलसिले में मैंने श्री विनोबा जी के भू-दान आन्दोलन का भी जिक्र किया। किन्तु, देखा कि मेरे श्रोता मेरी बातों से प्रभावित नहीं हुए। विनोबा जी के भू-दान आन्दोलन की बात सुनकर एक लेखक ने कहा, 'यह दर्शन चीन में भी है, किन्तु उसे हम देहाती दर्शन कहते हैं।'

श्री लाओ-से ने चीन में प्रचलित राष्ट्रीयकरण की दो पद्धतियों की चर्चा की। उन्होंने कहा, एक रास्ता यह है कि सरकार कारखानों पर कब्जा कर लेती है। दूसरा रास्ता यह है कि कारखाने का मालिक, मालिक रहने दिया जाता है, लेकिन उसका इन्तजाम सरकारी अफसर के जिम्मे कर दिया जाता है। इसमें सेठ नाम-भर को ही मालिक रहता है, असली काम पार्टी के आदमी या सरकार के अफसर करते हैं और सेठ मुनाफा पाता है। लेकिन यह प्रबन्ध अस्थायी है। अभी जो कारखाने सेठों के स्वामित्व में हैं, वे भी आगे चलकर सरकार के अधिकार में ले लिये जाएँगे।

हिन्दी-उर्दू की तरह चीन में भी भाषा की समस्या है। हिन्दी और उर्दू भाषाएँ बोली जाने पर एक ही भाषा रहती हैं, किन्तु लिखी जाने पर वे दो हो जाती हैं। चीन में हालत इसके ठीक उल्टी है। वहाँ लिखी जाने पर सभी भाषाएँ एक ही भाषा होती हैं, लेकिन बोली जाने पर वे परस्पर भिन्न हो जाती हैं। इस कठिनाई को दूर करने के लिए चीन में नये ढंग के कोश बनाये जा रहे हैं। इन कोशों में मूल शब्द चीनी भाषा में दिये जाते हैं और उच्चारण रोमन लिपि में बताया जाता है। उद्देश्य यह है कि रोमन-लिपि की मदद से सभी शब्दों के उच्चारण एक समान हो जाएँ और भाषा की भिन्नता न रहे।

मैंने श्री लाओ-से से पूछा कि 'आप जनता को दो लिपियाँ सिखा रहे हैं, किन्तु अन्त में दोनों लिपियाँ रहेंगी या केवल रोमन लिपि ही चलेगी, इसके बारे में आपका क्या विचार है?' श्री लाओ-से ने कहा, 'आप तो एक ऐसे सवाल का जवाब पूछ रहे हैं, जो आज से 100 वर्ष बाद उठेगा। चीनी लिपि रहेगी या रोमन लिपि रहेगी, इसका फैसला करना हमारे पोतों-परपोतों का काम है। हम तो अपने समय की कठिनाई का समाधान ढूँढ़ रहे हैं।'

मेरा ध्यान फिर हिन्दुस्तान की ओर गया। चीन का रुख व्यावहारिक है, लेकिन हिन्दुस्तान में हम लोग उन सभी समस्याओं का हल आज ही ढूँढ़ निकालना चाहते हैं, जिनका हल हमारे पोतों या परपोतों को निकालना पड़ेगा। भारत की भाषा-समस्या इसीलिए कठिन हो गई है। हम अपनी पीढ़ी में जितना काम कर सकते हैं, कर दें। बाकी काम आगे आनेवाली पीढ़ियाँ करेंगी। किन्तु यह व्यावहारिक दृष्टिकोण भारत में लोकप्रिय नहीं है, यह दुःख की बात है।

जैसाकि ऊपर बताया गया है, श्री लाओ-से चीनी लेखक-संघ के उपसभापति हैं। उसके सभापति का नाम माओ-तुन है। जब मैं चीन गया था, माओ-तुन चीन से बाहर गए हुए थे। वे भी चीनी भाषा के प्रसिद्ध उपन्यासकार हैं।

लेखक-संघ की दावत से मैं दो बजे होटल लौटा। तीन बजे श्री घनश्याम मेहता मिलने को आए। फिर मेरे दुभाषिये और सहचर-कवि श्री लीची आ गए और हम लोग चुं शां का बाग देखने को निकल पड़े। इस बाग में चीड़ का एक पेड़ है, जो 938 ई. से साबित खड़ा है। यह बाग भी काफी बड़ा है। लोग बाग में घूम रहे थे। उसमें हर तरफ तैंवा (फारमोसा) का नक्शा टँगा हुआ था। अवश्य ही चीन की सरकार फारमोसे के सवाल को चीनी जनता के सामने हमेशा जगाए रखना चाहती है, इसीलिए यह प्रचार है।

31 अक्टूबर के भोर में हम लोग टेम्पुल ऑव् हेवन (स्वर्ग-मन्दिर) देखने को गए। चीन के सम्राट फसल की वृद्धि और प्रजा के सुख के लिए यहाँ प्रार्थना किया करते थे। यह मन्दिर चीन के प्राचीन स्थापत्य का नमूना है और हर तरह से देखने के योग्य है।

31 अक्टूबर को दिन का भोजन मैंने भारतीय दूतावास में किया। उस समय हमारे राजदूत श्री रतनकुमार नेहरू थे और दूतावास पर उनकी सहधर्मिणी श्रीमती राजेन नेहरू के व्यक्तित्व का पूरा प्रभाव था। दिल्ली में पहले भी उनसे एक-दो बार मुलाकात हुई थी, किन्तु चीन में जाकर यह देखकर मैं मुग्ध हो गया कि वे कितनी चतुर और सुसंस्कृत महिला हैं। राजेन जी से मैंने कहा कि चीन का भोजन मुझे पसन्द नहीं आता है। यहाँ हर चीज में कोई एक मसाला डाल देते हैं, जिसकी बू से मैं घबराने लगता हूँ, अतएव मैं आपके घर कई बार भोजन करने आऊँगा। राजेन जी ने कहा, 'हम लोग राजदूत हैं और हमारे समय का कोई ठिकाना नहीं रहता। अतएव जब भी आप भोजन करने को आना चाहें, आप फोन कर दें। गाड़ी आपको ले आएगी और रसोइया आपके मन के लायक भोजन आपको खिला देगा।'

31 की शाम को कोई साढ़े तीन बजे के लगभग कवि च्यान खच्या मिलने आए। 'सीपी और शंख' में इनकी कविता का भी अनुवाद है, किन्तु इनके नाम का हिज्जे श्यान कोचिया हो गया है। च्यान खच्या सीधे आदमी हैं। उनसे कोई डेढ़ घंटे तक बातचीत होती रही। उन्होंने कहा, 'दर्शन मेरे बस की बात नहीं है। मैं केवल कविता लिखता हूँ।' माओत्से-तुंग की कविता का उन्होंने खास अध्ययन किया है। महाकवि एचिङ् के बारे में मैंने उनसे भी बात की और उन्होंने भी कहा कि एचिङ् ने गलती की है। एचिङ् के खिलाफ जो कार्रवाई की गई है, उसका ये लोग समर्थन करते हैं।

शाम को बाजार घूमने गया और छोटी-मोटी दो-चार चीजें खरीदीं। रात में 'शकुंतला' नाटक देखने गया। यह नाटक चीनी भाषा में तैयार किया गया है और उसके निर्देशन के पीछे श्रीमती राजेन नेहरू का काफी हाथ था। नाटक में दृश्य बड़े अद्‌भुत दिखाए गए थे। एक जगह मयूर-नृत्य भी दिखाया गया था, जो शायद

भारतीय कलाकेन्द्र की रामलीला से लिया गया है। नाटक इतना सुन्दर और रोचक था कि मैं उसे अपलक देखता रहा। नाटक खत्म होने पर दुभाषिये ने पूछा, 'आपके देश में यह नाटक जितनी अच्छी तरह खेला जाता है, उतनी अच्छी तरह यहाँ खेला गया है या नहीं?' मैंने दृश्य, अभिनय और सुरुचि की भूरि-भूरि प्रशंसा की। लेकिन मन-ही-मन मैं यह सोचे बिना नहीं रह सका कि 'शकुंतला' नाटक का इतना अच्छा अभिनय भारत में शायद ही कहीं हुआ हो।

एक नवम्बर को प्रातःकाल भारत के सुप्रसिद्ध साम्यवादी नेता श्री पूरनचन्द जोशी मिलने को आए। उनसे देर तक बातें होती रहीं। वे पीकिंग से मास्को, वारसा और बर्लिन जाने वाले थे। उनकी पत्नी भी उनके साथ ही पीकिंग आई थीं, लेकिन वे आज ही पीकिंग से जा चुकी थीं। जोशी जी से मैंने पूछा कि चीन का सबसे बड़ा कवि कौन है—एचिङ् या कू मू रो? उन्होंने कहा, कू मू रो का स्थान चीन में वही है, जो स्थान हिन्दी में निराला जी का है। एचिङ् के बारे में जोशी जी ने बात करने से इनकार कर दिया।

एक नवम्बर को पर्यटन को निकला, तो सबसे पहले लामा मन्दिर गया। मन्दिर के द्वार पर हँसते हुए बुद्ध (लाफिंग बुद्ध) की प्रतिमा पहरा देती है। उससे आगे बढ़ने पर बुद्ध की तीन प्रतिमाओं के दर्शन होते हैं। उससे भी आगे पीतल की विशाल प्रतिमा है और उसके बाद बुद्ध की लकड़ी की मूर्ति है, जो 33 हाथ ऊँची है। लाफिंग बुद्ध की प्रतिमा पे हाई पार्क में भी देखी थी। पे हाई पार्क में बुद्ध की प्रतिमा के सामने जो धूपदानी है, उसमें फल के छिलके आदि पड़े हुए थे, जिससे मैंने यह समझा कि इस बुद्ध की पूजा बन्द हो चुकी है। लामा मन्दिर में आप जूता पहनकर जा सकते हैं, लेकिन यहाँ धूप-दीप का अच्छा प्रबन्ध है। यह इस बात का सबूत है कि लामा मन्दिर में बुद्ध की पूजा अभी चलती है। मन्दिर, प्रार्थना और धूप-दीप को लेकर एशियाई देशों में जो एकता है, उस एकता के दर्शन लामा मन्दिर में प्रत्यक्ष होते हैं।

लामा मन्दिर से निकलकर हम समर पैलेस (ग्रीष्म राजमहल) देखने गए। समर पैलेस में झील का दृश्य बहुत सुन्दर है। रानियाँ जहाँ बैठकर झीलों की शोभा देखा करती थीं, वह जगह देखी। मछली मारने की जगह देखी। नाट्य हॉल देखा और सूखे कमलों का तालाब देखा। समर पैलेस में जब हम भोजन कर रहे थे, तभी श्रीमती सुशीला नायर एक सहेली के साथ पहुँच गईं, जिनका नाम श्रीमती खोसला है।

मैं मन-ही-मन चीन और भारत की तुलना करता था और सोचते-सोचते आवेश में आ जाता था। चीन में किफायतसारी थी, भारत में फिजूलखर्ची। चीन में अनुशासन था, भारत में अनुशासनहीनता। चीन में ऐसा दिखाई देता था, मानो सारी जनता किसी आदर्श की ओर चल रही है, लेकिन अपने देश में आदर्श स्पष्ट नहीं है। इन्हीं भावों की पृष्ठभूमि पर सुशीला जी से मेरी बातचीत हुई और मैं आवेश में आकर काफी बोल गया। मैंने सुशीला जी से कहा, 'हम लोग जब अपने देश को वापस चलें, तब हमें भारतवर्ष से कहना चाहिए कि वह सावधान हो जाए।'

आज प्रातःकाल राजेन नेहरू ने ताजी जलेबियों का एक थाल मेरे लिए पीकिंग होटल में भेजने की कृपा की। मेरा मधुमेह बिगड़ा हुआ था, फिर भी जलेबियाँ खाने का लोभ मैं रोक नहीं सका। बाकी जलेबियाँ मैं उन लेखकों और कवियों को खिलाता रहा, जो मुझसे कृपा कर मिलने को आते थे।

पीकिंग विश्वविद्यालय

पीकिंग विश्वविद्यालय में एक पूर्वी भाषा-विभाग है, जहाँ एशिया की भाषाएँ पढ़ाई जाती हैं। इस विभाग का आग्रह था कि पीकिंग रहते-रहते मैं एक बार विश्वविद्यालय जरूर आऊँ। सो समय निकालकर मैं कोई साढ़े तीन बजे दिन में विश्वविद्यालय पहुँचा। यहाँ प्रधान आतिथेय प्रोफेसर ची श्येन लीन थे, जो शान्तिनिकेतन में रह चुके हैं। दूसरे सज्जन प्रोफेसर चिन केनू थे, जो हिन्दी बखूबी बोल सकते हैं। मेरी प्रतीक्षा में एक पूरी सभा बैठी थी, जिसमें 30-35 ऐसी छात्राएँ और छात्र थे, जो हिन्दी सीख रहे थे। जैसे ही मैं हॉल में पहुँचा, सबने नमस्ते कहकर मेरा स्वागत किया। हिन्दी वे इस धड़ल्ले से बोल रहे थे कि क्षण भर को मैं भूल गया कि यह भारत नहीं, चीन है।

'संस्कृति के चार अध्याय' की एक प्रति मेरे पास शेष थी। वह प्रति मैंने हिन्दी वर्ग को भेंट में दे दी। फिर प्रोफेसर ची श्येन ने मुझसे भाषण करने का अनुरोध किया और कहा, 'सब हिन्दी समझते हैं। आप हिन्दी में ही बोलिए।'

मैंने भारत की सामासिक संस्कृति पर अपना व्याख्यान शुरू किया और जैसे नवसिखुओं की मंडली में बोलना चाहिए, उस प्रकार की भाषा का प्रयोग करता हुआ देर तक बोला। फिर मैंने यह जानना चाहा कि श्रोताओं ने शील का प्रदर्शन किया है अथवा मेरा भाषण भी उन्होंने समझा है। अतएव मैंने श्रोताओं से कहा कि, 'मुझे जो बोलना था, बोल चुका हूँ। अब आप प्रश्न पूछिए।' मुझे यह देख कर सविस्मय आनन्द हुआ कि जो प्रश्न पूछे गए, वे मेरे भाषण से सम्बद्ध थे। केवल एक लड़के ने भाषण से असम्बद्ध प्रश्न पूछा और वह यह कि 'भारत के लेखक और कवि कला को कला के लिए मानते हैं या जीवन के लिए?' थोड़े में इस विषय को मैंने समझाने की कोशिश की। फिर उस लड़के ने पूछा, 'हम आपकी खास राय जानना चाहते हैं। आप क्या मानते हैं—कला, कला के लिए है या जीवन के लिए?' मैंने कहा, 'मान्यता तो मेरी यही है कि कला को कला के लिए होना चाहिए, मगर मेरा लिखना मेरी मान्यता के विरुद्ध है।' यह सुनकर श्रोतागण ठहाका लगाकर हँसने लगे।

भारत के बारे में चीनी छात्रों की उत्सुकता देखकर मैं दंग रह गया। एक ने भारत की भाषा-समस्या पर सवाल किया, 'आप लोग अंग्रेजी को हटाकर अपनी भाषाओं

को कब तक चालू करेंगे?' दूसरे ने पूछा, 'हिन्दी कठिन हो रही है। इसके बारे में आप लोग क्या कह रहे हैं?' तीसरे ने पूछा कि 'आपके यहाँ भाषा के झगड़े बहुत हैं। तो अंग्रेजी भाषा को ही आप राष्ट्रभाषा क्यों नहीं मान लेते?' हर प्रश्न का जो उत्तर भारत में दिया जाता है, वही उत्तर मैंने पीकिंग में भी दिया। फिर अन्त में श्रोताओं ने कविता सुनाने का आग्रह किया। मैंने अपनी 'नील कुसुम' नामक कविता व्याख्या-समेत सुना दी।

जब हम सभा से रुखसत हुए, एक महिला ने कहा, 'चलिए, आपको अहाते में घुमा लाऊँ।' हम उनके साथ हो गए। इस घूमने के क्रम में हम पूर्वी भाषा शाखा पुस्तकालय में गए। वहाँ उस महिला ने 'संस्कृति के चार अध्याय' की प्रति अलमारी से निकालकर मुझे दिखाई।

अहाते में जगह-जगह पर खेल के कितने ही मैदान हैं। लड़के और लड़कियाँ उन मैदानों में व्यायाम कर रहे थे अथवा खेल रहे थे। सड़कों पर लड़कों और लड़कियों की काफी भीड़ थी। एक सड़क से होकर हम निकल रहे थे कि सामने से आती हुई एक लड़की मिली। वह रुई-भरा कोट पहने हुई थी और बगल में एक रजाई दबाए हुए जा रही थी। मुझे देखते ही वह ऐसे बोली, मानो पूर्व परिचित रही हो, 'नमस्ते! कहिए, क्या हाल है?' मैं दंग रह गया।

फिर वह हमें लेकर अपने छात्रावास की ओर चल पड़ी। छात्रावास पहुँचकर वह हमें अपने कमरे में ले गई। मकान कोठानुमा था। जिस कमरे में लड़की हमें ले आई थी, उसमें चार चौकियाँ बिछी हुई थीं। कमरे में एक ग्रामोफोन था। देखते-देखते कई लड़कियाँ कमरे में घुस आईं। एक गुलथुल लड़की ने आते ही कहा, 'आदाब अर्ज है। मिजाज कैसे हैं? आपका इश्मशरीफ? मैं उर्दू पढ़ती हूँ।'

फिर लड़कियों ने हिन्दी फिल्मों के रिकॉर्ड बजाने शुरू किए। 'आवारा' फिल्म का रिकॉर्ड, '420' फिल्म का रिकॉर्ड, 'झनक-झनक पायल बाजे' का रिकॉर्ड। फिर लड़कियों ने हिन्दी के गाने गाये। हर लड़की की कोशिश थी कि मेरा सारा समय उसी के साथ बात करने में बीत जाए। भाषा दुराव को दूर कर देती है। सबने मिलकर पीकिंग के उस होस्टल में भारत का समां पैदा कर दिया। मैं उनकी संगति से इतना अभिभूत हुआ कि लगभग खो-सा गया। मुझे यह बात भूल गई कि मैं विदेश में हूँ। हिन्दी फिल्में जैसे रूस में पसन्द की जाती हैं, वैसे ही वे यहाँ भी काफी लोकप्रिय हैं। आज भी विश्वविद्यालय में 'जागृति' फिल्म दिखाई जाने वाली थी और लड़के-लड़कियों में फिल्म देखने का बड़ा भारी उत्साह था।

जब मैं वहाँ से चला, मेरे साथ घूमने वाले कवि लीची ने कहा, 'इन लड़कियों ने तो आपको ऐसे घेर लिया, मानो आप उनके पिता हों और बहुत दिनों के बाद मिले हों!' मैंने कहा, 'मुझे भी लगा, मैं अपने परिवार में आ गया हूँ। यह जादू भाषा का है।'

जहाँ हिन्दी के लिए इतना उत्साह हो, वहाँ अच्छी किताबें काफी संख्या में पहुँचती रहनी चाहिए। मगर वह बात मैंने देखी नहीं। अब तो खैर, चीन से शत्रुता ही चल रही है। मगर उस समय भारत सरकार के भी प्रकाशन चीन में मैंने कम देखे थे। यह मार्के की बात है कि सभा में पीकिंग विश्वविद्यालय का जो इतिहास टंकित करके मुझे दिया गया था, वह हिन्दी में था।

सुधार-आन्दोलन

पीकिंग पहुँचकर जब मैं श्रीमती राजेन नेहरू से मिला, उन्होंने कहा, 'दिनकर जी, आप देर से आए। चीन के राष्ट्रपति तो कल ही मास्को चले गए। आप आ गए होते, तो आपको भी हवाई अड्डे पर ले चलती और माओत्से-तुंग से आप मिल लिये होते। वाह, कल उनकी कैसी धज थी!'

मैंने पूछा, 'सो क्या?'

वे बोलीं, 'वे बड़ा भारी कोट और खूबसूरत हैट पहने हुए थे। यह पोशाक उनके बदन पर स्वाभाविक नहीं लगती है।'

मैंने दंग होते हुए कहा, 'इसका अर्थ यह है कि राष्ट्रपति माओ का व्यक्तित्व किसान और मजदूर से मिलता-जुलता है और रईसी की पोशाक उनके बदन पर अजनबी मालूम होती है। यह तो बड़ी अच्छी बात है। मैं भली भाँति कल्पना कर सकता हूँ कि माओत्से-तुंग चीन की औसत जनता के बीच खपने वाले नेता हैं।'

चीने में घुसते हुए किसी जगह दुभाषिये ने मुझसे यह भी कहा कि 'चेयरमैन माओ में किसानों की कई आदतें हैं। मसलन, वे सूरजमुखी के बीज चबाते हैं, जो बीज केवल गाँवों के लोग चबाते हैं।'

चीन मैं 1957 ई. के अक्टूबर में पहुँचा था। वर्ष के प्रारम्भ में चेयरमैन माओ ने एक कौतुक किया था। साम्यवादी दल के सम्मेलन में उन्होंने यह मत व्यक्त किया था कि क्रान्तिकारी सरकार को राज करते अब सात साल हो गए हैं। अब हमें आपसी आलोचनाएँ करके देखना चाहिए कि हमारी त्रुटियाँ क्या हैं।

इस भाषण की रिपोर्ट कुछ देर से प्रचारित की गई; मगर भय के मारे किसी ने कोई आलोचना नहीं की। फिर कोई-कोई साहसी लोग थोड़ा-बहुत बोलने और लिखने लगे। जब इन लोगों पर कोई आफत नहीं आई, बाकी लोगों का भी साहस बढ़ गया और वे भी साम्यवादी पद्धति की आलोचना करने लगे। सम्भवतः पार्टी के लोगों को हिदायत थी कि तुम चुप रहो। सुनो कि लोग क्या-क्या कहते हैं।

मई आते-आते चीन में आलोचना का तूफान उठ खड़ा हुआ और देश के अगणित पत्र तरह-तरह की आलोचनाएँ छापने लगे। जनता कॉलेज के एक प्रोफेसर ने कहा कि साम्यवादी इतने खराब हैं कि उनमें से एक-एक को मार डालना चाहिए।

आरम्भ में आलोचक बच-बचकर बोलते थे। मगर जब उन्होंने देखा कि सरकार किसी से भी नाराज नहीं हो रही है, तब वे खुलकर बोलने लगे। इस जाल में तीन मंत्री भी फँस गए और उन्होंने भी साम्यवादी व्यवस्था के खिलाफ असन्तोष प्रकट किया। ये थे वन-विभाग के मंत्री श्री लो लुंची, धान-विभाग के मंत्री श्री चाङ्-नाय छी और सुरक्षा-समिति के उपसभापति श्री लुंग विन। उस समय जितनी आलोचनाएँ हुईं, उनमें चार आलोचनाएँ बहुत प्रधान थीं :

1. हम सोवियत रूस के साथ इतने अधिक जुड़ गए हैं कि अन्य राष्ट्र अकारण ही हमारे विरोधी हो रहे हैं। इस स्थिति में सुधार होना चाहिए।
2. हमें लेनिन और मार्क्स के साथ इतना क्यों बाँधते हो? चीन के प्राचीन चिन्तन और परम्परा का क्या होगा? हमें चीन से प्रभावित होने दो।
3. जनता सरकार के साथ नहीं है। देश में भीतर-ही-भीतर आग सुलग रही है। यहाँ दूसरा हंगरी-कांड होने वाला है। इसलिए विरोधी पार्टी को जन्म लेने दो।
4. यह निश्चित है कि चीन की जनता समाजवाद नहीं चाहती है।

पूँजीपतियों ने माँग रखी कि हमारा स्वार्थ बीस साल तक अक्षुण्ण रहना चाहिए। लोगों ने यह आलोचना भी की कि कम्यूनिस्ट बड़े बदमिजाज और अहंकारी हैं। वे जानते हैं कुछ भी नहीं, सिर्फ पार्टी के बल पर हम पर हुकम चलाते हैं। नौकरशाही की भी आलोचना की गई और कहा गया कि अफसर अधिक सुखी हैं, जनता दुखी है। अफसरों का अहंकार बेतरह बढ़ गया है। वे जनता का आदर नहीं करते, बल्कि उसे पशु समझते हैं। यह भी कहा गया कि जनता को विरुद्ध खड़ा करके तुम आलोचकों का मुँह बन्द कर देते हो। इसलिए यह जरूरी है कि देश में केवल साम्यवादी ही नहीं, कोई विरोधी दल भी हो, जो साम्यवादियों की त्रुटियों को जनता के सामने रख सके।

अधिक आलोचना बुद्धिजीवियों ने की, जिनमें प्रोफेसर, चित्रकार, सिने अभिनेता, कवि और चिन्तक प्रधान थे। जब बुद्धिजीवियों ने अपने वक्तव्य निकाले, चियाङ्-काइशेक ने फारमोसा से ब्राडकास्ट किया और कहा कि ये बुद्धिजीवी ही असली चीनी हैं। इसी क्रम में शायद महाकवि एचिंग ने भी अपना विरोध प्रकट किया था। उन्होंने शायद यह कहा था कि जो साम्यवाद हम पर लादा गया है, उसके लिए हमने कुर्बानी नहीं की थी। अगर साम्यवाद यही है, तो इस साम्यवाद से हमें कोई सरोकार नहीं है।

मेरे साथ घूमने वाले कवि श्री लीची का कहना है कि कवि एचिंग ने ऐसा कोई वक्तव्य शायद नहीं दिया था। उनका अपराध वक्तव्य नहीं था। असल में क्रान्ति के बाद से वे नर्म पड़ने लगे थे, कविताओं में साम्य-विरोधी भाव भरने लगे थे और बार-बार उन्होंने यह सिद्ध कर दिखाया कि साम्यवाद में उनका विश्वास नहीं है।

आलोचकों की आलोचनाओं के उत्तर सरकार ने नहीं छपवाए, न साम्यवादी दल ने बाजाप्ता उनके उत्तर दिये। मगर सरकार को जो कुछ कहना था, वह जनता की ओर से अखबार में आ गया। सरकार का मुकदमा यह था कि हम जनता को संविधान के विरुद्ध जाने नहीं देंगे। रूस के साथ मैत्री संविधान में है, साम्यवादियों का नेतृत्व संविधान में है और साम्यवादी ध्येय संविधान में है। जो आलोचक इन तीन बातों में से किसी का भी विरोध करता है, वह असल में संविधान का विरोध करता है। यदि संविधान का विरोध ध्येय नहीं है, तो फिर विरोधी दल की आवश्यकता क्या रह जाती है? हाँ, तफसील में विरोध हो, तो आपस में हमें बहस कर लेनी चाहिए। जिस लक्ष्य की प्राप्ति के लिए क्रान्ति-सरकार की स्थापना हुई है, उसका विरोध करने को विरोधी दल बनाने की माँग स्वीकार नहीं की जा सकती।

अखबारों में इस विचारधारा का प्रचार करके चीन के शासकों ने बड़ी चतुराई से यह आन्दोलन चला दिया कि जिसने भी साम्यवादी सरकार की आलोचना की है, वह दक्षिणपंथी है। दक्षिणपंथी भारत में मामूली शब्द है, मगर चीन में यह शब्द भयानक गाली का पर्याय बन गया है।

एक ही नाम के दो व्यक्ति थे। एक ने कहीं कोई दक्षिणपंथी विचार प्रकट किया था, मगर दूसरे व्यक्ति के परिवार वालों ने समझा, यह गलती उन्हीं के आदमी ने की है। जब वह व्यक्ति अपने घर पहुँचा, उसके घर वाले उसके साथ बेरुखी से पेश आए और उन्होंने उसे डाँटते हुए कहा, 'तुम दक्षिणपंथियों के बहकावे में कैसे आ गए?'

बेचारे ने बड़ी मुश्किल से लोगों को यह कहकर शान्त किया कि दक्षिणपंथी बातें मैंने नहीं, मेरे ही नाम वाले किसी अन्य व्यक्ति ने कहीं हैं।

जब मैं चीन पहुँचा, तब वहाँ सुधार-आन्दोलन का यही दौर चल रहा था। जिन लोगों ने आलोचना की थी, वे दक्षिणपंथी कहे जा रहे थे। उनके साथ बहुत थोड़े लोग थे और वे खुद शरमाए हुए थे। जिन प्रोफेसरों ने आलोचना की थी, अब छात्र उन्हें दक्षिणपंथी कहकर उनका मजाक उड़ा रहे थे।

जहाँ तक मैं जान सका, किसी भी आलोचक को कोई दंड नहीं दिया गया था– यहाँ तक कि दोनों मंत्री और श्री लुंगविन भी अपने पदों पर मौजूद थे। किन्तु दक्षिणपंथियों के विरोध में देश में एक ऐसी हवा बहा दी गई थी कि सब आलोचक निन्दा की मार से बेमौत मरे जा रहे थे।

यह आन्दोलन क्यों चलाया गया, यह समझने की बात है। श्री चू-एन-लाङ् से 'ब्लिट्ज' के संवाददाता ने पूछा था, 'कहीं ऐसा तो नहीं है कि आप दक्षिणपंथियों को पर्दे से बाहर लाना चाहते थे?'

श्री चू-एन-लाइ ने कहा, 'नहीं, यह बात नहीं थी। दक्षिणपंथियों को हम पहले से ही पहचानते थे। मगर अब वे खुल पड़े हैं, तो जनता से निबट लें।'

इस सम्बन्ध में दो तरह की बातें चीन में मेरे कान में पड़ी थीं। एक तो यह कि हंगरी में जो कुछ हुआ, उससे चीन के शासक चौकन्ने हो गए और उन्होंने चाहा कि विस्फोट होने के पहले ही जनता के भावों का रेचन हो जाए। दूसरी यह कि चीन की पहली योजना पूरी हो गई थी, अतएव शासकों ने यह जानना चाहा कि जनता के विचार में हम कहाँ पर हैं। चेयरमैन माओ ने आलोचना को इसलिए आमंत्रित किया था कि वे सारे देश के द्वारा आत्म-समीक्षा करवाना चाहते थे। लेनिन ने भी अपने जीवन-काल में जनता और पार्टी से आत्म-समीक्षा करवाई थी। लेकिन रूस में वह पद्धति आगे चली नहीं। चेयरमैन माओ साहसी नेता हैं। उन्होंने आलोचना के अखाड़े खोलकर सारे देश से आत्म-समीक्षा करवा डाली और दक्षिणपंथियों को निन्दित होने को बाध्य कर दिया।

स्वाधीन चिन्तन की बातें बुद्धिजीवियों को सूझती हैं। जनता रोटी, वस्त्र और शान्ति चाहती है। अतएव जनता की जिस आवश्यकता की पूर्ति के लिए तानाशाह अपनी नीति बनाता है, उस नीति की आलोचना जब बुद्धिजीवी करते हैं, तब तानाशाह बुद्धिजीवियों के खिलाफ जनता को खड़ा कर देता है, मानो बुद्धिजीवियों से वह पूछना चाहता हो कि 'अच्छा, अब कहो कि तुम्हारा चिन्तन जरूरी है या जनता की स्थूल आवश्यकताओं की पूर्ति?'

क्रान्ति के बाद जब सरकार बनती है, तब शासक धीरे-धीरे नम्र पड़ने लगते हैं, जनता से उनका सम्पर्क प्रगाढ़ नहीं रह पाता, अफसर जनता से दूर होने लगते हैं और लाल फीताशाही जोर पकड़ने लगती है। इस प्रकार क्रान्ति के कदम मद्धिम पड़ने लगते हैं। चीन में शायद ये ही लक्षण दिखाई पड़ने लगे थे। अतएव चेयरमैन माओ ने बड़ी सूझ से काम लिया। उन्होंने आलोचना-प्रत्यालोचना का तूफान खड़ा करके क्रान्ति की मद्धिम होती हुई रोशनी को तेज कर दिया। इस आन्दोलन से शासकों की तन्द्रा टूट गई, अफसर घबराने और सचेत होने लगे, कुछ दूर तक शासन को अपनी त्रुटियाँ भी दिखाई पड़ीं, कुछ नया जोश पैदा हुआ और लोग अपने उद्‌देश्य की ओर फिर जरा तेजी से चलने लगे। असन्तोष के भावों का रेचन हो जाने से विस्फोट की सम्भावना भी कम हो गई।

पीकिंग की डायरी

उस दिन उपन्यासकार लाओ-से ने कहा था और कल कवि लीची ने भी बताया कि नये चीन में सरकारी अफसरों से भी मजदूरी करवाने की प्रथा है। नौकरशाही के अहंकार को तोड़ने के लिए समय-समय पर उन्हें भी खेतों या कारखानों में भेजा जाता है। वहाँ वे नकली श्रमदान नहीं करते, बल्कि बरस-दो बरस रहकर हाथ से काम करते हैं। वेतन पहले साल उन्हें अफसर वाला ही दिया जाता है। मगर दूसरे वर्ष वे वही मजदूरी पाते हैं, जो और मजदूरों को दी जाती है। पता नहीं, यह कहाँ तक ठीक है। मेरा खयाल है, खेतों या कारखानों में अफसर शौकिया जाते होंगे या फिर वे लोग, जिन्हें सरकार दंडित करना चाहती है।

रात यहाँ 'स्वान लेक' नामक सोवियत बैले देखा। अद्‌भुत था। यह भी देखा कि यहाँ हर शनिवार को पीकिंग होटल में चीनी लोग यूरोपियनों की तरह बाल डांस नाचते हैं।

पीकिंग से कोई तीस मील पर एक सैनिटोरियम है, जिसमें एशिया भर के राजयक्ष्मा के रोगियों का इलाज किया जाता है। आज (3.11.57) प्रातःकाल किसी नरेश कुमार का पत्र आया कि मैं बिहार के मुंगेर जिले का निवासी हूँ। यहाँ चीनी सरकार के खर्च से अपना इलाज करवा रहा हूँ। हिन्दुस्तान के और भी रोगी यहाँ हैं। सबकी इच्छा है कि आप थोड़ी देर के लिए यहाँ आ जाएँ और हमें अपनी संगति का लाभ दें।

आज दिन का भोजन मिस्टर पाइ (श्रीयुत परांजपे) के यहाँ हुआ। भोजन पर अल्मोड़े के श्री जानकी वल्लभ जी आए थे, जो विदेशी भाषा-विभाग में काम करते हैं; श्री पुरुषोत्तम प्रसाद जी आए थे, जो यहाँ कई वर्षों से हैं और चीनी भाषा पढ़ाते हैं। एक चीनी प्रोफेसर भी आए हुए थे।

भोजन से लौटकर 'काउंटर रिवोल्यूशनरी क्राइम्स' का म्यूजियम देखने गया। क्रान्ति की राह में बाधा डालनेवालों के फोटो यहाँ टँगे हैं और उन्हें जो यातनाएँ दी गईं, उनके भी ब्यौरे टँगे हुए हैं। कई लड़के और लड़कियाँ गरज-गरजकर लोगों को समझा रहे थे कि क्रान्ति को धोखा देना क्या है और उन गद्‌दारों के साथ चीन में कैसा व्यवहार किया जाता है। सेठ, जमींदार, धनी लोग, गुंडागर्दी से जीविका

कमानेवाले, चोर, डाकू, उचक्के और बदमाश—इन सबकी कीर्ति-कथाएँ प्रचारक गरज-गरजकर लोगों को सुना रहे थे। यह साम्यवादी सरकार का प्रचार-मोर्चा है।

चीन में नई मानवता के निर्माण का ढंग यह है कि सरकार व्यक्तियों की गरदन पर सवार है। उनकी आँखों के सामने किताबें खुली हुई हैं और कानों में प्रचार-मन्त्र फूँका जा रहा है।

सवा तीन बजे शाम को सैनिटोरियम गया। नरेश कुमार मुंगेर जिले के नहीं, बेगूसराय सब डिविजन के नौजवान हैं। भारत के और भी नौजवान वहाँ मिले। पाँच-सात युवतियाँ भी इलाज करवा रही थीं। जो लोग शैयारूढ़ नहीं थे, उन्होंने मुझे घेर लिया। फिर मुझे कविताएँ भी सुनानी पड़ीं और उनसे देर तक बात भी करनी पड़ी। फिर ऑटोग्राफ लेने की होड़ मच गई। आज मुझे मालूम हुआ कि मेरी भी याददाश्त अच्छी है। कोई 25 ऑटोग्राफ लिखे और एक पद दो जवानों की बही में नहीं लिखा। 'नये सुभाषित' अभी हाल ही में छपा है। वे सुभाषित ही काम आ गए।

फिर लड़के मुझे उन रोगियों से भी मिलाने को ले गए, जिन्हें खाट से उतरना मना था। अरब, अफगानिस्तान और ईरान के रोगी वहाँ मैंने देखे। एक-दो रोगी देखने से यूरोपियन-से लगते थे।

यह सैनिटोरियम वैसे तो मानव-सेवा की संस्था है, किन्तु यहाँ के इलाज से चंगा होनेवाला आदमी क्या चीन के उपकार को कभी भूल सकेगा? फिर इससे इस बात पर भी प्रकाश पड़ता है कि साम्यवाद अन्तरराष्ट्रीय आन्दोलन है और साम्यवादी चाहे जिस किसी भी देश का हो, चीन की सरकार उसकी सेवा करने को तैयार है।

सैनिटोरियम में रोगी युवकों और युवतियों के मनोरंजन में मेरी इतनी शक्ति खर्च हो गई कि सवा छह बजे जब मैं पीकिंग होटल लौटा, तब मैं थकावट से चूर था और लगता था, अपनी सारी शक्ति अस्पताल वालों को दे आया हूँ। मधुमेह शायद जोर पर है।

माओ के जिस भाषण से चीन में सुधार-आन्दोलन का सूत्रपात हुआ, वह भाषण उन्होंने 27 फरवरी, सन् 1957 ई. को दिया था। सुनता हूँ, दल के नेताओं ने उस समय माओ का विरोध किया था, यानी उनसे निवेदन किया था कि आप आलोचना का जो सिलसिला चलाना चाहते हैं, उससे चीन का भला नहीं होगा। किन्तु माओ की प्रतिष्ठा बहुत बड़ी है। अन्ततः दल के नेताओं को उनकी बात से सहमत होना पड़ा।

आलोचना का प्रवाह अप्रैल में आरम्भ हुआ और 30 मई के आते-आते वह विकराल हो उठा। तब पार्टी के कान खड़े हुए। उसने देखा कि कोई गुप्त संगठन है, जो इस छूट का दुरुपयोग करके सरकार के प्रभाव को कम करना चाहता है। तब 'पीपुल्स डेली' में लेख पर लेख आने लगे और जिन लोगों ने मूलभूत सिद्धान्तों पर हमला किया था, उन्हें दक्षिणपंथी बताया जाने लगा। दक्षिणपंथी का अर्थ पहले

मामूली था, लेकिन अब वह गद्दार, देशद्रोही, मानवता के शत्रु और समाजवाद के दुश्मन का पर्याय बन गया है।

रूस के राष्ट्रपति बोरोशिलोव जब यहाँ आए थे, तब चू-एन-लाइ ने उनके सम्मान में सोलह हजार छात्रों को पार्टी दी थी।

जनमत तैयार करने के लिए यहाँ नौजवान बड़े-बड़े जुलूस निकालते हैं और नारा लगाते हैं कि 'हम देहात नहीं जाएँगे, तो कौन जाएगा?' मुझे इस नारे में अपनी कविता 'चलो कवि, वनफूलों की ओर' की प्रतिध्वनि सुनाई देती है।

गाँव और शहरों में देशभक्ति और राजनीति की शिक्षा प्रचार द्वारा ही दी जा रही है। जिस आदर्श पर चीनी राज्य खड़ा है, उसका अध्ययन और उस पर विचार-विमर्श यहाँ हर कार्यालय में होता है। सप्ताह में आधा दिन सभी कार्यकर्ता मिलकर साम्यवादी सिद्धान्तों की व्याख्या पर प्रवचन सुनते हैं। इस विषय का साहित्य भी उन्हें प्रचुर मात्रा में दिया जाता है।

दक्षिणपंथियों का देश में सामाजिक बहिष्कार चल रहा है। दफ्तर में काम करके वे चुपचाप चले जाते हैं, क्योंकि कोई उनसे बात करना नहीं चाहता। अपने परिवार के लोग भी उनसे अच्छे मुँह बात नहीं करते। यह है सरकारी प्रचार की महिमा।

पीकिंग में मैंने बार-बार इच्छा प्रकट की कि किसी तरह मुझे कवि एचिङ् और मादाम तिङ्-लिङ् से मिला दीजिए। लेकिन इस जिज्ञासा का मुझे कभी कोई सीधा जवाब नहीं दिया गया। एचिङ् चीन के महाकवि हैं। मादाम तिङ्-लिङ् विख्यात उपन्यास-लेखिका हैं। वे जवानी से ही साम्यवादिनी रही हैं। सन् 1934-35 ई. में मोओत्से तुंग मादाम तिङ्-लिङ् के बड़े भारी प्रशंसक थे। उस समय उन्होंने तिङ्-लिङ् को 'साम्यवाद की सबसे उज्ज्वल शिखा' कहकर उनकी बड़ाई की थी और उन पर एक कविता भी लिखी थी। वही मादाम तिङ्-लिङ् आज साम्यवाद की विरोधिनी समझी जा रही हैं और उनसे लेखक-संघ के दफ्तर में जमादारिन का काम लिया जा रहा है।

इंस्टीट्यूट ऑव लिट्रेचर के सभापति श्री हो ची फान जब मुझसे मिलने आए, मैंने उनसे भी एचिङ् और तिङ्-लिङ् के बारे में पूछा। श्री फान ने कहा, 'एचिङ् विवाहित नारियों के साथ सरोकार बढ़ाते हैं। वे आर्ट अकादमी के सभापति भी होना चाहते थे। लेकिन पार्टी को यह बात पसन्द नहीं थी। इसीलिए एचिङ् रूठ गए।'

मादाम तिङ्-लिङ् के बारे में श्री फान ने इतना ही कहा, 'अभी आपको उनसे मिलने नहीं जाना चाहिए। वे बहुत दुखी हैं।' श्री फान के एक सहायक श्री पियन हैं। वे भी मिलने को आए। श्री फान ने कहा, 'चीन में चालीस साल से नीचे के कवियों में लीची सर्वश्रेष्ठ हैं।'

पोलैंड और हंगरी में जो कांड हुए, उन पर माओ की प्रतिक्रिया यह हुई थी कि दोष दोनों ओर हैं। हंगरी के नेता लोकप्रिय नहीं थे, वे जनता पर लादे गए थे। यह

भी कि रूस को अपनी फौज इतने दिनों तक हंगरी में नहीं रखनी थी। माओ यह भी समझते थे कि दोनों देशों में साम्यवादी दलों के भीतर अफसरियत भर गई थी।

रूसी क्रान्ति की वर्षगाँठ यहाँ धूम-धाम से मनाई जा रही है। कमकरों के कल्चर पैलेस में रूसी भाषा की हजारों पुस्तकें सजी थीं, बिक रही थीं, लोग उन्हें चाव से उलट-पलट रहे थे, पढ़ रहे थे।

पीकिंग में जिधर जाता हूँ, उधर ही मार्क्स, एंजिल्स और स्टालिन की बड़ी-बड़ी तस्वीरें लगी दिखाई देती हैं। साथ में माओ की भी तस्वीर जरूर होती है। चीन के देवता अब लाओत्से, कनफ्यूसियस और बुद्ध नहीं हैं। चीन के नये देवता मार्क्स, एंजिल्स, स्टालिन और माओ हैं।

रूसी सीखने की ओर जनता में भारी प्रवृत्ति है। लगता है, रूसी भाषा चीन की दूसरी भाषा बन जाएगी।

विज्ञान छात्र चीनी में पढ़ते हैं। डॉक्टर और इंजीनियर चीनी भाषा द्वारा तैयार किए जाते हैं। चीन के भिन्न-भिन्न प्रान्तों पर भिन्न-भिन्न विदेशी शक्तियों ने अधिकार कर रखा था। किन्तु सारा देश गुलाम नहीं हुआ था। नाम में चीन स्वतन्त्र था और मांचू वंश के राज्यकाल में भी शिक्षा और शासन की भाषा चीनी ही थी। वही परम्परा कुमिताङ् के शासन-काल में भी चली और वही परम्परा अब जोर से ऊपर आ रही है।

सेक्स के अपराधों के लिए यहाँ कड़े दंड हैं। जो कुछ सुनता हूँ, उससे निष्कर्ष यह निकलता है कि चोरी और बदमाशी देश से उठ गई है। वातावरण इतना संयम है कि नर और नारी निर्द्वन्द्व होकर विचरते हैं।

जिसके हाथ में फावड़ा और कुदाल है, वह अपने को देश का बादशाह समझता है। कल्चर पैलेस में प्रेमियों की जोड़ियाँ काफी स्वतन्त्रता से घूमती मिलीं। लड़कियाँ लिपस्टिक नहीं लगाती हैं, न ज्यादा बनाव-सिंगार करती हैं। पोशाक और बनाव से लड़के और लड़कियाँ गरीब मालूम होते हैं, मगर प्रेम का रस उन्हें प्राप्त है और जीवन का ढंग सुन्दर दीखता है।

भारत में लड़कियाँ जब कॉलेज जाने लगती हैं, तब गरीब माता-पिता भी उनकी नफासत पर हैसियत के मुताबिक खर्च करते हैं। किन्तु चीन के विश्वविद्यालयों में नफासत की प्रवृत्ति बिलकुल है ही नहीं।

मैंने यह इच्छा प्रकट की थी कि मैं कोई गाँव भी देखूँगा। सो एक दिन गाइड और दुभाषिये के साथ मैं पीकिंग से कोई चालीस मील दूर एक गाँव में गया। रास्ते में धान और शकरकन्द के खेत आस-पास मिले। खेतों का सारा दृश्य बिहार-जैसा था, सिवाय इसके कि धान और शकरकन्द के खेत बिहार में अगल-बगल नहीं दिखाई देते।

जो गाँव मैं देखने गया, वह बिलकुल असम्पन्न था और जिस किसान के दरवाजे पर मैं उतरा, वह बिलकुल गरीब था। दरवाजे पर न गाएँ थीं, न बैल, न सूअर, न

मुर्गियाँ। रसोईघर में अलमुनियम के एक बरतन में थोड़ी-सी मछली पक रही थी। घर में चौकी या खाट भी नहीं थी। मिट्टी के चबूतरे जरूर थे, जिन पर लोग शायद पुआल डालकर सोते होंगे।

प्रधानमन्त्री से मुलाकात

4 नवम्बर को दिन का भोजन करने के लिए मैं श्री भतकमकर जी के घर गया, जो हमारे दूतावास में प्रथम सचिव हैं। वहाँ भोजन पर श्री नटवर सिंह भी आ गए थे। देखने में वे फुर्तीले और तेज मालूम होते हैं। भगवान की कृपा से मेधा भी अच्छी पाई है। खा-पीकर दो बजे दिन में होटल लौटा, तब बू ने (दुभाषिये ने) कहा कि प्रधानमन्त्री श्री चू-एन-लाइ आपसे चार बजे मिलेंगे और सात बजे शाम को पीकिंग रेडियो के लोग आपसे वार्ता रिकॉर्ड करने आएँगे। इसलिए दो से साढ़े तीन बजे तक हिन्दी में मैंने एक छोटी-सी वार्ता तैयार कर दी और उसे अंग्रेजी में लिख डाला। मेरी वार्ता हिन्दी और चीनी में प्रसारित होनेवाली थी। मैंने अंग्रेजी में उसे इसलिए लिख दिया कि चीनी अनुवाद ज्यादा सहूलियत के साथ किया जा सके।

प्रधानमन्त्री के घर पर मैं समय से 15 मिनट पहले ही पहुँच गया। घर मँझोले आकार का था और तड़क-भड़क उसमें कुछ भी नहीं थी। बरामदा भी मामूली-सा ही था और उसी में कुछ कुर्सियाँ और मेज करीने से रखी हुई थीं। अपने देश में मन्त्रियों के घर में जो रंग-बिरंगे परदे झूलते हैं, कालीनें बिछी होती हैं, चू-एन-लाइ के घर पर यह सब कुछ नहीं था। चीन की किफायतसारी और व्यावहारिक बुद्धि का असर एक बार और ताजा हो गया।

ठीक चार बजे प्रधानमन्त्री अपने घर से निकले और बरामदे में पड़ी हुई कुर्सी पर बैठ गए। मैं जब उनसे हाथ मिला रहा था, ठीक उसी समय श्रीमती सुशीला नायर भी आ पहुँचीं और प्रधानमन्त्री ने उनका बड़े आदर के साथ स्वागत किया। फिर हम लोग चीन की चाय पीने बैठे गए। चीन की चाय यानी गर्म पानी और चाय की हरी पत्तियाँ—न चीनी, न दूध। मैंने एक दिन श्री लीची से कहा था, ‘आपके पूर्वज बड़े बुद्धिमान थे, इसी से गर्म पानी पीने का वे रिवाज जारी कर गए। मगर हम लोगों की जीभ पर इस चाय का कोई भी स्वाद नहीं चढ़ता है।’ लीची ने कहा था, ‘आप सिगरेट पीते हैं, इसीलिए इस चाय का बारीक मजा नहीं ले सकते। जरा सिगरेट छोड़कर देखिए कि यह चाय कितनी स्वादिष्ट है।’

प्रधानमन्त्री के साथ बातें पाँच बजे शाम तक होती रहीं। चीन के मूल निवासी हान्स जाति के लोग हैं और उनकी जनसंख्या 94 प्रतिशत है। बाकी जो 6 प्रतिशत लोग हैं, वे अल्पसंख्यक हैं और मुख्यतः चीन की सीमाओं पर बसे हुए हैं। प्रधानमन्त्री ने बताया कि चीन की 60 प्रतिशत जमीन वहाँ है, जहाँ 6 प्रतिशत अल्पसंख्यक बसते

हैं, विशेषतः सीमाओं पर यानी मंगोलिया और तिब्बत की ओर। हान्स जाति, जो जनसंख्या का 94 प्रतिशत है, उसके कब्जे में देश की केवल 40 प्रतिशत खेती लायक जमीन है।

चीन की 60 प्रतिशत जमीन ऐसे इलाकों में पड़ती है, जहाँ यातायात नहीं है, खेती की सुविधाएँ नहीं हैं। इस जमीन को जोत में लाना बहुत ही कठिन कार्य है। फिर भी इस जमीन को जोत में लाए बिना चीन का कल्याण नहीं है। चीन में कुल आबाद जमीन 11 करोड़ हेक्टर है। पिछले साल यानी सन् 1956 ई. में कुल उपज 19 करोड़ टन हुई थी। यदि औद्योगिक उपजवाली जमीन को मिनहा कर दें, तो उपज 90 लाख हेक्टर में अठारह करोड़ टन हुई है; अर्थात् चीन में उपज प्रति हेक्टर दो टन के हिसाब से पड़ती है। किन्तु जापान की उपज प्रति हेक्टर 6-7 टन है। अतएव चीन को उपज के मामले में उसी धरातल को छूना है, जो जापान का धरातल है।

प्रधानमन्त्री ने यह भी कहा कि 'चीन में खाद और सिंचाई की समस्या बड़ी प्रचंड है। खाद भी जापान चीन की अपेक्षा चौगुनी पैदा करता है। चीन में भी सिंचाई की योजना पर तेजी से काम हो रहा है। 1956 से 1967 की अवधि में सिंचाई का काम खूब आगे बढ़ जाएगा और उम्मीद है कि तब हम 33 प्रतिशत खेतों की सिंचाई कर सकेंगे। चीन में जंगल नहीं हैं, यह दूसरी बड़ी बाधा है। भारत और पाकिस्तान में जंगल हैं, यह अच्छी बात है। हम भी जंगल नये सिरे से लगा रहे हैं। जंगल नहीं रहने से जमीन उड़ती जाती है। 15-20 साल में हम इस हानि को रोक सकेंगे।'

फिर प्रधामन्त्री ने मुझसे पूछा, 'चीन में क्या-क्या चीजें आपको पसन्द आई हैं?'

मैंने कहा, 'वैसे तो सारा देश ही मुझे पसन्द है, मगर बच्चों और क्रिसैंथमम के फूलों को देखकर तो आँखें निहाल हो जाती हैं। खुशी की बात यह है कि इन दोनों की संख्या भी यहाँ खूब है।'

प्रधानमन्त्री मजाक की तल्खी को ताड़ गए। बोले, 'क्या किया जाए? गत वर्ष यहाँ डेढ़ करोड़ बच्चे जनमे हैं। सफाई और स्वास्थ्य की सुविधाओं के प्रचार से मृत्यु की दर घट रही है। समाज में क्रान्ति के बाद से स्थायित्व भी बढ़ा है। उसी अनुपात में विवाह की भी प्रवृत्ति बढ़ी है। अतएव बच्चे अगर आते हैं, तो आएँ, हम उनका स्वागत करते हैं। साथ ही हमने भी परिवार-नियोजन की कुछ योजनाएँ चला रखी हैं।'

किन्तु प्रधानमन्त्री को परिवार-नियोजन से उतनी आशा नहीं थी, जितनी सिंचाई और खाद की वृद्धि से। उनका खयाल था कि बंजर जमीन को जोत के अन्दर लाकर और खाद तथा सिंचाई की सुविधा बढ़ाकर चीन इतना अनाज पैदा कर लेगा कि उससे उसकी बढ़ती हुई जनसंख्या का पालन हो सके। जंगलों की आवश्यकता पर

वे बार-बार जोर देते थे और कहते थे कि वन मुझे वैसे ही चाहिए, जैसे भारत, पाकिस्तान और अफगानिस्तान में हैं।

भारत और चीन की तुलना करते हुए प्रधानमन्त्री चू-एन-लाइ ने कहा, 'चीन भारत की तुलना में अधिक पिछड़ा हुआ है।'

सुशीला जी बोलीं, 'यह तो चीनी विनम्रता है।'

श्री चू-एन-लाइ ने कहा, 'नहीं, विनम्रता नहीं, यह बात आँकड़ों से भी सिद्ध की जा सकती है। इसके सिवा, आपने देखा होगा कि यहाँ चीन में लोग खाते भी बहुत हैं।'

सुशीला जी बोलीं, 'मैं खुद जब से चीन आई हूँ, कुछ ज्यादा खाने लगी हूँ।'

मैंने कहा, 'चीन की जलवायु सुशीला जी को जितनी लाभदायक हुई, उतनी मुझे नहीं हो सकी। मेरी खुराक यहाँ आकर कुछ घट गई है। मगर मैं जोर देकर कहूँगा कि चीन के लोग भारतीयों से ज्यादा नहीं खाते हैं।'

प्रधानमन्त्री बोले, 'खाते हैं। मैंने दिल्ली और लाहौर में भी लोगों को खाते देखा है और यहाँ पीकिंग में भी देखता हूँ।'

श्री चू-एन-लाइ फ्रेंच बहुत अच्छी जानते हैं, मगर अंग्रेजी बहुत कम। फिर भी अंग्रेजी के दो-एक कटर-मटर वाक्य उनके मुख से भी निकल गए। यहाँ दिल्ली में यह कानाफूसी चला करती थी कि चू-एन-लाइ अंग्रेजी जानते हैं, किन्तु इंग्लैंड से घृणा होने के कारण अंग्रेजी नहीं बोलते। इसलिए सुशीला जी बोल उठीं, 'श्रीमन, आप तो अंग्रेजी जानते हैं। फिर अंग्रेजी में बात क्यों नहीं करते? अगर मैं चीनी भाषा जानती, तो मैं चीनी में ही आपसे बात करती।'

प्रधानमन्त्री ने कहा, 'हिंडी-हिंडी।'

मैंने सुशीला जी से कहा, 'सुन लीजिए सुशीला जी! प्रधानमन्त्री कह रहे हैं कि यदि मैं हिन्दी जानता, तो उस भाषा में आपसे जरूर बात करता। अंग्रेजी जानने पर भी मैं आपसे अंग्रेजी में बात नहीं करूँगा। काश, यह शिक्षा भारत के वे लोग ले सकते, जो हिन्दी जानते हुए भी हिन्दी में बात करना अपनी शान के खिलाफ समझते हैं!'

फिर यांगसे नदी की बात चली। चीन में यह नदी 'शोक की नदी' समझी जाती है। उसकी बाढ़ से हर साल बर्बादी होती है। प्रधानमन्त्री ने मेरी ओर उँगली उठाकर सुशीला जी से कहा, 'यांगसे इतनी खराब नदी है, मगर इनकी जातवाले (यानी कवि) उस नदी की भी प्रशंसा के गीत गाते हैं।'

मैंने निवेदन किया, 'बिहार में भी शोक की एक नदी है, जिसका नाम कोसी है। मगर कवि कोसी की प्रशंसा के गीत नहीं गाते। सरकार अब उस पगली नदी को बेड़ी पहना रही है।'

प्रधानमन्त्री बार-बार कृषि और अनाज की उपज बढ़ाने की बात करते रहे। उन्होंने कहा, 'हमने खेती के विकास के लिए एक चालीस-सूत्री योजना बनाई है।

अभी उस योजना पर सारे देश में चर्चा छिड़ी हुई है। वह योजना सफल हो जाए, तो अनाज का उत्पादन चीन में बढ़ जाएगा।' श्री लीची से उन्होंने कहा, 'आप हमारी चालीस-सूत्री योजना की एक-एक प्रति इन लोगों को अवश्य दे दीजिएगा।'

मुलाकात पाँच बजे शाम को खत्म हुई और मैं तुरन्त भागा-भागा दूतावास पहुँचा, जहाँ श्रीमती राजेन नेहरू ने एक छोटी-सी सभा बुला रखी थी। दफ्तर तब तक बन्द हो चुका था, फिर भी दो टाइपिस्ट भाइयों ने मेरी वार्ता के दोनों संस्करण टंकित कर दिये। तब तक दूतावास के कर्मचारियों को मैं अपनी कविताएँ सुनाता रहा। राजदूत तो सभा में नहीं थे, किन्तु उनकी आत्मा श्रीमती राजेन नेहरू सभा में मौजूद थीं और उसमें जीवन डाल रही थीं।

होटल मैं सात बजे शाम को लौटा और खाना खाकर ज्योंही ऊपर अपने कमरे में आया, पीकिंग रेडियो के लोग वार्ता रिकॉर्ड करने को पहुँच गए।

उस रोज दिन में इतना थक गया था कि रात में ठीक से नींद नहीं आई। तब भी छह बजे भोर में ही बिस्तर छोड़ देना पड़ा, क्योंकि आठ बजे थैंचिंग जाने के लिए स्टेशन पहुँचना जरूरी था। मैं ठीक समय पर स्टेशन पहुँच गया। कवि लीची और दुभाषिया मेरे साथ चले। विदा देने को श्री सिंग भी स्टेशन पर आए थे।

थैंचिंग की डायरी

थैंचिंग मैं 5 नवम्बर को पहुँचा। यह औद्योगिक नगर है और जमशेदपुर से मिलता-जुलता है। एक समय यहाँ इंग्लैंड, आस्ट्रिया, अमरीका और फ्रांस की कोठियाँ थीं और सबके अलग-अलग इलाके थे। बहुत दिनों तक जापानी भी इस शहर के एक हिस्से पर कब्जा किए हुए थे। चीन सिद्धान्ततः कभी गुलाम नहीं हुआ था, मगर मांचू-वंश का राज्य थोड़े इलाके पर चलता था। चीन के बाकी हिस्से किसी-न-किसी विदेशी सत्ता के अधीन थे। भारत और चीन के बीच यही फर्क था। भारत एक देश के अधीन था, इसलिए गुलामी के दिनों में भी यहाँ रेल, तारवर्की, आदि के काम काफी फैले। मगर चीन को लूटते तो सभी थे, लेकिन पूरे चीन को रेल और तार द्वारा एक करने का काम वहाँ नहीं हुआ।

क्रान्ति के साथ थैंचिंग का थोड़ा सम्बन्ध है। अव्वल तो यह श्रमिकों का नगर है, इसलिए क्रान्ति का समर्थन यहाँ ज्यादा रहा। चू-एन-लाइ यहीं पढ़ते थे। अपने छात्र-जीवन में एक बार वे यहीं गिरफ्तार भी हुए थे। क्रान्ति के आरम्भिक दिनों में माओत्से-तुंग भी यहाँ छिपे हुए थे।

यह औद्योगिक नगर है। यहाँ सरकार के कॉटन मिल पाँच हैं। कॉटन के दो कारखाने ऐसे हैं, जो सरकार और निजी मालिकों के सहयोग से चलते हैं। लोहे और बिजली के भी कारखाने यहाँ बड़े-बड़े हैं। एक निटिंग मिल है। उसे देखने गया। सारी चीजें जनसाधारण के उपयोग के लिए बनती दिखाई पड़ीं। बनियाइन, सूती स्वेटर, अंडर वियर, मिरजई और कोट–ये काफी संख्या में तैयार हो रहे थे। रंग यहाँ केवल नीला ही नहीं चलता, और भी रंग काम में लाये जाते हैं। छींटों की भी छपाई काफी होती है।

मजदूरों का एक संस्कृति-महल यहाँ भी है। यह महल सन् 1953 ई. में बना था। भवन बड़ा ही भव्य है। उसमें चित्रकला, संगीत, नाटक, सिनेमा और नृत्य–सबके कार्यक्रम चलते हैं। जिन कलाकारों का सम्बन्ध बुर्जुआ समाज से रहा है, साम्यवादी उनका पूरा विश्वास नहीं करते। ये लोग कमकरों के भीतर से भिन्न-भिन्न प्रकार के कलाकार पैदा कर रहे हैं, क्योंकि ऐसे ही कलाकार सर्वहारा डिक्टेटरशिप के प्रति हृदय से वफादार हो सकते हैं।

शाम का वक्त था। एक और जगह कमकरों का मनोरंजन-केन्द्र देखने गया। गेट पर ही देखा कि लोग ढोल और झाल बजा रहे हैं। भीतर जाकर देखा तो बहुत-से मजदूर कैरम, पच्चीसी, चौसर और ताश खेलते दिखाई पड़े। एक कमरे में गया, तो देखा कि लड़कियाँ मेकअप कर रही हैं। शायद यह किसी नाटक की तैयारी थी।

किंडर गार्टन देखने गया, तो वहाँ साल-दो साल के बच्चे बहुत दिखाई पड़े। अनेक छोटे बच्चे पलनों में बैठे या लेटे थे। पलने रेलिंगदार होते हैं, जिससे बच्चे गिरें नहीं। एक औरत दो बच्चों को खाना खिला रही थी और दोनों को अलग-अलग चम्मचों से खिला रही थी। साम्यवादी देशों में बच्चों की जैसी देखभाल की जाती है, वैसी देखभाल जवानों और बूढ़ों की नहीं। बच्चे निर्मल हाँड़ी हैं, जिसमें अभी किसी भी तरह की खुशबू या बदबू नहीं पड़ी है। राज्य उन्हें प्यार से पालता है और अपने ढाँचे में ढालता जाता है। ये ही बच्चे जवान होकर साम्यवाद के सुदृढ़ स्तम्भ बनेंगे। किंडर गार्टन के सभी बच्चे स्वस्थ और स्वच्छ थे। उनके बदन पर के कपड़े भी खुशनुमा और मुलायम थे।

निटिंग मिल में जो सेक्रेटरी हमें घुमा रहा था, मजदूरों के साथ उसका सलूक बराबरी का था। सेक्रेटरी का वेतन यहाँ 90 युआन है। मजदूरों का अधिक-से-अधिक वेतन 70 युआन और कम-से-कम 33 युआन होता है। मैंने कहा, 'यहाँ तो चीजें भारत से दुगुनी महँगी हैं। फिर 33 युआन में मजदूरों का गुजारा कैसे होता होगा?'

सेक्रेटरी बोले, 'ज्यादातर नौजवान अभी क्वारे हैं। उन पर पारिवारिक बोझ नहीं है। इसलिए उनका गुजारा हो जाता है।'

थैंचिंग में भी सड़कों के अगल-बगल लोगों की भारी भीड़ मिली। मगर लड़कियाँ अब सभी चोटियोंवाली ही नहीं मिलतीं, बहुत-सी ऐसी भी हैं, जिनके बाल बाब ढंग से कतरे हुए हैं।

मुझे बताया गया कि क्रान्ति के पहले औरतें यहाँ भी घरों के भीतर यानी पर्दों में रहती थीं। बाल-डांस केवल शहर के अमीर-उमराव नाचते थे। लेकिन क्रान्ति के बाद औरतें पूरी तरह से आजाद हो गईं। अब वे सड़कों पर तथा होटलों और कारखानों में सर्वत्र घूम सकती हैं और काम कर सकती हैं। ये औरतें अब अवकाश का समय संस्कृति-महल में बिताती हैं और वहाँ बड़े मजे से बाल-डांस नाचती हैं।

केवल आठ वर्षों में इतना बड़ा परिवर्तन कैसे हो गया, सोचकर आश्चर्य होता है।

रात में थैंचिंग होटल में स्थानीय लेखकों के साथ डिनर हुआ। डिनर में थैंचिंग लेखक-संघ के सभापति श्री फुङ्च आए हुए थे, उपन्यासकार श्री वाङ् लिंग आए हुए थे, श्री लाओ चुंग आए हुए थे जो चेक भाषा से चीनी में अनुवाद करते हैं।

इस गोष्ठी में भी मैंने कवि एचिङ् और मादाम तिङ् लिङ् की चर्चा छेड़ दी। श्री फुङ्च का भी विचार है कि ये दोनों लेखक जनजीवन से दूर हो गए हैं। एचिङ्

और तिङ्-लिङ् के विरुद्ध लोग कोई भी बात बोल सकते हैं, जिनसे उनकी निन्दा ध्वनित हो और यह सिद्ध होता हो कि पार्टी ने उनके साथ जो सलूक किया है, ठीक ही किया है। श्री वांग लिंग ने कहा कि एक बार श्री एचिङ् ने उनसे कहा था कि 'जानते हो कि दुनिया में मैंने जो कुछ देखा है, उसमें सर्वश्रेष्ठ दृश्य कौन था? पेरिस में एक लड़की ने दूर से मेरी ओर चुम्बन का इशारा किया और मैंने भी दूर से ही हवा में उसे चूम लिया। यह दृश्य मेरे जीवन की सबसे बड़ी उपलब्धि है।' श्री वांग लिंग ने और भी कहा कि 'ये दोनों लेखक जीवन को आनन्द का पर्याय मानते हैं और वर्तमान संघर्ष को महत्त्व नहीं देते। इसलिए वे दक्षिणपंथी हो गए हैं। मादाम तिङ्-लिङ् में तो अहंकार की मात्रा बहुत है।'

लेखकों ने यह भी जानना चाहा कि मैं कविताएँ किस प्रकार की लिखता हूँ। यह प्रश्न काफी गोल-मटोल था, लेकिन प्रसंग के अनुसार मैंने जवाब दिया कि 'कविताएँ मैं केवल आनन्द के लिए भी लिखता हूँ और क्रान्तिकारी भी। मैं संस्कार से रोमांटिक कवि हूँ। जहाँ तक राजनीतिक दृष्टिकोण की बात है, मेरी एक कविता का नाम 'दिल्ली और मास्को' है, जिसमें मैंने मास्को की वन्दना की है, किन्तु साम्यवाद की आलोचना।'

फिर मैंने विनोबा जी के भूदान-आन्दोलन का जिक्र किया। विनोबा जी का नाम लेखकों ने सुना ही नहीं था। जब मैंने भूदान की सभी व्याप्तियाँ बता दीं, उनमें से एक ने कहा, 'चीन में इसे हम पेजेंट फिलासाफी यानी देहाती दर्शन कहेंगे।'

डिनर से दस बजे रात में मैं होटल लौटा। थोड़ा-सा सोया। उसके बाद लीची और बू आ गए। झटपट सामान बाँधकर हम एक बजे रात में स्टेशन पहुँच गए, क्योंकि एक बजे की ट्रेन से ही हमें नानकिंग के लिए प्रस्थान करना था।

नानकिंग की डायरी

थैंचिंग से हमारी गाड़ी 1 बजकर, 51 मिनट पर खुली। थोड़ी देर के बाद हमने शांतुंग प्रान्त में प्रवेश किया। दूसरे दिन 12 बजे के लगभग चुइ फू स्टेशन आया। यह कन्फ्यूसियस का जन्मस्थान है। सांस्कृतिक दृष्टि से यह सारा प्रान्त कन्फ्यूसियस का प्रान्त समझा जाता है।

भारत में हम चाहे जिस किसी ट्रेन से भी चलें, स्टेशन पर और गाड़ी में भीड़ काफी मिलती है। लेकिन चीन में बड़ी आफियत है। स्टेशन भी खाली, गाड़ी में भी भीड़ का बिलकुल अभाव। उस पर तुर्रा यह कि ट्रेनें भी कम ही चलती हैं। इसका कारण क्या हो सकता है? अभी शायद यहाँ की जनता के पास पैसे नहीं हैं या घूमने-फिरने का शौक नहीं है; अथवा हो सकता है कि रेजिमेंटेड समाज में घूमना-फिरना बहुत कम होता हो। ऐसा इसलिए सोचना पड़ता है कि यहाँ हर आदमी अपनी पहचान का कार्ड (आइडेंटिटी कार्ड) लिये चलता है और टिकट खरीदने के समय उसे अपना कार्ड दिखलाना पड़ता है। यह देखकर और भी निराशा हुई कि यहाँ मालगाड़ियों का भी यातायात कम है।

लखनऊ, दिल्ली, मद्रास, बम्बई और हावड़ा की तो बात ही क्या, चौबीस घंटे के सफर में कहीं पटने-जैसा भी स्टेशन नहीं मिला। इसका कारण यह है कि जो देश चीन का शोषण करते थे, वे केवल उसका शोषण ही करते थे, बदले में सुविधाओं का प्रबन्ध करने की उन्हें कतई चिन्ता नहीं थी। कुछ यह बात भी है कि यहाँ की सरकार प्राथमिकता के हिसाब से चल रही है। पहले बारूद और बम चाहिए, उसके बाद मालों के उत्पादन में वृद्धि। स्टेशनों के मकान पचास साल बाद भी सुधारे जाएँ, तो हर्ज क्या है?

चीन में आडम्बर का अभाव है। पीकिंग भी बहुत पुराना शहर है, मगर वह दिल्ली के समान नहीं है और नई दिल्ली के समान तो बिलकुल ही नहीं। उसी प्रकार थैंचिंग जमशेदपुर के समान जरूर है, मगर जशेदपुर की स्वच्छता और चाकचिक्य थैंचिंग में है ही नहीं। खुद नानकिंग का रूपरंग कलकत्ते-जैसा है। विदेशियों का बसाया हुआ है। शायद लन्दन के मॉडल पर बना है। कहीं-कहीं बिलकुल कलकत्ते के समान लगता है।

रास्ते में ट्रेन से देखा कि खेतों के बीच आड़ें नहीं हैं। इससे मैं इस निष्कर्ष पर पहुँचा कि, हो-न-हो, यह सामूहिक खेती का दृष्टान्त है। कहीं-कहीं 20-50 आदमी एक ही खेत पर काम कर रहे थे।

रास्ते में तीन-सवा तीन बजे के लगभग एक जलाशय समुद्र-जैसा दिखाई पड़ा। शायद कोई बड़ी झील थी। एक जगह उसमें से कोई नहर काटी जा रही थी और कोई एक हजार आदमी काम पर जुटे हुए थे। मशीनें कोई भी दिखाई नहीं पड़ीं। चीन के पास रजामन्द कमकर काफी हैं अथवा यह कि डिक्टेटर का हुक्म कड़ा होता है। अतएव जो काम मशीनों से किया जाना चाहिए, वह काम यहाँ हाथों से पूरा कर दिया जाता है। यह भी एक ऐसा दृश्य था, जिससे भारत शिक्षा ले सकता है।

हलों में कहीं भैंसे दिखाई देते थे, कहीं बैल। अब गाएँ, भेंड़ें, और बकरियाँ भी दिखाई देने लगी हैं।

ट्रेनें यहाँ अपेक्षाकृत खाली तो जाती हैं, मगर उनमें रेडियो का प्रोग्राम चलता रहता है। सुबह में ट्रेन जब एक स्टेशन पर रुकी, मुझे यह देखकर बड़ा कौतुक हुआ कि स्टेशन पर खड़े सभी कर्मचारी और यात्री एक ही प्रकार की कसरत करने लगे। पूछने पर दुभाषिये ने बताया कि यह हमारा राष्ट्रीय अनुशासन है। आठ बजे भोर में रेडियो से कसरत का प्रोग्राम प्रसारित किया जाता है और जो जहाँ होता है, वहीं वह रेडियो के आदेश और संकेत के अनुसार कसरत करने लगता है।

यहाँ प्लेटफार्मों पर पूड़ी, तरकारी और मिठाइयाँ नहीं बिकतीं। हर जगह मांस बिकता है। सबसे अधिक लोकप्रिय चीज भूनी हुई चिड़िया है, जो मुसल्लम होती है। मांस-खोरों में चीनी लोग, शायद, सबसे आगे बढ़े हुए हैं। जमीन, खेती, पशुधन आदि में तो चीन भारत के समान लगता है, मगर खान-पान में भारत का जो मिलान यूरोप के साथ है, वह चीन के साथ नहीं है।

नानकिंग हम काफी रात गए पहुँचे। यांगसे नदी को हमने बार्ज द्वारा पार किया, जैसे सिमरियाघाट और मोकामाघाट में पहले मालगाड़ी के डिब्बे बार्ज द्वारा पार किए जाते थे। नगरी में प्रवेश करते ही मैंने देखा कि वह नवोढ़ा की तरह सजी है। रूसी क्रान्ति के उत्सव में सारा नानकिंग दीपों का हार पहनकर जगमगा रहा था।

तीन गाड़ियाँ लेकर चार सज्जन हमें लेने को आए थे। मैंने कहा, 'आपने बड़ी कृपा की कि इस कुसमय भी आप स्टेशन आए।' लेखक-संघ के सभापति ने कहा, 'चीनी कवियों को पिछली रात में बाहर घूमने की आदत होती है।' मुझे इस पर एक मजाक सूझा, मगर उसे मैंने दबा लिया, कुछ तो थकावट के कारण और कुछ इस भय से कि दुभाषिया उसका अनुवाद शायद न कर सके।

मैं नानकिंग होटल में ठहराया गया। यह होटल बड़े ठाठ का है। कुनमिंग, शेंगतू, पीकिंग और थैंचिंग–सर्वत्र होटलों में ठहरा था, मगर ऐसा होटल कोई नहीं था। कमरा स्वच्छ और सुशोभन है। एक जग है जिस पर चीनी चित्रकला बेतरह जगमगा रही है।

बीच में एक वृद्ध है। उसके दोनों ओर दो युवतियाँ खड़ी हैं। बेड लाइट में लाल रेशम का पर्दा है और लाल ही फुदनी। बस, कमरा सुहाग-कक्ष यानी कोहबर के कमरे के समान लगता है। और तो और, दुलाई और कम्बल भी रसिकता के भाव जगाते हैं।

7 नवम्बर को डायरी देखने से पता चला कि आज कार्तिक पूर्णिमा है। नया यज्ञोपवीत मेरे बक्से में था। इसलिए स्नान करके मैंने यज्ञोपवीत बदला और दुर्गा कवच का पाठ किया। कल इनसुलीन नहीं ली थी, मगर खाया खूब था। अतएव आज चीनी 2 प्रतिशत दिखाई पड़ी।

रात को जो लोग स्वागत को आए थे, उनमें से तीन के नाम ये हैं :

1. **श्री चौ छन**

   आलोचक हैं, प्रोफेसर हैं, वैदेशिक सांस्कृतिक सम्पर्क विभाग के उप-सभापति हैं। सभापति शहर में नहीं हैं, नहीं तो वे ही आए होते।

2. **श्री वू पेथा**

   नाटककार हैं, सीधे-सादे आदमी हैं। थोड़ी अंग्रेजी भी जानते हैं। 'लाल कमरे का स्वप्न' नामक चीनी उपन्यास को इन्होंने नाटक का रूप दिया है। आज यह नाटक हम देखेंगे।

3. **श्री स्वन वांग**

   प्रोफेसर और कवि हैं।

नाश्ता करके हम दस बजे नगर-दर्शन को बाहर निकले। हम यानी मैं, कवि लीची, दुभाषिया वू और श्री वू पेथा। सबसे पहले हम चीन के गांधी, स्वर्गीय सनयात सेन की समाधि पर गए। यह समाधि एक सुन्दर पहाड़ी (पर्पुल माउंटेन) के पृष्ठाधार पर बनाई गई है। नीचे कंक्रीट का बना सीढ़ियों का ढाल है। उसे पार करके सीढ़ियों पर चढ़ना होता है। काफी चढ़ाई के बाद समाधि का मन्दिर आता है। मन्दिर में सामने के कक्ष में सनयात सेन की खड़ी मूर्ति है। पीछे कक्ष में, जहाँ उनकी अस्थि गाड़ी गई होगी, एक समाधि है, जिस पर सनयात सेन की सोती हुई मूर्ति है। सारे भवन में चीन का परम्परागत अपना स्थापत्य है। बाहर धूपदानी और कड़ाह भी है, जैसी धूपदानी और कड़ाह लामा मन्दिर में, विंटर पैलेस में और स्वर्ग मन्दिर में देखा था। मकान की छत का बाहरी रंग नीला है, जो चीन का राष्ट्रीय रंग है। चीन में सभी पुराने मकानों के छप्पर बाहर से नीले रंग के होते हैं।

इस समाधि के पार्श्व में सटे हुए चीड़ के वन हैं। वनों के ऊपर एक और चोटी है। उस पर भी चीड़ और देवदार के वृक्ष सुशोभित हैं।

मैंने पूछा, 'यह समाधि तो चियाङ् काइ शेक ने बनवाई होगी?'

श्री वू पेथा ने कहा, 'नहीं, कुमिताङ् पार्टी ने।'

स्पष्ट है कि चीन के साम्यवादी चियाङ् काइ शेक को उतना भी सुयश देना नहीं चाहते, जिस पर उसका अधिकार है।

सनयात सेन की समाधि से थोड़ी दूर पर लिंको मन्दिर है। मन्दिर एक प्रकार के वन में है। चीड़, देवदार और पतले-पतले बाँसों के वृक्ष और नीचे जमीन पथरीली और साफ। मौसम इतना सुहावना था कि उस वन से निकलने को जी नहीं चाहता था। चीनी कवि का वह पद याद आया, जिसे मैंने 'नये सुभाषित' में दिया है। लगता है, बाँसों के ऐसे ही किसी कुंज में बैठकर चीनी कवि ने यह कविता लिखी होगी :

वेणुवन की छाँह में बैठा अकेला,
मैं कभी वंशी, कभी सीटी बजाता हूँ।
खूब खुश हूँ, आदमी कोई नहीं आता।
चाँद केवल रात में आ झाँकता है।
सूर्य पर दिन में चला जाता बिना देखे।
कौन दे उसको खबर इस कुंज में कोई छिपा है?

मुल्क गरीबी में भी सलीके से चलाया जा सकता है, यह शिक्षा यहाँ कदम-कदम पर मिलती है। स्टेशन में लोहे की रेलिंग नहीं है, बाँस की जाफरी लगी है। होटल में जूतियाँ सींक की देते हैं और हैंगर बाँस के।

दुकानों और मकानों की सजावट में लाल कपड़ों पर सुनहले रंग के अक्षर लिखने का रिवाज है। कहीं-कहीं दरवाजों पर लाल कपड़ों की बनी झालरदार झंडियाँ भी दिखाई देती हैं।

यहाँ लोग खखारते और थूकते बहुत हैं। जगह-जगह थूकदानी रखी मिलती है। जिसे खाँसी, सर्दी या जुकाम है, वह मुँह पर जाबी लगाए हुए चलता है।

रूसी क्रान्ति दिवस मनाने का उत्साह चारों ओर लहरा रहा है। सर्वत्र लाल रंग, सर्वत्र पोस्टर। कुछ पोस्टर ऐसे, जिनमें 1917 से 1957 तक के रूसी इतिहास की झाँकी मिल जाती है।

इस उद्यान का नाम अब लिंको पार्क है। पार्क में लकड़ियों से बना एक हॉल है और एक पगोडा कोई आठ महल का, बहुत कुछ कुतुब मीनार-जैसा। स्थानीय आर्ट कॉलेज के बहुत-से छात्र वहाँ बैठे लैंडस्केप पेंटिंग कर रहे थे।

पहले यह पार्क कुमितांग के अफसरों का विहार-स्थल था। लेकिन साम्यवादी सरकार ने इसे जनता के लिए उन्मुक्त कर दिया है।

लिंको पार्क से हम मिंग वंश के सम्राट की समाधि देखने लगे। यहाँ सामने जानवरों की बहुत-सी प्रतिमाएँ हैं—सिंह की, हाथी की, ऊँट की, घोड़े की। श्री वू पेथा ने बताया कि ये मूर्तियाँ 15वीं सदी की हैं। यह जगह काफी ऊँचाई पर है। यहाँ से सनयात सेन की समाधि साफ दिखाई देती है और पहाड़ की चोटी पर स्थित वेधशाला भी।

जब हम लौटने लगे, तब जानबूझकर सनयात सेन रोड से होकर आए। चौक पर सनयात सेन की प्रतिमा लगी हुई है।

जिस वास के कारण कुनमिंग और शेंगतू में खाना अच्छा नहीं लगता था, देखता हूँ, वह इस देश की राष्ट्रीय वास है। जहाँ भी चार चीनी एकत्र मिलते हैं, उनके शरीर से वही वास आती-सी लगती है। पीकिंग में बनियाइन धुलने को दी थी। आज उसे निकाला, तो उससे भी वही वास आने लगी। बनियाइन मुझसे पहनी नहीं गई।

8.11.57 के प्रातःकाल नानकिंग की मशहूर झील देखने को गया। यह झील नानकिंग के नगर-प्राचीर के बाहर पड़ती है। इस झील में चार टापू हैं, जो बड़ी ही खूबसूरती से एक-दूसरे से मिला दिये हैं। इन टापुओं का जितना अच्छा उपयोग किया जा रहा है, उसे देखकर चीन-निवासियों की सुरुचि पर श्रद्धा होती है। चीन में खाने-पीने की आदतों में चाहे जो गन्दगी हो (और यहाँ थूक भी लोग भारत से ज्यादा फेंकते हैं) किन्तु सौन्दर्य-प्रेम चीनियों में बहुत है। झील में किनारे-किनारे सर्वत्र डोंगियाँ और नावें लगी हैं, जिनमें बैठकर लोग सैर को निकलते हैं। पानी के ऊपर जितनी भी जमीन है, सब बाग-बगीचों से भरी है। बगीचे वैसे फुलवारियों के समान हैं, मगर उनमें चीड़ के पेड़ काफी हैं। साथ-साथ अनार के पेड़ खूब मिलते हैं। पेड़ों के पत्ते झर गए थे, फिर भी एक कठोर सौन्दर्य चारों ओर छाया हुआ था।

टापू में एक जगह बाँसों का ही वन दिखाई पड़ा। न जाने, यह प्रकृति की लीला है या आदमी का करतब, यहाँ बाँस का बीट नहीं होता। हर दो बाँसों के बीच एक-दो हाथ की दूरी होती है। कोंपल बीट में नहीं निकलकर बाँस से एक-दो हाथ अलग जाकर निकलते हैं। इस वेणुवन की भी भूमि स्वच्छ थी। एक जगह आराम करने को कुछ कुर्सियाँ रखी हुई थीं। हमने थोड़ी देर वहाँ विश्राम किया और बाँसों के अद्भुत वन की शोभा का पान करते हुए उस चीनी कवि को याद किया, जिसने ऊपर उद्धृत कविता लिखी होगी।

आज वू के सिवा हम तीनों कवि ही थे। लीची तो अंग्रेजी जानते नहीं। दुभाषिये के जरिये उन्होंने अपनी पसन्द की कविताएँ सुनाईं और उसी के जरिये मैंने भी उन्हें दो-एक कविताओं का अर्थ समझाया।

चीन में जो मजदूर हैं, वह अपने को शासक समझता है। छुट्टी के वक्त सभी मजदूर अब इन टापुओं में आनन्द से विचरते हैं। क्रान्ति के पूर्व ये टापू भी अमीरों के आरामगाह रहे होंगे। एक जगह स्केटिंग के लिए सीमेंट का एक मैदान दिखाई पड़ा। पचासों लोग पाँवों में स्केट बाँधे स्केटिंग कर रहे थे। झुंड-के-झुंड मर्द और औरत आनन्द से उडेलते हुए घूम रहे थे। जगह-जगह चायशालाएँ खड़ी हैं। सैकड़ों कुर्सियाँ बिछी हुई हैं। जहाँ भी जी चाहे, बैठ जाइए और दो-चार प्याले चाय के पीकर आगे बढ़िए।

एक जगह मैदान में ही छोटा-सा मंच है, जिस पर लोक-नृत्य या नाटक होता होगा। मैदान भी कई हैं। एक मैदान में एक चिड़ियाखाना भी है। जब हम चिड़ियाखाने की ओर जाने लगे, एक द्वीप हमें फूलों का मिला। आह, क्या विचित्रता थी! फूलों

का मंडप, फूलों की मेज, फूलों की दीवार, फूलों की लिखावट, फूलों की नदी और फूलों का ही पुल। फूलों से प्यार करनेवाले लोगों में शायद चीन के ही लोग सबसे आगे होंगे; या सम्भव है, उनके साथ हमें जापानियों को भी गिनना पड़े। फूलों के पौधों की जड़ें तो गमलों में हैं, मगर कमाचियों से डालियों को बाँधकर ऐसा समाँ तैयार किया गया है कि लगता है, फूलों की बड़ी-बड़ी चौकोर, गोल या तिकोनी मेजें आपके सामने बिछी हुई हैं। इस टापू में फूलों की अजब बहार देखकर आँखें निहाल हो गईं। नानकिंग का चिड़ियाखाना पीकिंग वाले चिड़ियाखाने से छोटा है, फिर भी वह अपने ढंग की चीज है।

शाम को वेधशाला देखने गए। काफी ऊँचाई पर है यह वेधशाला। चढ़ाई में कुछ थकान भी आ गई। वेधशाला से लौटकर हम यांगसे नदी का दृश्य देखने गए। यहाँ किनारे पर काफी गन्दे और गरीब लोग दिखाई दिये। किन्तु गन्दगी और गरीबी से क्या बिदकना! वह तो भारत की भी विशेषता है।

कल शाम को बाजार गया था कई छोटी-मोटी चीजें खरीदने। रात में ड्रीम ऑव् द रेड चैम्बर का नाटक देखने गया। कथा को नाटक का रूप देनेवाले वू पेथा भी साथ ही थे। चीज मुझे ठीक नाटक नहीं, ड्रामा ओपेरा के समान लगी। आधा नाटक देखकर ही होटल लौट आया।

आज झीलवाले द्वीपों में छोटे-छोटे बच्चों के कई झुंड दिखाई पड़े। वे सब-के-सब किंडर गार्टन स्कूलों से आए हुए थे और उनकी शिक्षिकाएँ उनके साथ थीं। सभी बच्चे हृष्ट-पुष्ट, स्वच्छ और तन्दुरुस्त थे। स्कूलों में, स्पष्ट ही, भोजन उन्हें अच्छा दिया जाता होगा। उनके शरीर पर कपड़े भी काफी थे–रुई से भरे, रंग-बिरंगे और चटकीले। सभी बच्चों के चेहरे लाल थे। एक जगह बच्चे मुझे सम्बोधित करके कुछ बोलने और तालियाँ बजाने लगे। दुभाषिये ने बताया, 'ये कह रहे हैं, चाचा, आप अच्छी तरह हैं न?'

कल शाम नानकिंग म्यूजियम देखने गया था। वहाँ एक शिवलिंग देखा। एक गाय की मूर्ति देखी। गाय का थन शिवलिंग का स्पर्श कर रहा है और गाय मुँह घुमाकर उसे चाट रही है। यह दुर्लभ मूर्ति किसी खुदाई में मिली है। स्पष्ट ही, यह इस बात का प्रमाण है कि प्राचीन काल में चीन में केवल बौद्ध धर्म ही नहीं पहुँचा था, बल्कि वैदिक धर्म भी। यही बात मैंने म्यूजियम की निरीक्षण-पुस्तिका में लिख दी।

मधुमेह जोर पर है। आज भी जाँचने पर चीनी 2 प्रतिशत दिखाई पड़ी। इन्सुलीन काम नहीं कर रही है। जिस दिन आया था, उसी दिन इन्सुलीन का केस गर्म जगह पर रख दिया था। बस, गर्मी लगने से ही वह खराब हो गई।

चीन में चित्रकारी ऊँचे दरजे की है। फोटोग्राफी तो बिलकुल घटिया किस्म की लगती है।

शांघाई की डायरी

9 नवम्बर को हम नानकिंग से शांघाई के लिए चले। गाड़ी 9 बजकर 14 मिनट पर खुली और 3 बजकर 9 मिनट पर शांघाई पहुँच गई। शांघाई पहुँचते ही स्मृति में एक प्रकार की सिहरन महसूस हुई। जब सन् 1935 ई. में मुसोलिनी ने अबीसीनिया पर आक्रमण किया था, मैंने एक कविता लिखी थी, जिसका शीर्षक था : 'मेघरंध्र में बजी रागिनी'। उस कविता में एक जगह मैंने शांघाई का भी आह्वान किया था :

दज़ला! चेत, फुरात! सजग हो,
जाग, जाग ओ शांघाई!
लाल सिन्धु, बोलो किस पर यह
घटा घुमड़ छाने आई।

शांघाई में जिस होटल में मुझे ठहराया गया, वह बड़े ठाठ का था। कमरा इतनी ऊँचाई पर था कि खिड़की से बाहर झाँकते ही सारा शहर ओर-छोर तक दिखाई पड़ता था।

शांघाई दक्षिणी चीन का बहुत बड़ा शहर है, शायद सबसे बड़ा। नानकिंग से शांघाई तक की यात्रा दिन ही दिन में पूरी हो गई। रास्ते में सारा दृश्य वही था, जिसे हम भारत में देख सकते हैं। गाँव, बगीचे, खेत, नाले, गायें, भैंसें आदि। भैंस के सींग बड़े-बड़े और गायों का रंग लाल। उमठे, घूमे हुए, वर्तुलाकार सींगोंवाली भैंस चीन में कहीं भी दिखाई नहीं पड़ी। दक्षिणी चीन में घुसते ही गाँव भी बड़े-बड़े मिलने लगे। कई गाँव तो चुनटे हुए मकानों की अधिकता के कारण बिलकुल उजले-से लगे, जैसे समृद्ध गाँव भारत में भी रेल से चलते समय अक्सर दिखाई देते हैं। लेकिन जनता मिली-जुली दिखाई पड़ी। रईसों को अलग से पहचानना मुश्किल हो गया है, मगर काफी गरीब लोग आसानी से दिखाई पड़ जाते हैं।

दक्षिणी चीन में रेलवे स्टेशनों पर मुसाफिर भी बहुत मिलने लगे और ट्रेन में भीड़ भी दिखाई पड़ने लगी। बार-बार खखारने की आदत उत्तर और दक्षिण में एक समान है। दक्षिण में भी जहाँ जाओ, बच्चों की भरमार दिखाई देती है। दक्षिण में भी भारतीय मानदंड के हिसाब से लोग खूबसूरत तो नहीं हैं, फिर भी उत्तर की अपेक्षा वे ज्यादा अच्छे लगते हैं।

रास्ते में एक झील मिली थी, जो काफी बड़ी थी। आज भी स्टेशनों पर भुनी हुई मुर्गियाँ बिक रही थीं। दुनिया के मांसखोरों में चीनी शायद सबसे आगे होंगे। रात नानकिंग में श्री वू पेथा ने बताया था कि छिपकिली, चेरा, गिरगिट और नेवले को यहाँ के लोग नहीं खाते। हाँ, कान्टून में साँप, कुत्ता और बिल्ली—सब खाए जाते हैं। साँप तो बहुत ही कीमती पत्तल माना जाता है। ट्रेन से देखते हुए मुझे अक्सर यह भासित हुआ कि सहयोग खेती का रिवाज दक्षिण में भी चालू हो गया है।

चीन के बौद्ध लोग पश्चिमी स्वर्ग में विश्वास करते थे, जहाँ अमिताभ का निवास है। नये चीनियों का यह मत है कि यह पश्चिमी स्वर्ग भारत ही था। सुखावटी व्यूह में कहा गया है कि अमिताभ युद्ध पश्चिमी स्वर्ग में विहार करते हैं। मेरा सोचना यह है कि सुखावटी व्यूह के प्रचार के कारण ही चीन के बौद्ध लोग पश्चिमी स्वर्ग में विश्वास करने लगे। किन्तु संस्कार यह बन गया कि चीन की जनता सभी अच्छी बातों को भारत से ही आई हुई समझने लगी।

9 नवम्बर को ही आठ बजे रात में शांघाई की नैश सुन्दरता को निहारने के लिए बाहर निकला और दो घंटे घूमकर फिर होटल में वापस आ गया। शांघाई लन्दन और कलकत्ते के काट का शहर है और इसका निर्माण अंग्रेजों ने किया था। जो कुछ देखा, उसमें सबसे उल्लेखनीय स्थान 'जन मनोरंजन महल' है। यह मकान नहीं, मकानों का समूह है और हर मकान सीढ़ियों और गलियारों के जरिये दूसरे मकान से जुड़ा हुआ है। यह पूरा महल तिलिस्मी लगता है। अवश्य ही, यह बदमाशी के लिए बनाया गया होगा। लोगों ने मुझे बताया भी कि पहले यह महल वेश्याओं का अड्डा और बदमाशों का विहार-स्थल था। क्रान्तिकारी सरकार के आने के पहले शांघाई की हर पाँचवीं औरत वेश्या थी और हर रात हजार-पाँच सौ मामले छुरेबाजी, बलात्कार, लूट अथवा हत्या के हुआ करते थे। जब क्रान्तिकारी सरकार स्थापित हुई, माओत्से-तुंग खुद शांघाई आए और वेश्याओं की सभा में उन्होंने भाषण दिया कि यह रोजगार तुम्हें आज ही से छोड़ देना है। जैसे दूसरे लोग काम करके यानी मजदूरी करके खाते हैं, वैसे ही तुम्हें भी मजदूरी करके अपना जीवन निर्वाह करना है। कुछ वेश्याओं ने फरियाद की, 'हम विवाह करना चाहती हैं।' माओत्से-तुंग की अपील पर पच्चीस हजार नौजवान आगे बढ़े और पच्चीस हजार अभागिनों को वे वधू बनाकर अपने घर ले गए।

जो विशाल भवन पहले बदमाशों का अड्डा था, उसे क्रान्ति-सरकार ने जनता का मनोरंजन महल बना दिया। अब हजारों की संख्या में लोग रोज यहाँ आते हैं और नाटक, ओपेरा, पपेट ओपेरा और वैले देखकर मौज मनाते हैं। जनता कहीं तो कन्सर्ट सुनती है, कहीं शतरंज खेलती है, कहीं सरकस देखती है। कार्नीवल के बहुत-से स्वस्थ मनोरंजन यहाँ जमा हैं और बीस हजार लोग रोज शाम को यहाँ आनन्द लेते हैं। एक खुला मंच भी है, जहाँ दस हजार दर्शक बैठ सकते हैं। इस

संस्था का मुझ पर बड़ा ही अनुकूल प्रभाव पड़ा और क्रान्ति-सरकार की मैंने मन-ही-मन काफी प्रशंसा की।

10 नवम्बर के प्रातःकाल लुशुन की समाधि देखने गया। लुशुन चीनी भाषा के बहुत बड़े लेखक और विचारक थे। उन्होंने अपने समय में क्रान्तिकारियों का भी साथ दिया था। वर्तमान सरकार के नेता उनके नाम का बहुत सम्मान करते हैं। समाधि के चारों ओर उपवन लगा है। फिर फूलों की वे ही कतारें, वे ही मेजें, वे ही दीवारें और फूलों के वे ही मेहराब। समाधि के चारों ओर प्रकृति मानो आनन्द में विहार कर रही है। ढेर-के-ढेर क्रिसेंथमम के फूल और फूलों के ही समान ढेर के ढेर बच्चे, जो उपवन में घूम रहे थे। एक जगह बच्चों के बीच बैठकर मैंने फोटो उतरवाया, जो अभिज्ञान के रूप में मेरे पास है।

समाधि के प्राचीर-पट पर सोवेनीर का वाक्य माओत्से-तुंग के हाथ से लिखवाकर यहाँ उतारा गया है। समाधि के पास लुशुन म्यूजियम के द्वार पर जो वाक्य है, वह श्री चू-एन-लाइ के हस्तलेख में है। म्यूजियम में लुशुन के विषय में बहुत-सी चीजें हैं। खास कर लुशुन की कुमितांग-विरोधी प्रवृत्ति और साम्यवादियों के प्रति सहानुभूति की बातों को जोर देकर दिखलाया गया है। यह म्यूजियम भी साम्यवाद के प्रचार का ही पीठ है। मैंने म्यूजियम की निरीक्षण-पुस्तिका में अपना मत हिन्दी में लिखा और अंग्रेजी में उसका अनुवाद दे दिया, जैसा मैंने नानकिंग म्यूजियम में किया था।

लुशुन की समाधि से लौटकर हम लोग जेड बुद्ध का मन्दिर देखने गए। सामने के मन्दिर में बुद्ध की तीन विशाल प्रतिमाएँ काठ की हैं। पीछे के मन्दिर में भी प्रतिमा काठ की ही है। ऊपर के तल्ले पर जो मन्दिर है, उसमें सोए हुए बुद्ध की प्रतिमा जेड की है। मुझे तो वह प्रतिमा स्फटिक की-सी लगी, लेकिन लोगों ने बताया, यह धातु स्फटिक नहीं, जेड है। एक दूसरे मन्दिर में बुद्ध की खड़ी प्रतिमा है, जो जेड की है।

मन्दिर के महन्थ हमें एक दूसरे कमरे में ले गए और वहाँ उन्होंने हमें बहुत-सी प्राचीन पांडुलिपियों और अनेक पुराने चित्रों के दर्शन कराए। उन्होंने बताया, ये सारी पांडुलिपियाँ संस्कृत और पालि से अनूदित ग्रन्थों की हैं। इन पांडुलिपियों के बारे में बोलते हुए महन्थ मुझसे समीपता का अनुभव करने लगे थे।

यहाँ के सभी मन्दिरों में आरती और धूप-दीप जल रहे थे। आज पूजा का कोई विशेष पर्व था। पचासों बूढ़ी स्त्रियाँ श्रद्धा से बुद्ध की प्रार्थना और उन्हें प्रणाम कर रही थीं, पूजा की वेदी पर अगुरु जला रही थीं, प्रतिमा की आरती कर रही थीं, लाल-लाल मोमबत्तियाँ जलाकर अर्पित कर रही थीं।

पुजारी ने बताया कि रोज सौ से दो सौ व्यक्ति पूजा के लिए आते हैं। पिछली बुद्ध-पूर्णिमा के अवसर पर एक पक्ष में कोई लाख लोग आए थे। पीकिंग से तो धर्म प्रायः विदा हो चुका है। शांघाई में देखें कि वह कब तक ठहरता है।

चीन में घूमते हुए मुझे अपने दोष और चीनियों के गुण बार-बार दिखाई पड़ते हैं। अब तक चीन में कहीं भी एक नाम-पट चीनी के सिवा किसी अन्य भाषा में दिखाई नहीं पड़ा है। शांघाई अंग्रेजों का गढ़ था, किन्तु, यहाँ भी अंग्रेजी कहीं दिखाई नहीं पड़ती है। लोग यूरोपीय शब्द नहीं जानते हैं, अतएव बातचीत में कोई भी व्यक्ति चीनी बोलते समय किसी भी यूरोपीय शब्द का व्यवहार नहीं करता। हर विषय और प्रत्येक अर्थ का चीनी शब्द प्रचलित है। चीनियों का विज्ञान चीनी में है। चीन में अंग्रेजी के अखबार भी कहीं दिखाई नहीं पड़ते। फ्रेंच और रूसी के अखबार जहाँ-तहाँ दिखाई देते हैं। विपद की बात यह है कि चीन और भारत के बीच अच्छी दोस्ती है और भारत के लोग अपनी भाषाओं में भी अंग्रेजी के शब्द घुसेड़ देते हैं। भारतवासियों से सम्पर्क बढ़ाने के लिए चीनियों ने हिन्दी सीखना शुरू किया था, मगर उन्होंने देखा कि भारतीय लोग अंग्रेजी फेंटकर अपनी भाषा बोलते हैं। अतएव चीनियों को लगा कि भारतवासियों के साथ सम्यक् सम्पर्क के लिए अंग्रेजी सीखना भी जरूरी है। अब चीन के हिन्दी पढ़नेवाले छात्र सप्ताह में दो घंटे अंग्रेजी भी पढ़ने लगे हैं।

जो विदेशी चीनी नहीं जानता, वह खिड़कियों की राह से चीन को नहीं देख सकता है। उसे तो उसी दरवाजे से जाना होगा, जिस दरवाजे से चीनी लोग उसे ले जाना चाहेंगे। राजनयिक दृष्टि से यह बहुत बड़ी सुरक्षा की गारंटी है। एक हम हैं, जो अपना आँगन छोड़कर अपना सारा काम सारी दुनिया के प्लेटफार्म पर करते हैं। नतीजा यह है कि हमारे रहस्य हमारे अपने किसान और मजदूर नहीं समझ पाते, मगर वही रहस्य विदेशियों की समझ में आसानी से आ जाता है।

एक बात यहाँ और अच्छी है। सुना है, यहाँ के दफ्तरों में अफसर और क्लर्क, दोनों साथ बैठकर अपने दफ्तरों की स्थिति पर विचार-विमर्श करते हैं यानी इस बात की छानबीन करते हैं कि कोई काम समय पर क्यों नहीं हो सका तथा किस योजना में कौन-सी रुकावट आ गई है। परस्पर विचार करने से वे एक-दूसरे की कठिनाई को समझ लेते हैं और फिर ऐसा प्रबन्ध करते हैं कि काम समय पर ठीक से पूरा हो जाए और बर्बादी कम हो।

10 तारीख के अपराह्न में मैं निकला, तो एक जगह शॉपिंग करने लगा। वहाँ से मजदूरों की कॉलोनी में गया। आज रविवार होने के कारण किंडर गार्टन खाली थे। मजदूरों के मुहल्ले के भीतर जाकर थोड़ी देर घूमा। खूब सफाई है। सड़कें चौड़ी हैं। गलियाँ भी काफी चौड़ी हैं। सड़कों के दोनों किनारे पेड़ लगाये गए हैं। यह सड़क नहीं, वीथि है। हर मुहल्ले में पार्क है। इन पार्कों में बच्चे और नौजवान–सभी खेल रहे थे। कपड़े सुखाने को लम्बी-लम्बी अरगनियाँ टँगी हुई हैं। प्रायः हर घर के पीछे छोटा-सा (आठ-दस फीट चौड़ा) बाग है। हाँ, ऊपर की मंजिलों में रहनेवाले मजदूर बागों का सुख नहीं पा सकते। यह मजदूर राज्य है, स्वामी विवेकानन्द जिसे शूद्र

राज्य कहते थे। अतएव यह उचित ही है कि मजदूरों की सुख-सुविधा का खास प्रबन्ध हो।

जितना थोड़ा कुछ देखा है, उससे यह आभास मिलता है कि हाथ-कमकर और मेज-कमकर के बीच भेद यहाँ कम है। दोनों को प्रायः एक ही प्रकार का मकान मिलता है। हाँ, जिसके बाल-बच्चे ज्यादा हैं, उसे कोठरियाँ एक-दो अधिक मिल जाती हैं।

क्रान्ति की विजय के समय शांघाई में कोई छह लाख आदमी बेकार थे। अब बेकारों की संख्या 60 हजार है, जिसमें पढ़े-लिखे लोग भी शामिल हैं।

पूर्वोत्तर चीन में अभी भी जापानी भाषा के जानकार काफी हैं। दक्षिण में अंग्रेजी के जानकार ज्यादा माने जाते हैं। मगर मैं तो यही राय लेकर जाऊँगा कि अंग्रेजी यहाँ बहुत कम लोग समझते हैं।

बातचीत में कवि लीची से मैंने कहा, 'रूसी भाषा पर आप लोग आजकल ज्यादा जोर दे रहे हैं।' लीची ने खंडन करते हुए कहा, 'नहीं, जोर हम लोग चीनी भाषा पर देते हैं। रूसी का स्थान वही है, जो अंग्रेजी, जर्मन या फ्रेंच का।'

चीन में एक लिपि की समस्या बहुत ही कठिन है। लुशुन ने भी चीनी भाषा के लिए लिपि-सुधार का आन्दोलन उठाया था और लातीनी लिपि अपनाने की सलाह दी थी।

हर कारखाने में मजदूरों के अपने क्लब होते हैं। इसके सिवा, शांघाई नगरपालिका के अन्दर मजदूरों के 12 बड़े-बड़े क्लब हैं। रात मजदूरों का एक अत्यन्त विराट क्लब देखा था। आज दूसरा क्लब देखने जाऊँगा। वहाँ से एक चीनी फिल्म भी देखने जाना है, जिसकी कथा लुशुन की लिखी हुई है। यह फिल्म खास कर मेरे लिए और इतालवी शिष्टमंडल के लिए दिखाई जा रही है, ऐसा दुभाषिये वू ने कहा है।

जिस होटल में ठहरा हुआ हूँ, उसका नाम चिङ्-चङ् यानी रंगीली नदी है। यह 15 तल्लों का मकान है। मैं नवें तल्ले पर हूँ और मेरे कमरे का नम्बर 908 है।

लिली कम्पनी की इन्सुलीन यहाँ नहीं मिलती। डॉक्टर ने यहाँ की इन्सुलीन दी है। आज सुबह उसकी 12 यूनिट ली थी। फिर भी कमजोरी कुछ ज्यादा ही है। नाड़ियाँ फनफना रही हैं। जहाँ सूई लगाई थी, वह जगह कुछ फूल गई है।

शांघाई में एक सड़क का नाम नानकिंग रोड है। एक समय यह शहर दो हिस्सों में बँटा था। एक हिस्से में ब्रिटेन था, दूसरे में इंटरनेशनल सेटलमेंट। बाद को इंटरनेशनल सेटलमेंट में जापान भी आ घुसा था। एक समय शहर फ्रांस और ब्रिटेन, दोनों के अधीन था।

एक साहब मिले, जिनकी दिलचस्पी एशिया के संगठन से थी। मैंने कहा, 'एशिया में खतरे के छह कारण मौजूद हैं।' वे बोले, 'जहाँ तक तैवां (फारमोसा) का सम्बन्ध है, वह खतरा दूर हो जाएगा। हम लोग शान्तिपूर्ण ढंग से तैवां को मुक्त करनेवाले हैं।'

लुशुन ने 25 साल तक डायरी लिखी थी। उनके समाधि भवन में सभी जिल्दें सुबद्ध रूप में रखी हुई हैं। लुशुन का जन्म इसी इलाके के एक गाँव में हुआ था। म्यूजियम में बर्नार्ड शॉ के साथ उनका एक फोटो भी टँगा है।

दस नवम्बर की रात को मजदूरों का कल्चर क्लब देखने गया। यह भवन विशाल है और मेरे होटल के पास ही खड़ा है। यह पहले फ्रेंच क्लब था यानी फ्रांसीसियों के नैश विहार का अड्डा। अब यह सारी जनता के लिए खोल दिया गया है। बाल-रूम में चीनी युवक-युवतियाँ यूरोपीय ढंग से नाच रहे थे। उन्होंने इस नाच को अपना लिया है। वू ने बताया, कितने ही जोड़े गाँवों में भी बाल-डांस करते हैं। धुन तो चीनी बज रही थी, मगर कदम यूरोपीय उठ रहे थे।

नारियों की आजादी सन् 1911 की क्रान्ति में शुरू हुई और तब से बराबर बढ़ती ही आई है। अब तो नर-नारी बिलकुल समान हैं। यूरोप की स्वतन्त्रता हासिल करके नारियाँ उछलती-कूदती चलती हैं।

इस क्लब में भी कई जगह नाटक और ओपेरा हो रहे थे, सिनेमा हो रहा था, बालकों की क्रीडाएँ चल रही थीं। गरज कि फ्रांस के द्वारा बनवाए गए मकान का जनता अच्छा उपयोग कर रही है।

क्लब से हम फिल्म स्टूडियो गए। स्टूडियो में ही एक छोटा-सा सिनेमा हॉल है। इतालवी शिष्ट-मंडल के आने पर खेल शुरू हुआ। खेल का नाम था 'नववर्ष का बलिदान'। इसका कथानक यह है कि एक विधवा है, जो इच्छा के विरुद्ध दूसरी शादी करती है। फिर उसका पति और पुत्र मर जाते हैं, अतएव वह अपने पुराने मालिक के पास नौकरी करने को चली जाती है। लेकिन पुराने मालिक को वह प्रसन्न नहीं कर पाती और नौकरी से निकाल दी जाती है। इसके बाद उस औरत की मृत्यु हो जाती है। यह कथा चालीस साल पहले लुशुन ने लिखी थी।

इस फिल्म में धर्म के खिलाफ बड़े जोर का प्रचार है। यह औरत पहले पूजा करने को देव-मन्दिर में जाया करती थी। लेकिन उस पर विपत्तियाँ इस जोर की आती हैं कि धर्म में से उसका विश्वास समाप्त हो जाता है। आखिर क्रोध में भरकर वह कुल्हाड़ी लेकर मन्दिर का चौखट काटने लगती है। मरने से पहले वह बुदबुदाती है, 'क्या मरने के बाद आत्मा रहती है? जीवन तो इतना दुखी रहा। मरने के बाद जाने क्या होगा?'

11 नवम्बर को शांघाई रेडियो से एक नौजवान आया और कह गया कि कल वार्त्ता रिकॉर्ड करने आऊँगा। उसी दिन किसी तरह दो घंटे का समय निकालकर अंग्रेजी में एक वार्त्ता लिखी और टाइप करवाने को उसे कान्सलेट में दे आया। 12 नवम्बर को रेडियो के लोग टेपरिकॉर्डर लेकर आए और वार्त्ता रिकॉर्ड करके ले गए। 11 नवम्बर को ही कान्सलेट में श्री चारी और श्री कुमेर सिंह से भेंट हुई और उनसे बहुत सारी जानकारी हासिल हुई।

चीन के देहातों में गरीबी भारत से अधिक है। लोगों की खाने-पीने की आदत साफ नहीं है। उस दिन सिनेमा में देखा कि नायक किसी भेड़िए या जंगली कुत्ते को मारकर लाता है और रसोईघर में ढेर कर देता है। नगरपालिका की ओर से शांघाई का मल जमा करके नाव में भरा जाता है और उसे सुचाओ नाले से कहीं अन्यत्र ले जाते हैं। कर्मचारी उसी नाव पर खाते-पीते रहते हैं।

भारत में कंजूमर गुड्स ज्यादा बन रहा है, यहाँ अभी सारा जोर हेवी गुड्स पर है। हम जनता की आवश्यकता के अनुसार उत्पादन करते हैं, यहाँ उत्पादन का लक्ष्य युद्ध लड़ने की शक्ति बढ़ाना है। हमारे यहाँ लोहा इस समय 1.10 मिलियन टन तैयार होता है, किन्तु चीन साढ़े पाँच मिलियन टन पर पहुँच गया है। हम साल भर में सवा मिलियन टन कोयला निकालते हैं, चीनवालों का आँकड़ा 5-6 मिलियन टन है।[1]

सन् 1949 और सन् 1953 के बीच यहाँ (यानी चीन में) वध-लीला हुई थी और लगभग अस्सी लाख आदमी मारे गए थे। यह आँकड़ा विदेशी लोग बतलाते हैं। चीनवालों का कहना है कि इतने लोग मारे नहीं गए थे। क्रान्ति की विजय के पूर्व शांघाई लुटेरों, हत्यारों, गुंडों, बदमाशों और वेश्याओं का अड्डा था। उन दिनों शहर में छुरेबाजी आदि से लगभग चार हजार हत्याएँ रोज की जाती थीं। अतएव कहा जा सकता है कि नई सरकार ने अव्यवस्था रोककर लोगों को जीने के लिए लाचार कर दिया है।

कानून खत्म करके साम्यवादियों ने बदमाशी को खत्म कर दिया। तब भी अस्सी लाख आदमियों का वध बहुत होता है। भारत में हम कानून के भरोसे जी रहे हैं। बदमाशी कानून से भी रोकी जा सकती है, मगर उसमें खर्च बहुत पड़ता है। हमारे सामने आदर्श इंग्लैंड का है, यानी लक्ष्य अमीर का और शरीर कंगाल का। इंग्लैंड में कानून और न्याय की प्रक्रिया की प्रगति में सारा समाज सहयोग देता है। भारत में लोग बाधा डालते हैं। सरकार यदि किसी बड़े मुकदमे में फँस गई, तो उसे उतना खर्च करना पड़ता है, जितने में महीनों तक एक हजार आदमी परवरिश पा सकें। इंग्लैंड को साम्राज्य से आमदनी नहीं होती, तो वह ऐसी अच्छी न्याय-व्यवस्था चला सकता था या नहीं, इसमें सन्देह है। हम दुतरफा बुराइयों के चक्कर में हैं। धन नहीं है इसलिए चोरी है और चोरी है, इसलिए धन नहीं है। धन नहीं है इसलिए न्याय का उत्तम प्रबन्ध नहीं कर सकते और न्याय का उत्तम प्रबन्ध नहीं है, इसलिए धन के उत्पादन में बाधा पड़ती है। इस दुरवस्था का अन्त करने का केवल एक ही उपाय है, यानी कुछ अनडेमोक्रेटिक कानून। देश में चोरी और बदमाशी नहीं रुकेगी, तो समृद्धि भी नहीं होगी और बदमाशी के रहते हुए समृद्धि हो भी गई, तो उसमें शान क्या है!

चीन में सचमुच ही बुद्धिजीवियों को शारीरिक श्रम करना पड़ता है। वे सप्ताह में 5-6 घंटे हाथ से काम करते हैं। इसके सिवाए दफ्तर के समय भी सबको आधा घंटा व्यायाम करना पड़ता है। ऊपर के अफसर से लेकर नीचे के चपरासी तक सब

1. अब भारत में भी लोहे का उत्पादन बढ़कर छह टन हो गया है।

कोट उतारकर एक साथ खड़े हो जाते हैं और व्यायाम करते हैं। 'एक ही शफ में खड़े हो गए महमूदो अयाज'।

थिएटरों में भी यही हाल है। आपकी एक ओर कोई गरीब मजदूर हो सकता है और दूसरी ओर कोई फिल्म-स्टार। लगता है, चावल, गेहूँ, मूँग, मटर, कोदो और सामा–सभी अनाज एक साथ मिला दिये गए हैं। यही वर्गहीन समाज है। शांघाई के उप-महापौर स्टेशन पर कुली का भी काम कर डालते हैं। यहाँ खास सावधानता पार्टी-काडर को नौकरशाही के दोष से बचाने पर है। इसलिए उन्हें हाथ से भी काम करने को कहा जाता है। इस तरह के उपदेश गांधी जी भी देते थे और वे जो कहते थे, उसे बरतते भी थे। किन्तु जब उनके चेले राजगद्दी पर आए, उन्होंने गांधी जी को भुला दिया।

सुना है, पार्टी के एक नेता यहाँ इसलिए गोली से उड़ा दिये गए कि क्रान्ति के बाद भी उन्होंने धन जमा करना चाहा था, पक्षपात किया था और जनता में उनकी बदनामी हो गई थी।

कलम, बन्दूक, हथौड़े और हल में यहाँ भेद नहीं है। कोशिश यह है कि बारी-बारी से एक ही आदमी चारों का इस्तेमाल कर सके।

अमीरी तो अभी आई नहीं है, गरीबी का वितरण हो गया है। आप चाहे जितने भी चालाक हों, अपने लिए आप उस आराम को मुहैया नहीं कर सकते, जो आराम सर्वसाधारण को उपलब्ध नहीं है। सिनेमा-घरों में रईसाना सीटें नहीं हैं। कौन कहाँ बैठेगा, इस पर कोई बन्धन नहीं है। अतिथियों को भी ये लोग सबसे अलग रईसाना ढंग से नहीं बिठा सकते। कहते हैं, उससे देश की प्रथा बिगड़ जाएगी।

12 नवम्बर के प्रातःकाल मैं फिल्म-स्टूडियो गया। वहाँ से लौटकर हमने मिस्टर चिङ् ई के घर पर भोजन किया। भोजन पर चीनी भाषा के एक प्रोफेसर तथा दो-एक लेखक भी आए हुए थे। बाकी दल हमारे दूतावास का था। चिङ् ई के घर से खाकर लौटा, तब थोड़ा आराम करने का वक्त मिल गया।

12 नवम्बर को 9 बजे भोर में शांघाई रेडियो के अफसर आए और मेरी वार्त्ता रिकॉर्ड करवाकर ले गए। शाम को उन्होंने वार्त्ता की फीस 50 युआन भेजी और एक फोटो भी भेजा, जो रिकॉर्ड करते समय लिया गया था। चीन से लौटते समय मुझे रंगून लौटना है और वहाँ अखिल बर्मी हिन्दी साहित्य सम्मेलन के वार्षिक अधिवेशन का सभापतित्व करना है। बर्मा वालों ने तार दिया था कि मैं उस तिथि की सूचना तार से ही भेजूँ, जिस तिथि को रंगून में मैं मौजूद रहूँगा। यह तार मैंने चीनी लेखक-संघ के दफ्तर से भिजवाया था। अतएव पैसा हाथ में आते ही मैंने 12-60 युआन की रकम लेखक-संघ को भिजवा दी।

12 नवम्बर की ही शाम को फुहतान विश्वविद्यालय के वैदेशिक भाषा-विभाग में गया। बहुत-से छात्र और प्राध्यापक इन्तजार कर रहे थे। भाषण यहाँ अंग्रेजी में

देना था। 40-45 मिनट बोला। विषय था–कला कला के लिए या कला जीवन के लिए। पता चला कि विदेशी भाषा सीखनेवालों में रूसी और अंग्रेजी का अनुपात 2 और 1 का है। हर दो रूसी पढ़नेवाले छात्रों के पीछे एक छात्र अंग्रेजी पढ़ता है।

विदेशी भाषा-विभाग में रूसी भाषा की पत्र-पत्रिकाएँ और पुस्तकें बहुत दिखाई पड़ीं। फिर भी पूछने पर जवाब यही मिला कि यहाँ रूसी और अंग्रेजी में भेदभाव नहीं है। स्पष्ट ही यह इस बात के खंडन का प्रयास था कि चीन रूस के सांस्कृतिक और राजनीतिक प्रभाव में ज्यादा आ रहा है।

छात्रों ने भारतीय छात्रों की खैरियत पूछी। एक छात्र ने यह सवाल किया कि भारत में चीनी भाषा पढ़ाने का कोई प्रबन्ध है या नहीं? भारत की भाषा-विषयक स्थिति को समझने की भी जिज्ञासा दिखाई पड़ी। मैंने चीन की भाषा-विषयक कठिनाई की अपनी जो जानकारी छात्रों को बताई, उससे वे थोड़ा चमत्कृत हुए।

आज कुछ लेखकों के साथ भी मैं लगभग गोलमेज सम्मेलन में मिला। मैंने जानना चाहा कि समाज की नई व्यवस्था के अधीन वे कोई कठिनाई महसूस करते हैं या नहीं। प्रायः सभी ने कहा, कोई कठिनाई नहीं है और हम लोग खूब प्रसन्न हैं।

मैंने सोवियत रूस की बात चलाई और कहा कि वहाँ क्रान्ति को चालीस वर्ष हो चुके हैं, मगर साम्यवादी रूस में डोस्टावास्की, टॉल्स्टॉय और चेखव के जोड़ का एक भी लेखक पैदा नहीं हुआ है। हाँ, विज्ञान और नाट्य-मंच की तरक्की काफी हुई है। लेखकों ने कहा, जिस समाज के डोस्टावास्की आदि लेखक थे, वह बहुत पुराना था। लेखकों ने उस समाज को भली भाँति समझ लिया था और पहले से आती हुई शैली का उन्हें पूरा अभ्यास था। इसीलिए वे उतने महान लेखक हो सके। समय बीतने पर नया साहित्य भी उतना ही श्रेष्ठ होगा।

मैंने कविता, नाटक और उपन्यास का भेद बताया और कहा कि नाटक और उपन्यास उबर भी जाएँ, किन्तु मुझे लगता है कि रेजिमेंटेशन से कविता की निश्चित रूप से हानि होगी। कवि लीची ने मेरे मत का विरोध किया। किन्तु श्री चिङ् ने कहा कि 'कविता के बारे में कठिनाई हो सकती है, क्योंकि साहित्य की वह बहुत ही बारीक विधा है। मैंने खुद हार मानकर उपन्यास को अपना लिया है।'

मेरे बारे में यहाँ यह भ्रम उत्पन्न हो गया है कि मैं फिलासफर भी हूँ। भारत में स्थित चीनी दूतावास से मेरा जो परिचय आया होगा, उसमें शायद यह बात भी कही गई होगी। पीकिंग, नानकिंग और शांघाई–तीनों शहरों में मेरा परिचय देते हुए एक बात बराबर कही गई है कि मैं कवि होने के साथ फिलॉसफर भी हूँ। जान पड़ता है, यहाँ आलोचना और कला विषयक दार्शनिक चिन्तन भी दर्शन में ही समाविष्ट हैं।

विश्वविद्यालय में चीनी के प्रोफेसर ने यह बतलाया था कि उच्च कक्षाओं में और दर्शन कक्षा में कन्फ्यूसियस और लाओत्से का साहित्य पढ़ाया जाता है।

चीनी विश्वविद्यालयों में परीक्षा भारत के समान नहीं है। आधी परीक्षा लिखित और आधी मौखिक होती है। पीकिंग में वल्लभ जी ने बताया था कि हिन्दी पढ़नेवाले छात्रों की परीक्षा वे ही लेते हैं। पूर्ण अंक 100 नहीं, केवल 5 होता है। 3 पानेवाला पास समझा जाता है, 4 पानेवाले की श्रेणी द्वितीय समझी जाती है और 5 में 5 पानेवाला छात्र प्रथम श्रेणी में उत्तीर्ण समझा जाता है। यदि 4 और 5 के बीच दुविधा हो, तो परीक्षक 4 ही अंक देते हैं।

बेकारी शिक्षितों में भी है। हाँ, शिक्षित औरतों को नौकरियाँ जल्दी मिल जाती हैं।

कल जो सुना था कि अराजकता के समय शांघाई में रोज चार हजार हत्याएँ होती थीं, उसका लोगों ने आज खंडन किया। हत्याएँ रोज होती थीं, मगर चार हजार नहीं।

श्री चिङ् 'हार्वेस्ट' (फसल) नामक पत्र के सम्पादक हैं। इस पत्र के अब तक कुल दो अंक निकले हैं। पत्र में कविता, नाटक, उपन्यास और निबन्ध–सभी चीजें छापी जाती हैं। पत्र 50 हजार छपता है और सारी प्रतियाँ चार दिनों के अन्दर बिक जाती हैं। पत्र का सम्पादन शांघाई में और प्रकाशन पीकिंग में होता है।

12 तारीख को दिन का भोजन अपने कौंसल श्री चारी के घर किया। आज राजनयिक सेवा के कई कर्मचारियों से भेंट हुई। उनसे बातें करने पर मन दुखी और उद्विग्न हो उठा। नेपाल में भारत के प्रति ईर्ष्या है। वही ईर्ष्या इंडोनेशिया में भी है। सब समझते हैं कि भारत अहंकारी है और अपने को हमसे श्रेष्ठ समझता है। बर्मी-सरकार भारतीयों को नागरिकता देना नहीं चाहती। आवेदनों में से प्रायः सब-के-सब खारिज किए जा रहे हैं। सीलोन में सात लाख मजदूरों पर अत्याचार है। इन्हीं मजदूरों ने सीलोन को समृद्ध बनाया है। चाय और रबड़ आज भी वे ही पैदा करते हैं। असली झगड़ा पूँजी और श्रम का है। मजदूरों को पूँजीपति अपने अँगूठे के नीचे रखना चाहता है। पूँजीपतियों की दृष्टि में सबसे सरल उपाय यह है कि मजदूर जिस जमीन पर काम करता हो, उस पर उसका नागरिक अधिकार मत होने दो, नहीं तो उसे अवरोध का औजार मिल जाएगा। फिर भी नेहरू जी सीलोन में उन्हीं हाथों से मालाएँ ग्रहण करते हैं, जिन हाथों से मजदूरों का गला घोंटा जा रहा है। पूर्वी अफ्रीका में भी पंडित जी छात्रों को छात्रवृत्तियाँ दे रहे हैं, छात्रावास दे रहे हैं, मगर कीनियावालों के लिए प्यारे अंग्रेज ही हैं, हिन्दुस्तानी लोग उनकी आँख के काँटे हो रहे हैं। चीनी भाषा जानता, तो यहाँ की जानकारी पक्की होती। फिर भी, लोगों के शील-स्वभाव और मुद्राओं को देखकर जो राय बनती है, वह यह है कि चीनी जाति आदर्शप्रिय जाति नहीं है, वह परिणामवादी है, प्रागमैटिक है। यह जाति कब किसका शत्रु और कब किसका मित्र बन जाएगी, कहना कठिन है। चीन अमरीका बनना चाहता है। वह मोटर चाहता है, मशीन चाहता है। ताकत चाहता है; सुयश, दबदबा

और प्रताप चाहता है। उसके सामने साधन का कोई महत्त्व नहीं है। जो भी राह उसे सिद्धि की ओर जाती दीखेगी, उसे वह बेखटके पकड़ लेगा। वह बहुत बड़ी तैयारी में है। पंडित जी ने अच्छा किया कि भारत को चीन के साथ मैत्री की राह पर डाल दिया है। किन्तु आदर्शप्रिय भारत की प्रागमैटिक चीन से समता किस बात को लेकर है या होगी?

चीन में साम्यवाद के मुआफिक आबोहवा है। चीन में परम्परा रही है कि जमीन व्यक्ति की नहीं, देश की है। व्यक्ति को जमीन जोतने का अधिकार है। पहले भी जो आदमी जमीन नहीं जोतता था, वह जमीन पर से अपना अधिकार खो बैठता था। जमींदार भी उसी जोत के हक का मालिक था। उसके मन के भीतर भी यह संस्कार था कि जमीन उसकी नहीं, पूरे देश की है। विनोबा जी कहते हैं–'सबै भूमि गोपाल की'। चीन के संस्कार के साथ इस नारे का कुछ-न-कुछ मेल है।

चीन भारत के ही समान पुरानी सभ्यता वाला देश है। जब भी नगरों का विकास होता है, गाँव के लोग गाँव छोड़कर शहरों में आने लगते हैं। ऐसी घटना शायद कन्फ्यूसियस के समय में घटी थी। अपनी अर्जित विद्वत्ता का उपयोग करने के लिए अथवा मजदूरी की खोज में बहुत-से लोग नगरों में आने लगे। शायद उसी स्थिति को रोकने के लिए कन्फ्यूसियस ने उपदेश दिया था कि (1) तुम उसी जमीन में गाड़े जाओ, जिस पर तुमने जीवन भर काम किया है। तथा (2) पूर्वजों की कब्र की पूजा करो। इस उपदेश की आर्थिक व्याप्ति यह थी कि लोग जमीन को न छोड़ें। चीन देश की यह परम्परा साम्यवादियों को सहायक हुई है। असल में, चीन की आज की कृषि-नीति उसकी प्राचीन परम्परा का पुनरुज्जीवन है।

चीनी बात के पक्के होते थे। हजार तक का कारोबार यहाँ मौखिक चलता था। इकरारनामे पर दस्तखत नहीं होते थे, मुहर लगाई जाती थी। फिर भी मुहर की जालसाजी नहीं होती थी।

चीन में लाओत्से हुए जरूर, किन्तु चीन के मन पर उनका आधिपत्य नहीं हुआ। इस देश के मन पर राज्य कन्फ्यूसियस का रहा था। और कन्फ्यूसियस ईश्वर-पूजन की शिक्षा नहीं देते थे। शिक्षा वे पूर्वज के पूजन की देते थे। धर्म का कभी भी कोई बड़ा प्रभाव यहाँ नहीं था। अतएव धर्म को दबाने की बात यहाँ लगभग फालतू-सी लगती है।

चीन में सिनेमा का काम पिछड़ा हुआ है। यहाँ भी व्यावहारिक बुद्धि काम करती है। सिनेमा बनाने से ज्यादा जरूरी काम भूखों के लिए अन्न जुटाना है, विज्ञान-भवन बनाने से ज्यादा जरूरी गरीबों के लिए झोंपड़ी बनाना है और कविता-कहानी से ज्यादा जरूरी काम वयस्क और प्राथमिक शिक्षा का प्रचार है।

रूसी खुले दिल का आदमी होता है। धर्म तो रूस से भी निकल गया, मगर लोगों की भावना में उसका निशान बाकी है अर्थात् आदर्श की रक्षा के लिए रूस धार्मिक

जोश से लड़ सकता है। दोस्त होने पर रूसी प्रेम भी बड़े उत्साह से करता है। किन्तु चीनी में यह लक्षण नहीं है। वह चतुर, मीनमेखकारी और घोर रूप से भौतिकवादी होता है। वह पुराने दोस्त छोड़ सकता है, नये दोस्त बना सकता है। खास कर अपरिमित संख्या में टेक्नीशियन भेजकर रूस ने चीन की भारी मदद की है। इसका प्रतिदान चीन क्या देगा, यह आगे पता चलेगा। अभी तो यहाँ के लोग रूस को भी अपना ही देश समझते हैं।

तैवां की समस्या सुलझ जाए, अमरीका से दुश्मनी घट जाए, तो चीन में आजादी अधिक होगी और सम्भवतः तब रूस के साथ चीन की मैत्री भी शिथिल हो जाएगी।

कहते हैं, क्रान्ति के दौरान चीन के साम्यवादियों को रूस ने कदम-कदम पर धोखा दिया था। मुक्ति-सेना में एक भी हथियार रूसी नहीं था, सारे-के-सारे अमरीकी शस्त्र थे। माओ का बराबर रूस से मतभेद रहा था। रूस का सारा जोर मजदूरों पर था, मगर माओ की सेना के आधार किसान थे। क्रान्ति का समर्थन यदि किसानों ने नहीं किया होता, तो चीन में क्रान्ति सफल नहीं होती।

चीन में पार्टी काडर के लोग बुद्धिजीवी ब्राह्मण हैं। उन्हें ऐश की जिन्दगी नसीब नहीं हो सकती। उन्हें सोचना है। उन्हें तपस्या करनी है। उन्हें आहुतियाँ देनी हैं। उन्हें आराम नहीं मिल सकता। वे अगर आराम करेंगे, तो सारी शृंखला टूट जाएगी।

सेना क्षत्रिय है। उसे देश-रक्षा के सिवा कोई और काम नहीं करना है।

मजदूर वैश्य है, जो कच्चे माल को पक्का बनाता है। वह असली राजा है। वह फावड़ा उठाए बादशाह के समान चलता है और जो कुछ चाहता है, उसे तुरन्त प्राप्त कर लेता है। और चीन के वर्तमान समाज का शूद्र किसान है। शूद्र, यानी समाज की टाँग। चीन का सारा समाज किसान के कन्धों पर खड़ा है।

पार्टी काडर यानी ब्राह्मण को निश्चिन्तता नहीं है। उसके धड़ के ऊपर रखा हुआ सिर बराबर चक्कर में रहता है। इतना दबाव है! इतने बन्धन हैं! न जाने, विस्फोट कहाँ से पैदा हो जाए! और न जाने, किसकी गरदन कितने दिनों तक सुरक्षित है!

ब्राह्मण तो बुद्धिजीवी भी हैं, किन्तु जो बुद्धिजीवी शासन के तन्त्र में नहीं हैं, वे लगभग बेअसर हैं। देश की असली स्वामिनी कला नहीं, राजनीति है।

झीलों का नगर हांग-चौ

13 नवम्बर के भोर हम साढ़े आठ बजे ट्रेन से निकले और साढ़े दस बजे हांग-चौ पहुँच गए। शहर पुराना है और कभी यह किसी राजा की राजधानी भी था। शहर के बीचोबीच एक लम्बी झील है। तीन ओर पहाड़ हैं। पहाड़ों की ढाल पर आबादी है। शहर का ज्यादा हिस्सा झील के दक्षिणी तट पर है। शहर की जनसंख्या आठ लाख है।

शहर की सुन्दरता पानी से बढ़ती है। प्राकृतिक सौन्दर्य भी वहीं चमकता है, जहाँ झील, सरोवर, झरने और फव्वारे हैं। हमारे देश में श्रीनगर है, जो झीलों का नगर कहा जा सकता है। श्रीनगर की छटा बेजोड़ है, मगर मैंने जितनी जगहें देखी हैं, उनमें हांग-चौ ही है, जिसकी तुलना श्रीनगर से की जा सकती है।

दोपहर के बाद शहर देखने को नाव पर निकला। झील में कई टापू हैं और हर टापू में ऐसे मकान, जो मन्दिर के समान दिखाई देते हैं। मकान हैं, मकानों के चारों ओर उद्यान हैं, फूल हैं, हरियाली है और सर्वत्र सौन्दर्य ही सौन्दर्य है। कोई आश्चर्य नहीं कि चीनी कविता में प्रकृति का सौन्दर्य लहरें लेता है। झील में मजदूर नावों पर विहार कर रहे थे। यहाँ और जो भी चीज अभी हासिल नहीं हुई हो, मगर गरीबों को प्राकृतिक सौन्दर्य का सुख लूटने की पूरी आजादी मिल गई है।

फूलों का प्रेम तो चीनियों की नस-नस में है। खाने-पीने का तरीका भद्दा, किन्तु फूलों का बेहद शौक। यों चित्रकारी, नाटक और ओपेरा में भी चीन भारत से आगे है। चीनियों का स्वास्थ्य भी उत्तम है। तोंद कहीं दिखाई नहीं देती। लोग शरीर से हलके-फुलके और पतले तथा रंग से गोरे हैं। बीमारी और प्राकृतिक प्रकोप सहने की शक्ति उनमें काफी होनी चाहिए। क्या हुआ, अगर इनका खाना हमें पसन्द नहीं आता है?

पीकिंग में दोस्तों ने कहा था कि हांग-चौ जाइए, तो उड़न पहाड़ (फ्लाइंग माउंटेन) अवश्य देखिएगा। सो बड़ी आतुरता के साथ हम उड़न पहाड़ देखने को चले। हांग-चौ के जो लेखक हमारे साथ थे, उन्होंने बताया, 'पहाड़ पर कुछ लिखा हुआ है, जो यहाँ किसी से पढ़ा नहीं जाता है।'

उड़न पहाड़ आसपास के अन्य पहाड़ों से असम्बद्ध है। उसका पत्थर भी और पहाड़ों से भिन्न किस्म का है। पहाड़ पर बुद्ध की मूर्तियाँ भारतीय ढंग से खचित हैं। पहली ही मूर्ति के सामने शिला पर नागरी अक्षरों में लिखा है : 'ॐ मणिपद्मे हुँ'। 'प' 'य' के समान लिखा गया है। मैंने मन्त्र पढ़कर अपने लेखक मित्र को सुना दिया और यह भी बता दिया, यही वह नागरी लिपि है, जिसमें संस्कृत, हिन्दी, मराठी और नेपाली भाषाएँ लिखी जाती हैं।

पहाड़ के पास ही एक विशाल बुद्ध-मन्दिर है। परम्परा है कि इस मन्दिर की स्थापना किसी भारतीय श्रमण ने की थी। मन्दिर के महन्थ प्रौढ़ वय के सीधे-सादे आदमी हैं। मुझे भारतीय जानकर वे मुझसे बड़े ही प्रेम से मिले और बोले कि यह मन्दिर तो आपका ही है। फिर घुमा-फिराकर उन्होंने बड़े प्रेम से मुझे मन्दिर दिखलाया। यहाँ की बुद्ध की प्रतिमा बारह हाथ ऊँची थी। ऐसा हुआ कि क्रान्ति से पहले ही धरन गिरने के कारण वह मूर्ति टूट गई। अब क्रान्तिकारी सरकार ने यह निश्चय किया है कि यह मूर्ति फिर से बनवाकर स्थापित की जाए। तब से पुनर्निर्माण का काम जारी है।

एक कलाकार ने मूर्ति का डिजाइन तैयार कर दिया था। किन्तु उसके बाद प्रधानमन्त्री चू-एन-लाइ हांग-चौ आए और मन्दिर में आकर उन्होंने प्रतिमा के डिजाइन का निरीक्षण किया। उनका विचार यह हुआ कि पहले इस मन्दिर में जैसी मूर्ति थी, डिजाइन उससे भिन्न प्रकार का है। अतएव उन्होंने उस डिजाइन को रद्द कर दिया और आज्ञा दी कि यहाँ की मूर्ति जैसे भारतीय पद्धति के अनुसार बनी हुई थी, नई मूर्ति भी ठीक उसी डिजाइन की बननी चाहिए। मूर्ति का आसन पद्मासन होना चाहिए और सिर पर घुँघराले बाल दिखाए जाने चाहिए। अब मूर्ति उसी ढंग की बनाई जा रही है। चन्दन काठ की यह मूर्ति ठीक बारह ही हाथ की बनेगी। यहाँ बुद्ध की प्रतिमा काठ की बनती है, और उसे खूब सुनहले रंग से भर देते हैं। अपनी-अपनी रुचि है।

महन्थ जी ने बताया कि फरवरी और मार्च महीनों में दर्शनार्थी बहुत अधिक आते हैं। उनकी संख्या किसी-किसी दिन बीस-पच्चीस हजार तक पहुँच जाती है। सरकारी नीति यह है कि मन्दिर के अहाते के भीतर कोई भी नास्तिक धर्म के विरुद्ध प्रचार नहीं कर सकता। किन्तु मन्दिर के अहाते के बाहर महन्थ भी धर्म का प्रचार नहीं कर सकते। सरकार मन्दिरों को सहायता देती है, यह पुराने लोगों को खुश रखने की नीति है। नहीं तो भीतर से सरकार धर्म का उन्मूलन ही कर रही है।

उड़न पहाड़ के बारे में यहाँ दो कहानियाँ प्रचलित हैं।

पहली कहानी यह है कि जहाँ अब उड़न पहाड़ है, वहाँ पहले एक भारतीय साधु रहता था। उसे सहज ज्ञान से यह ज्ञात हुआ कि भारत से एक पहाड़ उड़कर हांग-चौ आ रहा है। किन्तु जहाँ पहाड़ उतरनेवाला था, वहाँ एक गाँव था। साधु ने गाँववालों से कहा, तुम लोग गाँव खाली करके अलग चले जाओ, नहीं तो पहाड़ के नीचे दब जाओगे। मगर गाँववालों ने साधु की बात नहीं मानी। फिर साधु ने एक लीला रची। वह एक नवयुवक की वधू को लेकर भाग गया। फिर क्या था? गाँव के सभी लोग उसके पीछे दौड़े और गाँव खाली हो गया। इतने में ही भारत से आया हुआ पहाड़ उस गाँव में उतर गया और आज तक वह वहीं अवस्थित है।

दूसरी कहानी यह है कि उड़न पहाड़ पर एक भारतीय साधु तपस्या और ध्यान कर रहा था। उसकी समाधि इतनी कड़ी थी कि पल भर को भी वह पहाड़ से नहीं टलता था। गर्मी, जाड़े और धूप में भी वह पहाड़ पर नंगे बदन बैठा रहता था। गाँव के लोग उसकी इस तपश्चर्या से घबरा गए। आखिर एक दिन गाँववाले उसके पास आए और बोले, 'बाबा, यहाँ क्यों जान दे रहे हो? चलो, हम गाँव में ही तुम्हारे लिए एक कुटी बनवा देंगे।' साधु ने उत्तर दिया, 'यह पहाड़ मेरे देश से आया है और मैं इसी पर अपने देश से बैठकर आया हूँ, अतएव, मैं यहाँ से नहीं हटूँगा।' लोगों ने कहा, 'इसका क्या प्रमाण है कि यह पहाड़ तुम्हारे देश से आया है और तुम इस पर बैठे हुए आए हो?' साधु ने कहा, 'तुम प्रमाण चाहते हो? तो लो, सुनो, मेरे साथ दो बन्दर भी

भारत से ही आए हैं। विश्वास न हो, तो बन्दरों को गुफा के भीतर देख लो।' लोगों ने गुफा में झाँका, तो वे दंग रह गए। दो बन्दर सचमुच वहाँ बैठे हुए थे। बस, लोगों को विश्वास हो गया कि पहाड़ सचमुच भारत से उड़कर आया है।

यह पहाड़ भीतर से अनेक जगहों पर खोखला बताया जाता है। वह आस-पास के पहाड़ों से भी भिन्न है। अतएव परम्परा उसे भारत से आया हुआ समझती है।

इधर भारत में पौराणिक कथा यह प्रचलित है कि पहले पहाड़ों के पंख होते थे और वे इच्छानुसार एक स्थान से दूसरे स्थान तक जा सकते थे। क्या पता, कोई पहाड़ उड़कर सचमुच ही चीन चला गया हो?

14 नवम्बर को अचानक याद आया कि आज दिल्ली में पंडित जी का जन्मदिन मनाया जा रहा होगा। होटल से निकलते-निकलते साढ़े नौ बज गए। सबसे पहले हम गीत-नृत्य कार्यक्रम में गए। यह साम्यवाद का बहुत बड़ा शौक है। धर्म और आराधना को हटाकर साम्यवाद खाली जगहों को नृत्य और गीत से भरता है। नृत्य पार्टी की लड़कियाँ और लड़के हमारी प्रतीक्षा कर रहे थे। ज्योंही मोटर रुकी, वे ताली बजाते हुए हमारी ओर को दौड़े। इस झुंड में एक लड़की वह भी थी, जिसने कल स्टेशन पर पुष्पगुच्छ दिया था। हम उनके बीच कोई एक घंटा ठहरे। लड़कों की कसरतें देखीं। लड़कियों के गीत सुने। कुछ लोक-नृत्य भी देखा। फिर सभी बच्चे घेरकर शोर मचाने लगे कि एक फोटो भी होना चाहिए। सो एक फोटो भी हुआ और सबकी पीठ थपथपाकर हम उनसे विदा लेकर आगे बढ़े।

गीत-नृत्य से निकलकर हम रनिंग टाइगर नामक झरना देखने गए। रास्ते में चाय की खेती देखी, जो बहुत अच्छी थी। एक वेणुवन भी देखा, जो दो मील लम्बा था। बाँस को देखकर मेरा हृदय उल्लास से भर जाता है। मेरी जन्मस्थली में बाँसों के बगीचे हमारे घर के पास ही थे। उन्हीं के परिवेश में मेरा बचपन बीता था। अतएव बाँसों से मुझे खास प्यार है। बाँसों के वन में घूमने का सुख नानकिंग में भी लूटा था। यहाँ भी मन ललच उठा और मैं वेणुवन में विहार करने लगा। यहाँ के बाँस हड़ौती या चाव न होकर लम्बे, मोटे पोरोंवाले हैं। सारे-के-सारे बाँस खूब सुडौल हैं, मानो साँचे में ढालकर बनाए गए हों! अपने देश के बाँसों की अपेक्षा यहाँ के बाँसों के पत्ते भी काफी छोटे और संख्या में कम होते हैं। बाँसों में करची (टहनियाँ) भी थोड़ी ही निकलती हैं और कोंपल बाँस से दो-एक फुट अलग जाकर निकलता है। चीन में हड़ौती या चाव बाँस कहीं नहीं दीखा। जितने भी बाँस हैं, उत्तम कोटि के हैं। इसीलिए इस देश में बाँस उद्योग काफी बढ़ा है। वेणुवन पर्वत की चढ़ाई पर है, जहाँ किसानों की अच्छी खासी आबादी है। पर्वत के नीचे झरने बहते हैं। इन्हीं झरनों का पानी बाँस के पाइप के जरिये ऊपर ले जाया जाता है।

रनिंग टाइगर में झरने के पास एक बाघ की मूर्ति बनी हुई है। अब एक जीवित बाघ भी ऊपर पिंजड़े में रखा गया है। यहाँ का पानी खनिजों से मुक्त है। चाय घर

तो सर्वत्र ही मिलते हैं। यहाँ की चाय भी सारे चीन में सर्वश्रेष्ठ मानी जाती है। सो रनिंग टाइगर पर हमने सर्वोत्तम जल से बनी सर्वोत्तम चाय का मजा लिया। लीची ने उस चाय की बहुत-बहुत बड़ाई की और एक औंस खरीदकर मुझे दी भी। एक औंस चाय का टिन समेत मूल्य साढ़े तीन रुपये के लगभग लगा।

यहाँ मैंने ली और वू से कहा, 'यह चाय नहीं है। आपके पुरखे बहुत ही होशियार थे। उन्होंने गर्म पानी पीने का एक बहाना निकाल दिया है।'

वू बोला, 'इस चाय में चीनी और दूध तो मिलाना ही नहीं चाहिए। गर्म पानी भी विधि से ही डालना होगा। और इस चाय के साथ खाना और सिगरेट पीना भी ठीक नहीं है, क्योंकि तब इसका स्वाद आपको नहीं मिलेगा, क्योंकि वह बहुत ही बारीक है।'

मैंने कहा, 'मगर भारत में तो लोग पान खाते हैं। कत्था, चूना और सुपारी से थुथरी हुई जीभ पर इस चाय का स्वाद कैसे चढ़ेगा?'

रनिंग टाइगर देखने के दौरान हमने ल्यूह नामक एक पगोडा भी देखा, जो 13 तल्लों का है। आज भी फूलों की बहार देखकर आँखें धन्य हो गईं।

अपराह्न में हम तीन बजे निकले और पहले जेड झरने पर गए। यहाँ भी बुद्ध मन्दिर है और कई कुंड हैं, जिनमें सुनहरी मछलियाँ विहार करती हैं। यहाँ एक मूर्ति अमिताभ की भी बताई गई, यद्यपि वू ने उसका परिचय अवितवो कहकर दिया।

फिर हम येलो ड्रैगून केव पर गए। जहाँ से झरना निकलता है, वहीं पीले ड्रैगून की मूर्ति है और झरना उसी के मुख से निकलता है। पहाड़ को यहाँ काटकर खोहनुमा बना दिया गया है, जैसे नमूने पीकिंग के बागों में भी दिखाई पड़े थे।

तब हम लोनली माउंटेन देखने गए। यहाँ हमने कोई 50 तिब्बती आदमी देखे, जो शायद सिंकियांग के थे। सरकार चाहती है कि अल्पसंख्यक समुदाय के लोग हान्स इलाकों में आएँ और जी भरकर घूमें, जिससे उन्हें विश्वास हो जाए कि हान्स जाति के लोग अल्पसंख्यकों से घृणा नहीं करते हैं।

लोनली माउंटेन (एकान्त पर्वत) पर कई कवियों की समाधियाँ हैं। एक समाधि उस कवि की भी है, जिसे लीची अपना गुरु समझते हैं। एक कवि यहीं रहकर मनोरंजन के लिए पक्षी पालते थे। सम्राट ने उन्हें कोई पद देना चाहा, तो उन्होंने स्वीकार नहीं किया। वे यहाँ बीस साल तक रहे थे। वे अविवाहित थे, मे-फ्लावर को वे अपनी वधू और सारस पक्षी को पुत्र समझते थे। नई सरकार ने उनकी समाधि के चारों ओर खूब मे-पुष्प लगा दिये हैं।

इस स्थान से आगे बढ़ने पर सन् 1911 के क्रान्तिवीरों की समाधि है। शिलालेख यहाँ अंग्रेजी में हैं। बस, इतनी ही अंग्रेजी मुझे सारे चीन में दिखाई पड़ी है, वरना यहाँ तो साइन-बोर्ड, दुकानों के नामपट्ट, साबुन, दरी, तौलिया—सब पर के लेख चीनी अक्षरों में ही होते हैं।

फिर हम असली और नकली रेशम का कारखाना देखने गए। एक हजार से ऊपर कर्मचारी यहाँ काम करते हैं। करघे कोई दो सौ चल रहे थे। मगर हाथ से नहीं, बिजली से। डिजाइनिंग अनुभाग में गया, तो कला की कारीगरी देखकर दंग रह गया। इन डिजाइनों के चित्र सजावट के लिए बाजार में भी बिकते हैं। मैंने बाजार जाने पर छह चित्रपट खरीद लिये।

कभी-कभी मुझे हांग-चौ श्रीनगर से श्रेष्ठ लगता है। झील, पहाड़ और वन अपने श्रीनगर में भी हैं, लेकिन यहाँ सर्वत्र कुंज-ही-कुंज हैं—राह की बगल में, सड़कों के किनारे और घरों के आगे भी और पीछे भी। यहाँ श्रीनगर की भी शोभा है और नैनीताल की भी। स्थान इतना मनोरम है कि यहाँ से जाने की तबीयत नहीं होती। लेकिन जाना तो पड़ेगा ही। आज 15 नवम्बर है। 24 नवम्बर तक रंगून पहुँचना अनिवार्य है। और अभी कान्टून, हांगकांग और बैंकाक देखना बाकी है।

कान्टून की डायरी

हांग-चौ नगर छोड़कर चलने को जी नहीं चाहता था, मगर लाचारी थी। 15 नवम्बर को हमारा जहाज हांग-चौ से साढ़े नौ बजे भोर में उड़ा और साढ़े तीन बजे कान्टून पहुँचा। उड़ान लगातार नहीं थी। जहाज रास्ते में नानचिंग में भी उतरा था। नानचिंग वह जगह है, जहाँ चू-एन-लाइ ने लाल सेना की नींव रखी थी। नानचिंग में जो खाना सामने आया, वह बिलकुल ही खराब था और मुझसे कुछ भी खाया नहीं गया। कान्टून पहुँचकर स्नान करते और तैयार होते-होते शाम हो गई। कान्टून में भोजन अच्छा मिला। खा-पीकर हम रात में नगर देखने को निकले। कई सड़कों पर बत्तियाँ थीं ही नहीं। पूछने पर पता चला कि पावर हाउस मरम्मत में है।

16 नवम्बर शनिवार को हम निर्यात किए जानेवाले मालों की प्रदर्शनी देखने गए। प्रदर्शनी देखकर मैं हैरत में आ गया। चीन, लगता है, संख्या और परिमाण का देश है। चीन की जनसंख्या जितनी बड़ी है, प्रदर्शन का आधार भी उतना विशाल था। प्रदर्शनी देखकर मन पर यह भाव जम गया कि दस्तकारी और कला के माल में चीन सारे संसार में नाम कर सकता है। कान्टून चीन का सबसे दक्खिनी शहर है और वह हांगकांग के बिलकुल पास है। जो व्यापारी हांगकांग जाते हैं, उनमें से अधिकांश कान्टून जाकर निर्यात किये जानेवाले चीनी माल की प्रदर्शनी देख आते हैं। इससे चीन के मालों का विज्ञापन होता है और उनकी बिक्री भी बढ़ती है। इसीलिए बिक्रीवाले मालों की प्रदर्शनी और कहीं नहीं लगाकर कान्टून में लगाई जाती है।

प्रदर्शनी में पोर्सलीन, पत्थर, क्ले, हाथी दाँत, लकड़ी, रेशम, लैकर आदि से निर्मित जो सामग्रियाँ प्रदर्शित थीं, वे देखनेवालों के मन को मोह रही थीं। ये माल नहीं, जेवर हैं, जिन्हें पाकर कोई भी ड्राइंगरूम सजावट से चमक सकता है। जभी तनाव और दुश्मनी की हवा रुकी, ये सामान सारे संसार में फैल जाएँगे। कालीनों की चित्रकारी गजब की थी और बरतन भी बड़े ही खुशनुमा और लुभावने थे।

मशीन टूल विभाग का भी प्रभाव जबर्दस्त पड़ता है। चीनी लोग मुद्रण यन्त्र भी बाहर भेजने को तैयार हैं। सीने की मशीनें भी निर्यात की जाती हैं तथा कागज भी बाहर भेजा जाता है। साइकिल तो खैर, भारत भी खूब बनाता है, मगर फाउंटेन पेन बनाने में चीनी लोग हमसे आगे निकल गए हैं।

गाइड ने बताया कि प्रदर्शनी में 13 हजार किस्म की चीजें और 30 हजार नमूने हैं। पिछले साल जो प्रदर्शनी हुई थी; उसमें 13 हजार किस्म की 50 हजार चीजें थीं। उस साल भी सैकड़ों विदेशी व्यापारी प्रदर्शनी देखने को आए थे। मगर 13 हजार किस्म की चीजों में सूप और डगरे की भी गिनती है। लाल मिर्च, भाँति-भाँति के अनाज और खानों में पाई जानेवाली चीजें भी उनमें शामिल हैं। यूरोप में अनाज और भोजन की थाली के बीच बहुत-से रोजगार खड़े हो गए हैं। उन रोजगारों का आरम्भ चीन में भी हो रहा है।

प्रदर्शनी में दवाइयाँ भी थीं और चीन की जड़ी-बूटी भी। बहुत-से सर्जिकल औजार भी थे। पियानो और वायलिन भी निर्यात के लिए तैयार हैं। कपड़ों में मखमल कई रंग के थे, लकड़ी के सामान भी थे और फरनीचर भी।

13 नवम्बर को ही चुंग शांय विश्वविद्यालय देखने गया। वहाँ घंटे भर अंग्रेजी पढ़नेवाले छात्रों के बीच रहा। एक प्रोफेसर भी मौजूद थे। कई तरह की बातें हुईं। पूछने पर एक लड़के ने कहा, 'मुझे बायरन और शेली बहुत पसन्द हैं।' मैंने कहा, 'आप उन्हें पलायनवादी मानते हैं या नहीं?' बेचारे को जानकारी बहुत कम थी। मैं ही बोलता गया साहित्य के सामाजिक उद्‌देश्य पर, लेखक और पाठक के सम्बन्ध पर तथा इस विषय पर कि व्यक्ति और समाज की भावना कला में कैसे अभिव्यक्त होती है। मालूम होता है, समकालीनता पर मैंने कुछ अधिक जोर दे दिया। पास बैठे प्रोफेसर बोले, 'लेकिन कभी-कभी जो कवि अपने समय में प्रशंसित नहीं होता, वह आनेवाली पीढ़ियों से प्रशंसा प्राप्त करता है।' मैंने कहा, 'हाँ, ऐसा होता है। हमारे यहाँ एक कवि भवभूति हुए हैं। उन्होंने इस सम्बन्ध में एक मार्मिक उक्ति कही है जो अक्सर उद्धृत की जाती है।'

फिर मैंने लड़कों से पूछा, 'अच्छा, यह बताइए कि अभी चीन का सबसे बड़ा कवि कौन है?' एक छात्र बोला, 'कु मू रो।' दूसरे ने कहा, 'एचिंग।' जब लड़कों के साथ विश्वविद्यालय के अहाते में घूमने निकला, तब झगड़े का फैसला हो गया। नम्बर 1. कु मू रो, नम्बर 2. एचिंग, नम्बर 3. हो ची फान और तें चिन और नवयुवक कवियों में सर्वश्रेष्ठ–लीची।

रास्ते में लड़कों से साँप, कुत्ता, बिल्ली, झींगुर, भेड़िया आदि खाने के बारे में भी बातें हुईं। ये लोग घृणा नहीं मानते। कहते हैं, कुत्ते का मांस पौष्टिक होता है। वह बूढ़े और कमजोर लोगों के लिए खास तौर से मुफीद है। अलबत्ते झींगुर के बारे में एक लड़के ने घृणा अभिव्यक्त की।

यह विश्वविद्यालय सनयात सेन का स्मारक है। सनयात सेन का एक नाम चुंग शांय भी था। यह विश्वविद्यालय उसी नाम पर है। विश्वविद्यालय में सनयात सेन हॉल है। उसमें जनता के तीन सिद्धान्त नामक हिन्दी पुस्तक भी देखने को मिली।

सनयात सेन जब लन्दन में थे, तब गिरफ्तार हो गए थे और जहाज में चीन ले जाये जा रहे थे। उस समय उन्होंने अपने एक अंग्रेज मित्र को चिट्ठी लिखी थी, 'मैं पकड़ लिया गया हूँ। जहाज मँगनी किया जा चुका है। ये लोग मुझे कैद करके चीन लिये जा रहे हैं और वहाँ मुझे मार डालेंगे। मुझे इस गिरफ्तारी से छुड़ाने का प्रबन्ध करो।'

जब सनयात सेन राष्ट्रपति हो गए, उन्होंने अपने इसी अंग्रेज मित्र को लिखा, 'मैंने इस पद को निःस्वार्थ भाव से स्वीकार किया है, जिससे मैं चीन को मौत के जबड़े में से निकाल सकूँ।'

ये सारे पत्र स्मारक हॉल में प्रदर्शित हैं।

छात्रों को यह सुनकर आश्चर्य हुआ कि भारत के छात्र विज्ञान और टेक्नोलॉजी अब तक अंग्रेजी में ही पढ़ते हैं। जो प्रोफेसर साथ थे, उन्होंने कहा, 'पंडित नेहरू की तो आशा है कि अगले दस वर्षों में सब जगह भारतीय भाषाएँ आ जाएँगी।'

विश्वविद्यालय की वाटिका में देखा कि बहुत-से छात्र और छात्राएँ कुदाल चला रहे हैं। फिर देखा, छात्रों और छात्राओं का एक दल गाड़ी में ईंटें ढो रहा है। किसी भी छात्र या छात्रा के चेहरे पर ग्लानि या नाराजी का भाव नहीं था। सभी उत्साहपूर्ण और प्रसन्न थे।

रास्ते में यहाँ भी आदमियों द्वारा खींचे जाते हुए ठेले दिखाई पड़े। एक-दो ठेलों में औरतें भी जुती हुई थीं। अजब बात है। जानवर को मारकर खा जाएँगे और जानवरों का काम खुद करेंगे।

चेयरमैन माओ ने विरोधों (कंट्राडिक्शन) पर जो भाषण दिया था, वह 26 पेज का है। वह भाषण मुझे कल रात मिला। रात से लेकर अभी तक उसे पूरा पढ़ गया। माओ गजब के आदमी हैं। कविता भी वे लिखते हैं। मगर इस भाषण में न कवित्व है, न भावना, न दर्शन, न उलझन, न व्यर्थ की चिन्ता और परेशानी। सर्वत्र केवल काम, काम और काम। भाषा भी विचित्र है। दोष दिखाने का तरीका भी बड़ा स्पष्ट है। यह दोष जनता का है, इसे यों सुधारो। यह दोष पार्टी का है, इसे इस तरह सुलझाना चाहिए। और यह ऐब नौकरशाही का है, इसे इस प्रकार दूर करना चाहिए। मार्क्सवाद मनुष्य को पूर्णरूप से व्यावहारिक बना देता है।

नये चीन की कई बातें बहुत ही अच्छी हैं। अगर अफसर भी हाथ से काम करते हैं, तो यह अच्छी बात है। शारीरिक श्रम मनीषियों के लिए भी विहित है, यह अच्छी बात है तथा कवि, कलाकार और प्रशासन के सचिव का वेतन एक है, यह बहुत अच्छी बात है। घूस लेने या देने का यहाँ रिवाज नहीं है, यह कितनी अच्छी बात है!

प्रथम विश्वयुद्ध का नतीजा हुआ रूस का जन्म। द्वितीय विश्वयुद्ध के बाद 90 करोड़ लोग साम्यवाद के झंडे के नीचे आ गए। चेयरमैन माओ का खयाल है कि अगर तीसरा विश्वयुद्ध हुआ, तो सारी दुनिया समाजवादी हो जाएगी और साम्राज्यवाद

की दुकान दुनिया से उठ जाएगी। बात वैसे ठीक लगती है, लेकिन समाजवादी देशों को यदि साम्राज्यवाद का लोभ हो गया, तब क्या होगा?

हम शाम को खा-पीकर निकले और कान्टून का विख्यात कल्चरल पार्क देखने को गए। यह वह अहाता है, जहाँ जापान ने बम गिराया था। मुक्ति के बाद उसी अहाते में यह पार्क बना है। इस पार्क में भी फूलों की सजावट देखने ही लायक है। फूलों की मेज, फूलों की चिड़िया, फूलों का ही बड़ा-सा ड्रैगून और सामने दीवार पर बने घास के हर बोर्ड पर फूलों से ही लिखा हुआ शान्ति-वाक्य। सारा वातावरण ही फूलों और हरियाली से लहलहा रहा है।

कुछ और आगे बढ़ने पर इस विशाल सांस्कृतिक उद्यान में मेले का दृश्य दिखाई देने लगा। औरतों, मर्दों, बूढ़ों और बच्चों को मिलाकर दस हजार से कम लोगों की भीड़ नहीं होगी। एक जगह चक्करवाला झूला लगा था। लोग क्यू बनाकर लम्बी कतार में खड़े थे। कोई घोड़े पर बैठना चाहता था, कोई कुर्सी पर और कोई हवाई जहाज पर।

आगे बढ़ने पर पीकिंग ओपेरा की भीड़ मिली। हम थोड़ी देर रुके, फिर आगे बढ़े। न पोशाक, न मेकअप, न नाटक के दृश्य। केवल गाना हो रहा था। और आगे बढ़ने पर सरकस का अखाड़ा मिला। चीनी लोग सरकस का हुनर अच्छा जानते हैं। मगर बड़े-बड़े चमत्कार देखने पर भी भीड़ ताली नहीं पीटती। लोग शायद अभ्यस्त हो गए हैं। रोज ही तो ये खेल होते हैं।

ये तो मैदान में चलनेवाले खेल थे। एक हॉल में झाँककर देखा, तो इन-डोर खेल चल रहे थे और बहुत-से मजदूर कतार बाँधकर खड़े उन्हें देख रहे थे।

खेल के मैदान से हटकर मत्स्य-संग्रहालय है, जहाँ रंग-रंग की मछलियाँ देखने को मिलती हैं। बगल में ही मरे हुए जलचरों का म्यूजियम है। तरह-तरह की मछलियाँ, तीन-चार शार्क और एक व्हेल भी है। सब-के-सब कान्टून समुद्र के तट पर पाए गए थे। व्हेल तो अभी 1953 में ही पकड़ा गया था।

और आगे बढ़ने पर स्थानीय दस्तकारी का म्यूजियम मिलता है। पत्थर, पोर्सलीन, चीनी मिट्‌टी, लकड़ी, बाँस और नारियल से बनी हुई वस्तुओं की तराश और चित्रकारी देखकर मन विमुग्ध हो गया। फिर चीन के अल्पसंख्यकों की पोशाकें हैं और उनकी दस्तकारी के नमूने।

सारे पार्क में और नहीं तो आधी संख्या प्रेमियों के जोड़ों की थी। हर लड़की किसी लड़के के साथ, हर लड़का किसी लड़की का कोट पकड़े हुए। चीन में नारी होना शाप था। अब वह वरदान हो गया है। और देखिए, किस लड़की को यह फिक्र है कि उसके कपड़े मोटे और भद्‌दे हैं? किसको इस बात की चिन्ता है कि उसके पाँवों में फकत कपड़े के जूते हैं और उसके बाल करीने से सजे हुए नहीं हैं? न मुँह पर मेकअप, न ओठों पर लिपस्टिक। मगर जीवन का आनन्द वह लूट रही है। इसके

विपरीत, भारत में पति महाराज अपनी पत्नी को साथ लेकर तब तक नहीं घूमेंगे, जब तक वह जरा बन-ठनकर तैयार न हो जाए।

चीन में नई मानवता का जन्म हो रहा है। उसे झुठलाने की कोशिश बेकार है। चोरी नहीं, बदमाशी नहीं, अपहरण और शोषण नहीं। है तो केवल प्रेम है, स्वास्थ्य है, कसरत और व्यायाम है। फूल, हरियाली, पार्क, मंच, नृत्य, गान, कला और साहित्य–सब पर अधिकार खुरदुरे हाथवालों का। रईस खत्म हैं। कमकर आजाद हैं। कमकरों की संख्या विशाल होती ही है। उनकी भीड़ में रईसों का पता ही नहीं चलता है।

17 नवम्बर को नौ बजे निकला। पहले उस स्थल पर गया, जहाँ सन् 1926 ई. में माओत्से-तुंग ने किसानों का सम्मेलन किया था। उस सम्मेलन में किसान सभी प्रान्तों से आए थे। जिस कोठरी में माओ काम करते थे, उसमें एक मेज, एक लैम्प, एक चौकी और दो कुर्सियाँ रखी हुई हैं। वह हॉल भी देखा, जिसमें माओ और चू-एन-लाइ किसानों को क्रान्ति की शिक्षा देते थे। उस समय के असबाब साबित तो क्या रहे होंगे, मॉडल के तौर पर वैसे ही असबाब रख दिये गए हैं। फिर एक कतार में उन शिक्षकों के चित्र हैं, जो किसानों को क्रान्ति का पाठ पढ़ाते थे। माओ और चू-एन-लाइ के सिवा इस कतार में कुमूरो का भी एक चित्र है।

फिर वह स्थान देखा, जहाँ 1911 ई. की क्रान्ति में गोली चली थी और कोई एक हजार आदमी मारे गए थे। यह स्मारक सन् 1921 ई. में बना था। मुख्य द्वार के मेहराब पर जितनी ईंटें हैं, उन्हें प्रवासी चीनियों ने भेजा था। हर एक ईंट पर तद्देशीय चीनी संस्था का नाम खुदा है। सभी शहीदों के नाम पर एक ही बृहत् स्तूप है, जिस पर घास लगाई हुई है और जो गोल हरीतिमा के बहुत बड़े गुम्बद-सा दिखाई देता है। स्तूप बहुत ऊँचाई पर है, इसलिए नीचे से ऊपर तक लम्बी सीढ़ियाँ बना दी गई हैं।

फिर हम 72 शहीदों की समाधि पर गए। यहाँ कान्टून म्यूजियम भी है। यह जगह पहाड़ की चोटी पर है, जहाँ से सारा शहर दिखाई देता है। आज हमारे साथ लीची और वू के सिवा श्री हन पे प्यन् भी थे। ये एशियाई लेखक संघ के सिलसिले में भारत भी गए थे। अच्छे नवयुवक साहित्यकार हैं। चाय-घर में जब हम जरा सुस्ताने को बैठे, हमने कुछ देर तक साहित्यालाप भी किया।

18 नवम्बर को चीन से रुखसत होना था, अतएव 17 के अपराह्ण सारा समय चीजों को इस बैग से निकालकर उस बैग में रखने में चला गया। इसी बीच दुभाषिया वू आ गया और काम करते समय मैं उससे थोड़ा-सा वार्तालाप भी करता रहा।

चियाङ् काइ शेक के बारे में बोलते हुए वू ने कहा, उनके बाप किसान थे। बाढ़ वगैरह की विपत्ति के कारण चियाङ् काइ शेक के माँ-बाप अलग हो गए। माँ ने किसी सौदागर से विवाह कर लिया। उसी के नाम पर चियाङ् काइ शेक का नाम चियाङ्

पड़ा। पहले उनका नाम कुछ और था। जवानी में शांघाई में उन्होंने अच्छा जीवन नहीं बिताया, इससे उनका पौरुष नष्ट हो गया। मादाम सूंग से उनके कोई सन्तान नहीं है। पहली स्त्री से एक पुत्र है। दूसरा पुत्र भी है, जिसे उन्होंने गोद लिया है। सनयात सेन के साथ उनका एक फोटो है, जिसके बल पर वे अपने को सनयात सेन का शिष्य बताते हैं। वैसे सनयात सेन के शिष्य वे नहीं हैं।

मैंने कहा, 'वू, मगर सनयात सेन ने चियाङ् को मास्को भेजा था। इससे तो यही आभास मिलता है कि चियाङ् काइ शेक सनयात सेन के विश्वासपात्र थे?'

वू बोला, 'हाँ, भेजा तो सही, मगर चियाङ् ने वहाँ किया क्या? ट्राटस्की से मिलता रहा। असली सोवियत नेताओं की उसने संगति ही नहीं की।'

मैंने कहा, 'ट्राटस्की से मिलना भी तो मानी रखता है।'

वू बोला, 'मानी क्या रखता है? ट्राटस्की तो प्रतिक्रियागामी था, काउंटर रिवोल्यूशनरी था?'

वू ने यह भी बताया कि हांगकांग, बैंकाक और बर्मा में कुमिताङ् के एजेंट हैं और वे चीनी साम्यवादियों को मारने की कोशिश में रहते हैं। बाण्डुंग के समय जो विमान दुर्घटना हुई थी, उसका कारण हांगकांग ही था। यही नहीं, अमरीकियों द्वारा सिखाए गए कुमिताङ् के एजेंट पैराशूट से चीन के भीतर पहाड़ों में उतरते हैं और रेडियो के जरिये और देशों में तरह-तरह की अफवाहें फैलाते हैं। कारखानों को क्षति पहुँचाना उनका खास ध्येय होता है।

वू ने यह भी कहा कि चियाङ् काइ शेक ने दक्षिणी अमरीका में जमीन ख़रीद रखी है, मकान भी खरीद रखा है। संकट आने पर भागकर वे वहीं चले जाएँगे।

17 नवम्बर की रात चीन में मेरी आखिरी रात थी। उस रात जो बिदाई का भोज हुआ, उसमें कई लेखक शरीक हुए। अब तक लोगों को मालूम हो गया था कि खाद्याखाद्य के मामले में मैं चीनियों की कुछ आदतों से घबराने लगता हूँ। अतएव एक दोस्त ने मुझे घबराहट में डालने को कहा, 'मिस्टर दिनकर, आज तो आपको साँप का भी मांस परोसा जाएगा। यह कान्टून है। आपको तो पता ही है कि कुत्ते और साँप का मांस खूब पसन्द किया जाता है।'

मैंने कहा, 'आप लोगों का कोई ठिकाना नहीं। आपका मजाक भी सत्य हो सकता है। तो सुन लीजिए कि आज मैं शुद्ध निरामिषभोजी रहूँगा।'

पीकिंग में अपने राजदूत श्री रतन कुमार नेहरू ने बताया था कि जब डॉ. राधाकृष्णन् चीन गए थे, उन्हें भी बिदाई का भोज कान्टून में ही दिया गया था। राधाकृष्णन् जी को भोज दिन में दिया गया था। उस समय चीनियों ने बहुत बड़े शील का पालन किया और मेज पर न तो शराब आने दी, न मांस और मछली। मगर डॉ. राधाकृष्णन् को बिदा देने के बाद अफसरों ने रात में जो भोज किया, उसमें उन्होंने कुत्ते के मांस की भी डिश चला दी।

दोस्तों ने मुझ पर इतना रहम जरूर किया कि मेरी बिदाई में दिये जानेवाले भोज की मेज पर उन्होंने कोई भी अभक्ष्य चीज नहीं परोसी।

खाने की मेज पर बातें काफी खुलासे से हुईं। श्री हम प्ये छान ने कहा, 'मिस्टर दिनकर, आप चीन को काफी देख चुके हैं। हम लोगों के बारे में आपका जो मत बना हो, उसे निश्छलता से कह डालिए। हम लोग भाई-भाई हैं। परदे और दुराव की अब क्या जरूरत है?'

मैंने कहा, 'प्यारे, चीन तो मुझे बहुत अच्छा लगा है। खास कर क्रिसेंथमम के फूल और बच्चे तो यहाँ देखने ही लायक हैं। केवल एक बात है, जिसे हाथ जोड़कर कहना चाहता हूँ।'

उन्होंने कहा, 'वह कौन-सी बात है?'

मैंने कहा, 'यह कि कुत्ते का मांस खाना छोड़ दो। हम लोग इसे बहुत बुरा समझते हैं।'

सभी लोग ठठाकर हँसने लगे और फिर यही कहने लगे कि यह मांस तो चीन में बहुत मुफीद समझा जाता है।

18 को बिदाई की वेला भोर ही आ गई। सभी दोस्त मुझे बिदा देने को स्टेशन तक आए। बिदा लेते समय मेरी आँखें भींग गईं। कवि लीची की भी आँखें सजल हो आईं। जैसे-तैसे मैं ट्रेन पर चढ़ा और दस मिनट बीतते-बीतते हांगकांग पहुँच गया।

हांगकांग में भी भारतीय कान्सेलेट है। वहाँ के अफसर मुझे लिवाने को स्टेशन आए हुए थे। उन्होंने मिलते ही सावधान करना शुरू किया, 'यहाँ काफी होशियारी से रहिएगा। जेब कट सकती है। सामान चोरी जा सकता है और जान भी खतरे में पड़ सकती है।'

मैंने कहा, 'तो फिर एक रात से ज्यादा मैं इस शहर में नहीं टिकूँगा। बैंकाक जानेवाले जहाज में आप सीट कल ही के लिए ठीक करवा दीजिए।'

एक कविता की कथा

जब मैं चीन गया था, उससे थोड़ा ही पूर्व श्री ल्यू शा-हो नामक कवि ने 'छाओ मू त्येन्' (घास और पेड़) नामक एक कविता छपवाई थी। इस कविता को लेकर साहित्य-संसार में तूफान खड़ा हो गया और विवाद इतना तीखा हो गया कि कवि और साहित्यकार होने के नाते उस विवाद में खुद चेयरमैन माओ को हस्तक्षेप करना पड़ा। उन्होंने कहा, 'आँख मूँदकर कवि की भर्त्सना करना ठीक नहीं। पहले हमें सोचना यह चाहिए कि कविता क्यों खराब है।' माओ साहब के वक्तव्य के बाद चर्चा का महत्त्व और भी बढ़ गया और जो लोग पहले तटस्थ भाव से तमाशा देख रहे थे, वे भी चर्चा में भाग लेने लगे। सबने यह बताना शुरू किया कि कविता क्यों खराब है और सारी छानबीन के बाद तय यह पाया कि कविता सचमुच खराब है और इतना खराब है कि उसे छापा जाना नहीं चाहिए था।

इस कविता को लेकर चलने वाले विवाद का पता मुझे पीकिंग में चला, अतएव अपने दूतावास के लोगों से मैंने इसकी चर्चा की और चाहा कि किसी प्रकार वह कविता अंग्रेजी अनुवाद के साथ मुझे दे दी जाए। दूतावास के एक अधिकारी ने मूल कविता के साथ उसका अंग्रेजी अनुवाद मुझे दे दिया। वे चीनी बहुत अच्छी जानते हैं। उनके अंग्रेजी अनुवाद पर से मैंने जो हिन्दी अनुवाद तैयार किया, वह इस प्रकार है :

घास और पेड़

[रचयिता : ल्यू शा-हो]

'मेरी बात मानो, अगर शुहरत पाना चाहते
हो, तो कमजोर अंकुरों की नकल मत करो।'

—पाई चूई

पहाड़ी पीपल

अपने लम्बे, हरे और चिकने चेहरे के साथ
वह मैदान में खड़ा है,
मानो वह सबसे परित्यक्त हो!

लेकिन उसका संकेत नीले आसमान की ओर है।
शायद कोई तूफान का झोंका
उसे जड़मूल सहित उखाड़ फेंकेगा।
लेकिन उसे यदि मरना भी पड़े
तो भी वह अपना सिर किसी के सामने
नहीं झुकाएगा।

मारबल्ली लता

वह लवंग के वृक्ष से लिपट गई है
और हर रोज ऊपर से ऊपर पहुँचती जाती है
यहाँ तक कि उसके फूल अब वृक्ष के मस्तक पर खिल रहे हैं।
लता के आलिंगन से
लवंग वृक्ष सूख कर काठ हो गया है,
जिससे शायद अब ईंधन का काम लिया जाएगा।
लता अब़ वृक्ष को छोड़कर नीचे गिर गई है।
वह हाँफ रही है,
साथ ही आँख उठाकर सोच रही है,
अब किस पेड़ पर चढ़ूँ?

नागफनी

ताजे फूलों की अंजलि देकर
वह अपने मालिक को खुश करना नहीं चाहती।
उसके सारे शरीर पर कंटीले बरछे भरे हैं।
मालिक ने उसे उद्यान में से
निकाल बाहर किया है।
और अब वह पीने को पानी भी उसे नहीं देता।
तब भी वह रेगिस्तान में जीवित खड़ी है
और बेटे-बेटियाँ जनती जा रही है।

आलूबुखारा

और बहनों ने जीवन का उल्लास,
सबसे पहले महसूस किया,

लेकिन इसने सबसे बाद में।
वसन्त ऋतु में जब एक सौ फूल
मोहक हँसी हँस रहे थे
और तितलियों को फुसला रहे थे,
तब इसने अपने आपको
जाड़े की बर्फ को समर्पित कर दिया।
लफंगी तितलियाँ इस लायक नहीं हैं
कि आलूबुखारे को चूमें,
ठीक उसी प्रकार, जैसे अन्य फूल
इस लायक नहीं हैं
कि जाड़े की बर्फ उन्हें प्यार करे।
बहनों में सबसे आखिर में
हँसने वाली यही थी
और उसकी हँसी बहुत खूबसूरत थी।

जहरीला कुकुरमुत्ता

वह उन नदी-तटों पर पैदा हुआ,
जहाँ रोशनी कभी नहीं पड़ी थी।
उसने अपनी बहुरंगी पोशाक से
दिन में लोगों को रिझाया
और रात में अपनी प्रज्वलित ज्वाला से।
मगर कोई तीन साल की बच्ची भी
उसे तोड़ने को आगे नहीं बढ़ी,
क्योंकि माँ से उसने सुन रखा है
कि कुकुरमुत्ता साँप की जहरीली
लार से बनता है।

चीन के जिस-जिस शहर में मैं गया, वहाँ के लेखकों और कवियों से मेरी काफी बातें हुईं। हमारी बातें काफी खुलकर होती थीं और साम्यवाद की जो बातें मुझे नापसन्द हैं, उनका भी जिक्र मैं काफी सफाई से करता था। इस कविता की चर्चा मैंने प्रायः हर एक शहर के लेखकों और कवियों के साथ की और देखा कि पूरे देश के लेखक और कवि इस कविता के खिलाफ थे। और सबकी दलील भी प्रायः एक

ही थी। मैं एक ही सवाल सबसे करता था और लोग भी प्रायः बँधा-बँधाया ही उत्तर देते थे। जैसे :

'छाओ मू त्येन्' शीर्षक वाली कविता पर आपकी क्या राय है?'

'उस कविता के भाव मेरे भावों से भिन्न हैं।'

'तो क्या हुआ? यह तो उचित ही है कि कोई कवि आपके भावों से भिन्न भावों की कविता लिखे। मैं जानना यह चाहता हूँ कि वह कविता अच्छी है या खराब है?'

'खराब है।'

'क्यों खराब है? मैंने उस कविता का अंग्रेजी अनुवाद पढ़ा है। शैली तो उस कविता की काफी रोचक मालूम होती है।'

'कविता शैली ही तो नहीं हो सकती। उसके भीतर स्वस्थ भाव भी होना चाहिए। 'छाओ मू त्येन्' इसलिए खराब है कि उसके भीतर भविष्य की आशा की झाँकी नहीं है।'

'यदि कवि को निराशा की अनुभूति हो तो वह क्या करे? कविता क्या केवल आशावाद की ही लिखी जानी चाहिए?'

'यदि कवि को निराशा हो, तो उसे काम करना चाहिए, वर्तमान जीवन को निकट से देखने और समझने की कोशिश करनी चाहिए। आज चीन में जीवन आशाओं से पूर्ण है। इस कविता का कवि जान-बूझकर उस जीवन को देखना भूल गया है।'

'लेकिन, निराशा कवि को अगर प्रेम में प्राप्त हुई हो, तो उसका क्या धर्म है?'

'वैसी कविता का विरोध हम नहीं करते मगर इसमें तो वह भी नहीं है।'

'क्या पता कि जो निराशा आप इस कविता में देखते हैं, उसका मूल उत्स प्रेम में ही हो?'

'कवि वैयक्तिक निराशा की भी कविता लिख सकता है, लेकिन ऐसी कविता को उसे छपवाना नहीं चाहिए। छपवाने से अन्य व्यक्तियों पर उसका प्रभाव पड़ता है।'

समष्टि व्यक्तियों का पूंजीभूत रूप है। कवि की अपनी निराशा अनेक व्यक्तियों की निराशा से जुड़ी हो सकती है। तो फिर यह निराशा लिखी क्यों नहीं जाए? इसलिए कि शासन सारे समाज के मन को चारों ओर से दबाकर एक दिशा में ले जाना चाहता है? यह निश्छिद्र बाँध है। शासन चाहता है कि वैयक्तिकता कहीं भी कोई छिद्र न बनावे। अगर छिद्र बने, तो फिर पानी अवांछित दिशा की ओर को जा सकता है।

मेरी मारीशस-यात्रा-1

जब प्रधानमन्त्री के दफ्तर से फोन आया कि मुझे दो सप्ताह के लिए मारीशस जाना है, मेरी पहली प्रतिक्रिया आलस्य और थकावट की हुई। फिर मैंने कहा, अपने डॉक्टर से पूछकर बताऊँगा। अगर वे इजाजत दे देंगे, तब जाने की बात सोचूँगा। मगर अकेला जाने की बात मैं सोच नहीं सकता। आपको मेरी पसन्द का एक साथी जरूर देना होगा। डॉक्टर साहब ने कहा, आप कमजोर जरूर हैं, मगर डॉक्टरी कारणों से मैं आपको सफर पर निकलने से रोक नहीं सकता। इस प्रकार निश्चित हुआ कि मैं अकेला नहीं, हिन्दी के वर्चस्वी कवि डॉ. शिवमंगलसिंह सुमन के साथ यात्रा करूँगा।

यात्रा पर मैं दिल्ली से 15 जुलाई को, बम्बई से 16 जुलाई को और नैरोबी से 17 जुलाई को मारीशस के लिए रवाना हुआ। विदेशों की यात्रा मैंने काफी की है और जब भी अवसर अनुकूल रहा है, मैंने दुनिया की और सर्विसों को छोड़कर बराबर एयर इंडिया इंटरनेशनल को पसन्द किया है। सच पूछिए, तो अपने देश की दो-चार चीजों का मुझे बड़ा ही फख्र है। मैं निश्चयपूर्वक मानता हूँ कि संस्कृति की जो विरासत भारत के पास है, वैसी विरासत किसी और देश के पास नहीं है। उसी दृढ़ता के साथ मैं यह भी मानता हूँ कि जैसी सर्विस एयर इंडिया इंटरनेशनल की है, वैसी सर्विस दुनिया की किसी और कम्पनी की नहीं है। यह दुःख की बात है कि जो हिन्दुस्तानी एयर इंडिया इंटरनेशनल और संसद के सचिवालय को इतनी योग्यता से सँभाले हुए हैं, उन्हीं के भाई-बन्द देश की और जिम्मेवारियों को सँभालने में ढिलाई दिखा रहे हैं। भारतवासियों में संसार का नम्बर एक देश बनने की सारी खूबियाँ मौजूद हैं। फिर भी कोई बात है, जो उनकी खूबियों को उभरने नहीं देती। मगर ये खूबियाँ उभरकर रहेंगी और भारत को संसार के प्रथम श्रेणी के देशों की पंक्ति में प्रवेश करने से कोई शक्ति रोक नहीं सकेगी। व्यक्ति टूटते हैं तो टूटें, दल बिखरते हों तो बिखर जाएँ, पद्धति को भी टूटना हो तो वह टूट जाए, मगर हिन्दुस्तान बहुत आगे निकलनेवाला है।

इधर से जाते समय नैरोबी (कीनिया) में मुझे एक रात और दो दिन ठहरने का मौका मिल गया। अतएव मन में यह लोभ जग गया कि मारीशस के भारतीयों और अफ्रीकियों से मिलने के पूर्व हमें अफ्रीका के शेरों से मुलाकात कर लेनी चाहिए। बाण

जब राजा हर्षवर्धन से मिलने गए थे, तब राजा के पास पहुँचने में उन्हें देर हो गई थी, क्योंकि राजा से मिलने के पूर्व वे उसके हाथियों से मिलने चले गए थे। मेरे सामने तो ऐसी कोई बाधा ही नहीं थी। जहाज दूसरे दिन शाम को मिलनेवाला था। अतएव हम जिस दिन नैरोबी पहुँचे, उसी दिन हाइ कमिश्नर श्री भाटिया के साथ नेशनल पार्क में घूमने को निकल गए।

नैरोबी का नेशनल पार्क चिड़ियाघर नहीं है। वह शहर से बाहर बहुत बड़ा जंगल है, जिसमें घास अधिक, पेड़ बहुत कम हैं। लेकिन जंगल में सर्वत्र अच्छी सड़कें बिछी हुई हैं और पर्यटकों की गाड़ियाँ उन पर दौड़ती ही रहती हैं। हमारी गाड़ी को भी काफी देर तक दौड़ना पड़ा, मगर सिंह कहीं भी दिखाई नहीं पड़े। हिरन और जिराफ तो कई दीखे। एक जगह सड़क पर दो मोटरें खड़ी थीं और उन पर तरह-तरह के बन्दर और लंगूर चढ़े हुए थे। पर्यटक लोग इन बन्दरों को कभी-कभी फल या बिस्कुट खाने को दे देते हैं। अतएव मोटर के रुकते ही बन्दर उसे घेर लेते हैं। एक जगह कुछ भैंसें दिखाई पड़ीं जिन्हें बायसन कहते हैं। किन्तु भाटिया जी ने बताया कि ये भैंसें बायसन नहीं हैं। ये बायसन और नील गाय के बीच के जीव हैं, जिन्हें हिन्दू भी खाने में दोष नहीं मानते।

बड़ी दूरी तय करने के बाद या यों कहिए कि दस-बीस मील के भीतर हर सड़क छान लेने के बाद, हम उस जगह जा पहुँचे, जहाँ सिंह उस दिन आराम कर रहे थे।

वहाँ जो कुछ देखा, वह जन्म-भर कभी नहीं भूलेगा। कोई सात-आठ सिंह लेटे या सोए हुए थे और उन्हें घेरकर आठ-दस मोटरें खड़ी थीं। तुर्रा यह कि सिंहों को यह जानने की कोई इच्छा ही नहीं थी कि हमें देखने को आनेवाले लोग कौन हैं। मोटरों और शीशे चढ़ाकर उनके भीतर बैठे लोगों की ओर सिंहों ने कभी भी दृष्टिपात नहीं किया, मानो हम लोग तुच्छातितुच्छ हों और उनकी नजर में आने के योग्य बिलकुल नहीं हों! हम लोग वहाँ आधा घंटा ठहरे होंगे। इस बीच एक सिंह ने उठकर जँभाई ली, दूसरे ने देह को ताना, तीसरे ने सोई हुई सिंहनियों की देह चाटी, मगर हमारी ओर किसी भी सिंह ने नजर नहीं उठाई। हम लोग पेड़-पौधे और खरपात से भी बदतर समझे गए।

इतने में कोई मील-भर की दूरी पर हिरनों का एक झुंड दिखाई पड़ा, जिनके बीच एक जिराफ बिलकुल बेवकूफ की तरह खड़ा था। अब दो जवान सिंह उठे और दो ओर को चल दिये। एक तो थोड़ा-सा आगे बढ़कर एक जगह बैठ गया, लेकिन दूसरा घास के बीच छिपता हुआ मोर्चे पर आगे बढ़ने लगा। सोच-विचार आदमी करता है और इसी कारण उससे भूल हो जाती है। किन्तु, पशु अपनी इंस्टिंक्ट (सहज प्रवृत्ति) से चालित होते हैं। इसीलिए पराजय तो उनकी होती है, मगर गलतियाँ वे नहीं करते।

हिरनों के झुंड ने ताड़ लिया कि उन पर सिंहों की नजर पड़ रही है। अतएव वे चरना भूलकर चौकन्ने हो उठे। फिर ऐसा हुआ कि झुंड से छूटकर कुछ हिरन एक

तरफ को भाग निकले, मगर बाकी जहाँ-के-तहाँ ठिठके खड़े रहे। हम दूर से भी हिरनों की चिन्ता को समझ सकते थे, किन्तु जिराफ हमें चिन्तित दिखाई नहीं पड़ा। हमने समझा, या तो सिंह जिराफ को नहीं छूते हैं अथवा जिराफ भाग्य में अधिक विश्वास करता है। बाकी हिरन ठिठके हुए इसलिए खड़े थे कि सिंह उन्हें देख रहे थे और सहज प्रवृत्ति हिरनों को यह समझा रही थी कि खतरा किसी भी तरफ भागने में हो सकता है। सुमन और प्रेम जी के पुत्र आनन्द की इच्छा यह थी कि हम लोग देर तक रुकें और किल (मारना) देखकर जाएँ। किन्तु समय छह से ऊपर हो रहा था और सात बजे तक नेशनल पार्क का फाटक बन्द हो जाता है। फिर प्रेम जी ने यह भी कहा कि शिकार अभी नहीं होगा। शिकार सिंह सूर्यास्त के बाद किया करते हैं और शिकार वे झुंड का नहीं करते, बल्कि उस जानवर का करते हैं, जो भागते हुए झुंड से पिछड़ जाता है। अब यह बात समझ में आई कि हिरन भागने को निरापद नहीं समझकर एक गोल में क्यों खड़े थे।

मुझे ऐसा महसूस हो रहा था कि मेरा रक्तचाप बढ़ रहा है। अतएव मैंने तय कर लिया कि अब घर लौटना चाहिए। सुमन को इस बात का मलाल सारी यात्रा में रहा कि मेरी ही जल्दबाजी के कारण वह 'किल' नहीं देख सका।

यह प्रसंग तकाजा करता है कि मैं कीनिया का कुछ वृत्तान्त यहीं दूँ। किन्तु मेरा विचार वह वृत्तान्त लौटती बार देने का है। अभी तो हम मारीशस पहुँचने की जल्दी में हैं। हाँ, एक बात यहीं कह दूँ कि बम्बई से नैरोबी आते समय हमारा जहाज अदन में उतरा था। हमने पूरे हवाई अड्डे को फौज के कब्जे में पाया। अड्डे का आधे से अधिक भाग तो बममारों से पटा हुआ था। बाकी भाग पर भी स्टेनगन लिये हुए गोरे सिपाही घूम रहे थे। मैं अपना हाथ-बैग लिये हुए उतरा था। सुना था, अदन फ्री पोर्ट है, अतएव चीजें वहाँ सस्ती बिकती हैं। लेकिन हालत कुछ और थी। शहर के भीतर गोरों और अरबों के बीच मारपीट चल रही थी। इसलिए पोर्ट की दुकानों तक जाने का रास्ता ही बन्द था। इसलिए हमें ठहरने की जगह पर ही ठहरना पड़ा। जब हम लौटे, एक गोरा सिपाही मेरे बैग की तलाशी लेने लगा। और चीजें तो उसने छोड़ दीं, मगर हाजमे की गोलियों की एक शीशी को वह जाँच की नजर से निहारने लगा। मैंने हँसकर उससे अंग्रेजी में कहा, 'देखते क्या हो यार! ये तो हिन्दुस्तान की आयुर्वेद की गोलियाँ हैं, बम नहीं। तुम्हें विश्वास नहीं हो तो कहो, आधी शीशी अभी निगल जाता हूँ।' सिपाही को भी मेरी बात से हँसी आ गई और उसने मेरा बैग मुझे वापस दे दिया।

नैरोबी से मारीशस तक हम बी.ओ.ए.सी. के जहाज में उड़े। सर्विस तो इसकी भी खूब है, लेकिन फिर भी वह एयर इंडिया की सर्विस से कुछ हीन ही पड़ती है। बी.ओ.ए.सी. का जहाज नैरोबी से चार बजे शाम को उड़ा और पाँच घंटों की निरन्तर उड़ान के बाद जब वह मारीशस पहुँचा, तब वहाँ रात के लगभग दस बज रहे थे।

रात थी, अँधेरा था, पानी बरस रहा था। मगर जब भी हमारे स्वागत में बहुत काफी लोग खड़े थे। भारतीय दूतावास से श्री प्रधान आए थे, जो वहाँ काउंसल हैं। सार्वजनिक लोगों में श्री जयनारायण राय, श्री सूरज मंगल भगत, श्री सोमदत्त बखोरी, मारीशस आर्य-सभा के प्रधान जो पोस्ट मास्टर जनरल हैं, श्री उमाशंकर गिरजानन आदि सज्जनों के नाम उल्लेखनीय हैं। जयनारायण बाबू और भगत जी तो इस प्रेम से मिले, मानो वे वर्षों के मुलाकाती रहे हों! हवाई अड्डे के स्वागत का समाँ देखकर यह भाव जगे बिना नहीं रहा कि हम जहाँ आए हैं, वह छोटे पैमाने पर भारत ही है। जयनारायण बाबू और भगत जी ने पं. बनारसीदास चतुर्वेदी का कुशल-क्षेम पूछा और मुझे वह पत्र दिखाया, तो चौबे जी ने उन्हें मेरी यात्रा के बारे में लिखा था।

हवाई अड्डे से मित्र हमें होटल मस्करीन ले गए, जो क्यूरपिप में है। क्यूरपिप में वर्षा हो रही थी और जलवायु हवाई अड्डे की जलवायु से काफी भिन्न थी। हवाई अड्डे पर हमें थोड़ी गर्मी-सी लग रही थी। क्यूरपिप में आते ही जाड़ा लगने लगा। भोजन तो हमने जहाज में ही कर लिया था! अतएव, उस रात खाना नहीं खाया और हम हाथ-मुँह धोकर सो गए। श्री राधामोहन गजाधर हवाई अड्डे पर नहीं पहुँच सके थे, किन्तु वे होटल में हमारा इन्तजार कर रहे थे। वे इस साल के चुनाव में उम्मीदवार थे। बड़ी मुश्किल से समय निकालकर मिलने आए थे। हम मारीशस में जितने भी दिन ठहरे, उनसे फिर दूसरी बार मुलाकात नहीं हुई।

सोते-सोते मैं कमरे में पड़ा हुआ प्रचार-साहित्य उलटने लगा। 'मारीशस हिन्द महासागर का मोती है', 'मारीशस हिन्द महासागर का सितारा है', 'छुट्टियाँ मनाने को मारीशस अवश्य आइए', आदि-आदि। किन्तु छुट्टियाँ मनाने का समय हमें कम मिला। जब तक हम मारीशस रहे, कुछ-न-कुछ काम हर रोज करते रहे—सांस्कृतिक सम्पर्क का काम, मारीशस की समस्याएँ समझने का काम, हिन्दी के प्रति जगी हुई चेतना बढ़ाने का काम और भारत के समाचारों से अधीर हिन्दुस्तानियों को धीरज बँधाने का काम।

मारीच से मारीशस द्वीप

मारीशस द्वीप भूमध्य रेखा से कोई 20 डिग्री दक्खिन और देशान्तर रेखा 60 के बिलकुल पास, किन्तु उससे पच्छिम की ओर बसा हुआ है। यह छोटा-सा टापू मादागास्कर से 500 मील और अफ्रीका के निकटतम समुद्र-तट से 1250 मील पूरब की ओर है। ग्लोब पर देखना चाहें, तो आस्ट्रेलिया से पश्चिम की ओर निगाह दौड़ाते चलिए। अफ्रीका की ओर चलते-चलते, आस्ट्रेलिया से पच्छिम की ओर हिन्द महासागर में जो पहला द्वीप मिलेगा, उसका नाम रोड्रिग है और रोड्रिग से ठीक पश्चिम मारीशस

पड़ता है। रोड्रिग का आकार बहुत छोटा है, किन्तु मारीशस की लम्बाई 29 मील और चौड़ाई कोई 30 मील है। वैसे पूरे मारीशस द्वीप का रकबा 720 वर्गमील आँका जाता है। यह द्वीप हिन्द महासागर का मोती है, भारत-समुद्र का सबसे खूबसूरत सितारा है। उसकी वर्तमान जनसंख्या आठ लाख से कुछ कम है। किन्तु इस जनसंख्या का 67 प्रतिशत हिन्दुस्तानी खानदान के लोग हैं और केवल हिन्दुओं की संख्या 53 प्रतिशत के आसपास पड़ती है। टापू के बाकी लोग अफ्रीकी नस्ल के हैं, जो सामान्यतः क्रेयोल नाम से पुकारे जाते हैं। इसके सिवा, टापू में चीनियों की संख्या 25 हजार तथा खालिस गोरों की लगभग 10 हजार है।

मारीशस गन्ने का देश है। शहर खत्म होते ही गन्ने के खेत शुरू हो जाते हैं और गाँव गन्ने के खेतों के भीतर से झाँकते दिखाई देते हैं। मारीशस घूमते-घूमते आदमी को यह साफ महसूस होने लगता है कि यहाँ शहर और गाँव नहीं, केवल गन्ने के खेत हैं। श्री सोमदत्त बखोरी ने, जो जन्म से मारीशस निवासी और हिन्दी के कवि हैं, मारीशस पर एक कविता लिखी है, जिसमें उन्होंने अपनी देशमाता को गन्ने की साड़ी से विभूषित बताया है :

सारे जग को छोड़ के पीछे
आई कहाँ से जननी मेरी,
मेरी पालिका?
हिन्द महासागर के बीच
नील गगन के नीचे
पहने साड़ी ईख की,
पर्वतों की मालिका।

कहते हैं, जहाँ अब हिमालय है, वहाँ पहले समुद्र था और जहाँ अब भारत-समुद्र लहराता है, वहाँ एक बड़ा महादेश था। अफ्रीका से लेकर आस्ट्रेलिया तक यह महादेश फैला हुआ था। बहुत प्राचीन काल में अफ्रीका और आस्ट्रेलिया के बीच आदिमानवों का अनेक बार आना-जाना हुआ था, जिसके निशान भारत की भी आदिम जातियों की भाषाओं और रीति-रस्मों में मौजूद हैं। अफ्रीका और आस्ट्रेलिया के बीच फैले हुए इस महादेश का नाम लिमूरिया था। किसी अत्यन्त भयानक प्राकृतिक उपद्रव के कारण यह महादेश अचानक नीचे धँस गया और जहाँ पहले जमीन थी, वहाँ सागर लहराने लगा। इस क्रम में केवल पर्वतों की वे चोटियाँ ही ऊपर रह सकीं, जो बहुत ऊँची थीं। मारीशस और उसके पास का द्वीप रियूनियन ऐसे ही पाताल में धँस जानेवाले पर्वतों की ऊँची चोटियों पर बसे हुए हैं। मारीशस के चारों ओर कोरल रीफ है, जहाँ समुद्र की लहरें किनारे से कोई मील भर दूर ही टूटती हैं। इस कारण मारीशस के सभी समुद्र-तट निरापद हैं, वे क्रीडा के क्षेत्र हैं, जहाँ पर्यटक मनमाने ढंग से समुद्र-स्नान और भाँति-भाँति की किलोलें और विहार करते हैं। दुनिया में जितने भी

रमणीय, निरापद और क्रीड़ा के योग्य समुद्र-तट हैं, उनमें मारीशस के सागर-तटों का बड़ा ही ऊँचा स्थान है।

इस द्वीप का पता सबसे पहले किसने लगाया, यह बात बहुत स्पष्ट नहीं है। कहते हैं, ईस्वी सन् से कोई पाँच सौ वर्ष पूर्व फोनीसियन लोग यहाँ आए थे, मगर टापू में उनका अब कोई भी निशान नहीं है। फिर जब मलय जाति मलाया से पश्चिम चलकर मादागास्कर में बसने जा रही थी, तब उस जाति के लोग भी मारीशस होकर गए थे, मगर उनकी सभ्यता का भी अब कोई निशान नहीं है। अलबत्ते, इस बात का कुछ प्रमाण है कि सातवीं सदी में अरब लोग यहाँ आया करते थे और विश्राम लेकर फिर नौकाओं के लंगर उठा लेते थे।

उस समय इस टापू में आबादी थी नहीं, केवल भाँति-भाँति के पक्षी यहाँ विहार करते थे। उनमें से एक जाति के पक्षी का नाम डोडो था। मारीशस के प्राच्य-विद्या-विशारद प्रोफेसर विष्णुदयाल के मत से शुद्ध उच्चारण डोडो नहीं, दोदो होना चाहिए। अक्टूबर, 1965 की 'सरस्वती' में प्रो. विष्णुदयाल जी का एक लेख दोदो पक्षी पर प्रकाशित हुआ था। उनके मतानुसार दोदो किसी भारी मुर्गी के समान था और उड़ने की ताकत उसमें नहीं थी। वह डगमग पाँवों से धरती पर घूमता था; स्वयं निरामिषभोजी था, अतएव उसे यह आशंका नहीं थी कि टापू में कोई ऐसा जीव आ जाएगा, जो दोदो को खाकर अपना जीवन-निर्वाह करेगा।

कहते हैं, सन् 1507 ई. में पुर्तगाल के लोग मारीशस आए और उन्होंने ही इस पक्षी का नाम डोडो रखा जिसका अर्थ बुद्धू या बेवकूफ होता है। लेकिन पुर्तगाली लोग मारीशस में देर तक नहीं ठहरे। अतएव इस पक्षी का नाम तो उन्होंने डोडो या बुद्धू रख दिया, मगर उसके खानदान को वे खत्म नहीं कर सके।

मारीशस का असली इतिहास सन् 1658 ई. से शुरू होता है, जब हॉलैंड की डच ईस्ट इंडिया कम्पनी ने इस द्वीप में अपने जहाजों का अड्डा बनाया। वह अड्डा आज के ग्रांड पोर्ट के पास था। मारीशस में डच लोग, असल में, सन् 1598 ई. में ही पहुँच चुके थे और उन्होंने ही अपने राजा मौरिस के नाम पर इस द्वीप का नाम 'मारीशस' रखा था। डचों के आगमन के बाद से ही यह टापू आबाद होने लगा और तरह-तरह के लोग यहाँ आकर बसने लगे। हिरन, मवेशी, ऊख और बहुत-से अन्य पौधे इस टापू में डचों के लाए हुए हैं। बदले में मारीशस में एबोनी (संस्कृत नाम कोबिदार का युग पत्रक) के जितने पेड़ थे, उन्हें काटकर वे अपने देश ले गए। यही नहीं, चूँकि डोडो पक्षी उड़ नहीं सकता था, अतएव उन्होंने उसे पकड़कर खाना शुरू कर दिया और अन्त में उन्होंने डोडो के खानदान को ही खत्म कर डाला। डोडो संसार में और कहीं भी नहीं, केवल मारीशस में होता था। विष्णुदयाल जी के अनुसार, 'देवदत्ति नामक डच राज्यपाल ने लिखा है कि 1698 ई. में एक भी जीवित दोदो मारीशस में न रहा।' फिर भी मारीशस का एक नाम डोडो द्वीप अब भी चलता है

और अंग्रेजी में 'डेड लाइक डोडो' नाम से जो कहावत चलती है, वह उस खानदान पर लागू होती है, जिसका एक भी सदस्य जीवित नहीं बचा हो।

मगर डच लोग भी मारीशस में स्थायी रूप से नहीं रहे। सन् 1712 ई. में टापू में प्लेग का प्रकोप फैला। उसी समय सारे-के-सारे डच टापू को छोड़कर भाग गए। जब टापू डचों से खाली हो गया, तब सन् 1715 ई. में उसी फ्रेंच ईस्ट इंडिया कम्पनी ने पकड़ लिया और उसका नया नाम 'फ्रांस का द्वीप' रख दिया।

मारीशस पर फ्रांसीसियों का अधिकार सन् 1715 ई. से लेकर लगभग सन् 1815 ई. तक रहा। इन सौ वर्षों के भीतर इस द्वीप में फ्रेंच भाषा की जड़ पाताल तक पहुँच गई। सन् 1815 ई. से आज तक मारीशस अंग्रेजों के कब्जे में रहा है और अंग्रेजों ने द्वीप की राजभाषा अंग्रेजी को बना रखा है, मगर आज भी मारीशस में संस्कृति की भाषा फ्रेंच है और जनता की भाषा क्रेयोल, जो फ्रेंच का ही अपभ्रष्ट रूप है।

क्रेयोल भाषा का जन्म भी एक विचित्र प्रकार से हुआ। फ्रांसीसी मालिकों को ऊख की खेती सँभालने के लिए दासों की जरूरत हुई और दास वे अफ्रीका से लाने लगे। इन्हीं दासों ने अपने फ्रेंच मालिकों से बातचीत करने को एक नई भाषा को जन्म दे दिया, जिसका नाम अब 'क्रेयोल' चलता है और वह जाति भी क्रेयोल समझी जाती है, जो या तो अफ्रीकी नस्ल की है या अफ्रीकी और फ्रांसीसी नस्लों के मिश्रण से पैदा हुई है।

जिन दिनों की यह कहानी है, उन दिनों इंग्लैंड और फ्रांस के बीच युद्ध चल रहा था। मारीशस उस समय भी सामरिक दृष्टि से अत्यधिक महत्त्वपूर्ण था और मारीशस को अड्डा बनाकर फ्रांस इंग्लैंड के जहाजों पर बराबर आक्रमण कर बैठता था। अतएव अंग्रेज बराबर इस घात में थे कि फ्रांसीसियों को धकियाकर वे इस टापू पर अधिकार कर लें। इस कार्य में सन् 1815 ई. में अंग्रेजों को सफलता मिल गई। तब से यह द्वीप अंग्रेजों के अधीन रहा है। मगर अब इंग्लैंड मारीशस को स्वाधीन कर देने की प्रतिज्ञा कर चुका है[1] और आशा है कि अगले छह महीनों में मारीशस स्वाधीन हो जाएगा और राष्ट्रसंघ के सदस्यों में एक और सदस्य की वृद्धि हो जाएगी।

सन् 1835 ई. तक आकर यह प्रत्यक्ष हो गया कि फ्रांस के द्वारा मारीशस में लाये गए दास, दास बनकर काम करने को तैयार नहीं थे। दास-प्रथा पुरानी हो चुकी थी और सभी देशों के ऊँचे लोग इस प्रथा के विरुद्ध हो गए थे। जब अंग्रेजों ने देखा कि दासों से अब काम नहीं चलता, उनकी नजर हिन्दुस्तान की ओर गई, जहाँ के मजदूर सस्ती मजदूरी पर भी काम करने को तैयार थे। इस प्रकार सन् 1835 ई. से भारत के मजदूर मारीशस जाने लगे और सन् 1870 ई. के आते न आते, मारीशस में हिन्दुस्तानियों की संख्या दो लाख हो गई, गरचे तब तक गोरे और हब्शी, कुल मिलाकर एक लाख तक पहुँचे थे। तब से मारीशस में हिन्दुस्तानी बराबर दो-तिहाई रहे हैं।

1. मारीशस 1968 के मार्च में स्वाधीन हो गया।

मारीशस में चीनियों का आगमन सन् 1850 ई. के आसपास शुरू हुआ। वे ज्यादातर कारीगरी, व्यापार या दुकानदारी करने को आए थे। उनमें से बहुत-से लोग काफी रुपये बनाकर अपने देश को लौट गए। लेकिन मारीशस में आज भी चीनियों की संख्या 25 हजार है और दुकानदारी के ज्यादा कामों पर उन्हीं ने कब्जा कर रखा है। मारीशस में चीनी आपस में एकजुट होकर रह रहे हैं। उनके भीतर जैसी एकता है, वैसी एकता और किसी भी सम्प्रदाय में नहीं है। केवल 25 हजार चीनी अपनी भाषा में दो दैनिक और एक साप्ताहिक पत्र निकालते हैं और उन्हें शान से चलाते भी हैं। उनकी हर दुकान पर आपको चीनी अक्षरों में नाम-पट्ट मिल जाएँगे, लेकिन हिन्दुओं और मुसलमानों की दुकानों पर नागरी या फारसी अक्षर देखने को भी नहीं मिलेंगे।

इस प्रकार मारीशस में हिन्दू, मुसलमान, अंग्रेज, फ्रेंच और हब्शी तथा चीनी–इन सभी सम्प्रदायों के लोग बसते हैं। हब्शी क्रेयोल के भीतर समाहित हैं और क्रेयोल को ही यहाँ का आदिवासी माना जाता है। किन्तु, राजनीति में सामान्यतः क्रेयोलों, फ्रांसीसियों और अंग्रेजों का दल एक है तथा हिन्दुस्तानियों का अलग।

चीनी लोग काफी सावधानता से चलते हैं। कहीं तो वे क्रेयोल लोगों के साथ हैं और कहीं हिन्दुस्तानियों के। इसी प्रकार कोई चीनी फारमोसा का भक्त है और कोई माओ चीन का। सन् 1962 ई. में जब चीन ने भारत पर आक्रमण किया, तब मारीशस के और चीनी चाहे जो भी सोचते रहे हों, मगर हिन्दुओं के पड़ोस में रहनेवाले चीनी माओ के खिलाफ थे और माओ के खिलाफ उन दिनों उन्होंने कविताएँ भी लिखी थीं।

मारीशस के मुसलमानों का हाल इससे कुछ ज्यादा दर्दनाक है। बाप-दादे तो उनके भी हिन्दुस्तान से ही गए थे, मगर जब से पाकिस्तान वजूद में आया है, मुसलमान अपने को पाकिस्तानी समझने लगे हैं। जब मैं मारीशस में था, मेरे कान में यह भनक पड़ी थी कि भारत-पाक युद्ध के समय मारीशस के कुछ मुसलमान पाकिस्तान की मदद के लिए स्वयंसेवक भेजने की भी बात सोच रहे थे।

यही नहीं, मारीशस में रहनेवाले तमिल भी अपने को हिन्दू नहीं, तमिल समझना चाहते हैं, गरचे पूजा वे भी भगवान शिव की ही करते हैं। सौभाग्य की बात है कि मारीशस को सर शिवसागर रामगुलाम के समान नेता मिला हुआ है, जो सबको समेटकर एक साथ चला रहे हैं। सन् 1848 ई. से लेकर आज तक रामगुलाम मारीशस के मुख्यमन्त्री रहे हैं और आशा है कि अगले छह महीनों में वे ही आजाद मारीशस के प्रथम प्रधानमन्त्री भी होंगे।

मारीशस छोटे पैमाने पर भारतवर्ष ही है। वहाँ हिन्दी, उर्दू, तमिल, तेलगू और मराठी बोलनेवाले हिन्दुस्तानी हैं। चूँकि भारत से मारीशस जानेवाले ज्यादा लोग बिहार के थे (खुद सर शिवसागर रामगुलाम के दादा बिहारी थे), अतएव मारीशस में क्रेयोल

के बाद ज्यादा लोगों की घर की भाषा भोजपुरी है। सभी प्रकार के हिन्दुस्तानियों के बीच तो भोजपुरी चलती ही है, कभी-कभी वे चीनी और क्रेयोल भी भोजपुरी बोल लेते हैं, जो भोजपुरी-भाषियों के पड़ोस में रहते हैं।

प्रोफेसर विष्णुदयाल का मत है कि भारतीयों को मारीशस द्वीप का पता था और इसे वे श्वेत द्वीप कहते थे। उन्होंने सातवलेकर जी के वेद-परिचय, प्रथम भाग (पृ. 145) का उद्धरण दिया है, जिसमें कहा गया है कि 'आज का मादागास्कर जो है, उसके पास का टापू श्वेत द्वीप है।'

मारीशस के हिन्दुओं के बीच एक लोक-प्रथा प्रचलित है कि मारीच ने मरते समय भगवान राम से यह वरदान माँगा था कि मैं हमेशा आपका नाम सुनता रहूँ। भगवान ने ज्योंही मारीच के शव का स्पर्श किया, वह मोती में परिणत हो गया। उस मोती को उठाकर भगवान ने बड़े जोर से दक्षिण की ओर फेंक दिया। वही मोती 720 वर्गमील का मारीशस द्वीप है। किन्तु युगों तक मारीच की आत्मा को भगवान राम का नाम सुनने का अवसर नहीं मिला। तब कलियुग के जवान होने पर हिन्दुस्तानी और खास कर बिहारी लोग तुलसीकृत 'रामायण' लेकर मारीशस द्वीप आए। तब से मारीच की आत्मा रामजी का नाम हर रोज सुनती है, क्योंकि हर रोज मारीशस में रामायण का पाठ होता है, नामधुन होती है, हरि-कीर्तन होता है।

शास्त्रों में समुद्र-यात्रा की मनाही होने पर भी कुछ भारतीयों ने उस कुत्सित आज्ञा को नहीं माना और वे समुद्र पार करके विदेश जाते रहे। ऐसे भारतीयों में पहला नम्बर बिहारियों का रहा। उनके बाद तमिल-भाषियों, तेलगू-भाषियों, गुजरातियों और पंजाबियों को स्थान देना पड़ेगा।

चारों ओर नीले-हरे समुद्र से घिरा हुआ, प्राकृतिक सुषमाओं का यह अद्भुत द्वीप, बहुत सदियों से पर्यटकों का आकर्षण केन्द्र रहा है। अमरीका के बेजोड़ व्यंग्यलेखक मार्क ट्वेन यहाँ आए थे। उन्होंने लिखा है : 'भगवान ने पहले मारीशस का निर्माण किया और उसी के नमूने पर बाद को बैकुंठ बनाया।' विकासवाद के प्रवर्तक चार्ल्स डारविन ने इस द्वीप में भी अनुसन्धान किया था। बेरनार्द दे सें प्यर फ्रेंच के अमर लेखक हो गए हैं। वे इस टापू में तीन वर्ष रहे थे और यहीं के जीवन पर उन्होंने 'पॉल और विर्जिनी' नामक उपन्यास लिखा था। 'पॉल-विर्जिनी' उपन्यास किशोरों को बड़ा ही प्रिय लगा था। नेपोलियन ने बेरनार्द दे सें प्यर से पूछा था, 'आप पॉल और विर्जिनी के समान दूसरा उपन्यास कब लिखेंगे?'

पॉल और विर्जिनी के अनुवाद संसार की अनेक भाषाओं में निकले थे। उसका एक हिन्दी अनुवाद प्रो. विष्णुदयाल जी ने किया है। किन्तु बंगला में इस उपन्यास का अनुवाद सन् 1851 ई. में ही हो चुका था। 'पॉल-विर्जिनी' का यह बंगला अनुवाद रवीन्द्रनाथ ठाकुर ने अपने बचपन में पढ़ा था और जीवन भर वे मारीशस जाने का सपना देखते रहे।

किन्तु रवीन्द्रनाथ तो नहीं, गांधी जी मारीशस गए थे। सन् 1901 ई. में जब वे दक्षिण अफ्रीका से भारत लौट रहे थे, उनका जहाज मारीशस में विश्राम लेने लगा और वह 21 दिनों तक विश्राम लेता रहा। गांधी जी एक दिन गवर्नर के मेहमान रहे थे। गांधी जी 30 अक्टूबर, 1901 को 'नौसेरा' नामक जहाज से मारीशस पहुँचे थे। मारीशस में उनके स्वागतार्थ जो सभा हुई, उसमें पहले वे गुजराती में बोले थे, बाद को अंग्रेजी में। 'गांधी जी ने समारोह में उपस्थित मेहमानों और खास तौर पर मेजबान को धन्यवाद दिया। उन्होंने कहा कि द्वीप के चीनी उद्योग को जो अभूतपूर्व सफलता मिली है, उसका श्रेय प्रवासी भारतीयों को है। उन्होंने इस बात पर जोर दिया कि प्रवासी भारतीयों को अपनी मातृभूमि में होनेवाली घटनाओं का परिचय रखना अपना कर्तव्य समझना चाहिए तथा राजनीति में भी दिलचस्पी लेते रहना चाहिए।'

बैरिस्टर डॉ. मणिलाल 11 अक्टूबर, 1907 ई. को मारीशस पहुँचे थे। वे पहले भारतीय बैरिस्टर थे, जिन्होंने मारीशस की अदालतों में काम करना शुरू किया था। मारीशस जाने की प्रेरणा उन्हें गांधी जी से मिली थी। मणिलाल मारीशस में केवल चार साल रहे, मगर उसी अवधि में उन्होंने प्रवासी भारतीयों के भीतर एक नई जिन्दगी पैदा कर दी। वे टापू में घूम-घूमकर सभाएँ करते थे और हिन्दी में भाषण देते थे। मारीशस में हिन्दुस्तानी नामक प्रथम हिन्दी साप्ताहिक उन्हीं के समय 15 मार्च, 1909 ई. को निकला था। 1910 ई. में मारीशस में कुछ सिख सिपाही ठहरे हुए थे। उनकी मदद से मणिलाल जी ने उसी साल आर्यसमाज की स्थापना की और 'आर्य पत्रिका' नामक साप्ताहिक का प्रकाशन आरम्भ किया। पहले मारीशस में विवाह का पंजीकरण केवल अंग्रेजी अथवा फ्रेंच में होता था। डॉक्टर मणिलाल के ही उद्योग से एक नया आर्डिनेंस निकला, जिसके अनुसार विवाह की रजिस्ट्री 'हिन्दुस्तानी या तमिल' में भी जायज मानी जाने लगी।

हिन्दमहासागर में छोटा-सा हिन्दुस्तान

मारीशस वह देश है, जिसका कोई भी हिस्सा समुद्र से पन्द्रह मील से ज्यादा दूर नहीं है। मारीशस वह देश है, जहाँ की राजभाषा अंग्रेजी, मगर संस्कृति की भाषा फ्रेंच है। मारीशस वह देश है, जहाँ के अंग्रेज अपने नौकरों से फ्रेंच में बोलते हैं। मारीशस वह देश है, जहाँ की जनसंख्या के 67 प्रतिशत लोग भारतीय खानदान के हैं तथा जहाँ 53 प्रतिशत लोग हिन्दू हैं। मारीशस वह देश है, जहाँ आर्यसमाज की स्थापना सिख सिपाहियों के सहयोग से की गई थी। मारीशस वह देश है, जिसकी राजधानी पोर्टलुई की गलियों के नाम कलकत्ता, मद्रास, हैदराबाद और बम्बई हैं तथा जिसके एक पूरे मोहल्ले का नाम काशी है। मारीशस वह देश है, जहाँ बनारस भी है, गोकुल भी है और ब्रह्मस्थान भी। मारीशस वह देश है, जहाँ माध्यमिक स्कूलों को कॉलेज कहने

का रिवाज है। मारीशस वह देश है, जहाँ पुरोहित सरकार से वेतन पाते हैं। मारीशस वह देश है, जहाँ ब्राह्मण, क्षत्रिय और वैश्य तो हैं, मगर शूद्र कोई नहीं है।

मारीशस में हिन्दू कोई चार लाख हैं। उनमें ब्राह्मणों और क्षत्रियों की सम्मिलित संख्या लगभग चार हजार है। बाकी जो भी लोग हैं, अपने को वैश्य कहते हैं। इस मामले में मारीशस के हिन्दुओं ने जो सुधार किया है, वह भारत के हिन्दुओं के लिए भी अनुकरणीय है। अमरीका से लौटने पर स्वामी विवेकानन्द ने मद्रास में कहा था, 'हिन्दुओ, जात-पाँत का झगड़ा तुम्हें खा जाएगा। हर जाति के लोग सभा में एकत्र होकर ऐलान कर दो कि तुम ब्राह्मण हो। भारत केवल ब्राह्मणों का देश हो जाए, इसमें बुराई की बात क्या है? लेकिन सच्चा ब्राह्मण बनने को तुम सब लोगों को संस्कृत भी अवश्य पढ़नी चाहिए।' मारीशस में यह उपदेश शायद नहीं पहुँचा था, मगर वहाँ के हिन्दुओं ने, अपने-आप, बहुत दूर तक स्वामी जी के विचारों को कार्य का रूप दे दिया है। संस्कृत सब लोग तो नहीं पढ़ते हैं, किन्तु ब्राह्मण महासभा की ओर से संस्कृत की कुछ थोड़ी पढ़ाई का वहाँ प्रबन्ध है और भारतीय विद्या भवन की संस्कृत की परीक्षाएँ मारीशस में भी चलती हैं।

चूँकि मारीशस के हिन्दुओं में से अधिकांश बिहार और उत्तर प्रदेश के लोग हैं, इसलिए हिन्दी का मारीशस में व्यापक प्रचार है। मारीशस की हिन्दी प्रचारिणी सभा जीवित-जाग्रत संस्था है। उसके प्रधान मारीशस के लोकप्रिय जननायक श्री जयनारायण राय और उसके महामन्त्री श्री सूरज मंगर भगत हैं। भगत-परिवार हिन्दी का अनन्य सेवक है। शमा-महफिल एक है, यह घर का घर परवाना है। श्री गिरिधारी भगत जी इसी परिवार के सदस्य थे, जिन्होंने हिन्दी प्रचारिणी सभा को अपना पचास हजार का सर्वस्व दान कर दिया था। इसी परिवार ने श्री ब्रजेन्द्र मधुकर को जन्म दिया है, जो हिन्दी के अच्छे गीतकार हैं और जिनकी कई पुस्तकें प्रकाश में आ चुकी हैं। स्वर्गीय श्री नन्दन ठाकुर एक दूसरे महापुरुष हुए हैं, जो पेशे से हज्जाम थे, किन्तु जिन्होंने अपना सर्वस्व हिन्दी प्रचारिणी सभा को दान कर दिया था। सभा के तत्त्वावधान में 182 प्राथमिक स्कूल और कोई बारह माध्यमिक स्कूल चलते हैं। सभा की सारी जरूरतें चन्दे से पूरी होती हैं और चन्दा उगाहने का काम जयनारायण बाबू ने इस जोर से किया है कि मारीशस में हिन्दी के वे 'महाभिक्षु' माने जाते हैं।

मारीशस की राजभाषा अंग्रेजी, किन्तु संस्कृति की भाषा फ्रेंच है। मगर जनता वहाँ क्रेयोल बोलती है। क्रेयोल का फ्रेंच से वही सम्बन्ध है, जो सम्बन्ध भोजपुरी का हिन्दी से है। और क्रेयोल के बाद मारीशस की दूसरी जनभाषा भोजपुरी को ही मानना पड़ेगा। प्रायः सभी भारतीय भोजपुरी बोलते अथवा उसे समझ लेते हैं। यहाँ तक कि भारतीयों के पड़ोस में रहनेवाले चीनी भी भोजपुरी बखूबी बोल लेते हैं। किन्तु मारीशस की भोजपुरी शाहाबाद या सारन की भोजपुरी नहीं है। उसमें फ्रेंच के इतने संज्ञापद घुस गए हैं कि आपको बाज-बाज शब्दों के अर्थ पूछने पड़ेंगे।

हिन्दी के सिवा, मारीशस में मराठी, तेलगू, तमिल, उर्दू और गुजराती का भी प्रचार है। मारीशस के मुसलमानों में से अधिकांश गुजरात के हैं। राजनीति की दृष्टि से भारत और पाकिस्तान के द्वन्द्व से उनके भीतर चाहे जो भी दुविधा पैदा होती हो, मगर अपनी मातृभाषा गुजराती के लिए उनके भीतर अच्छा उत्साह है। जैसे भारत में हिन्दी को अन्तःप्रान्तीय भाषा बनाने का आन्दोलन अहिन्दी-भाषियों ने उठाया, उसी प्रकार, मारीशस में भी हिन्दी प्रचार का अधिक कार्य अहिन्दी-भाषियों ने किया है। सन् 1935 ई. के आसपास मारीशस से तीन हिन्दी साप्ताहिक निकले थे, जिनमें से एक के सम्पादक श्री नरसिंह दास थे, जिनकी मातृभाषा तेलगू थी। दूसरे के सम्पादक मराठी-भाषी पं. आत्माराम और तीसरे के बंगला-भाषी पंडित काशीनाथ थे। मैं जब मारीशस में था, मित्रों ने मेरा परिचय श्री रमास्वामी तुलसी से यह कहकर कराया था कि तुलसी जी की मातृभाषा तेलगू है, लेकिन वे स्कूल में हिन्दी पढ़ाते हैं तथा रेडियो पर तेलगू का कार्यक्रम सँभालते हैं। अभी-अभी यह सुनकर मुझे गम्भीर शोक हुआ कि ऐसे राष्ट्रीय व्यक्ति का अभी हाल में ही अचानक देहावसान हो गया।

हिन्दी, तमिल, तेलगू, मराठी और उर्दू की पढ़ाई पर मारीशस के अभारतीय लोग हँसते हैं, किन्तु, भारतीय खानदान के लोग अपनी भाषाओं को छोड़ने को तैयार नहीं हैं। यह अत्यन्त शुभ लक्षण है। खास कर हिन्दी की महिमा सभी भारतीय समझते हैं। हिन्दी और भोजपुरी मारीशस-निवासी भारतीयों को एक सूत्र में बाँधे हुए है और मारीशस को भारत के साथ बाँधने का काम भी हिन्दी ही कर रही है। मारीशस के वर्तमान प्रीमियर सर शिवसागर रामगुलाम भोजपुरी-भाषी हैं। सत्तारूढ़ होने के बाद उन्होंने सरकारी स्तर पर भी भारतीय भाषाओं का प्रवेश प्राथमिक वर्गों में करा दिया है। किन्तु यह अत्यन्त आवश्यक प्रतीत होता है कि माध्यमिक स्कूलों में भी हिन्दी का प्रवेश करा दिया जाए। मारीशस में हिन्दू संस्कृति की रक्षा का काम तुलसीदास जी की 'रामायण' ने किया है। यदि माध्यमिक स्कूलों में हिन्दी की पढ़ाई शुरू हो जाए, तो भारतीय संस्कृति का गढ़ मारीशस में अभेद्य हो जाएगा।

मारीशस के हिन्दू और मुसलमान अपने-अपने धर्मों पर कठोरता से आस्था रखनेवाले हैं। मारीशस पर जब यूरोपवालों ने अधिकार किया, तब मालिकों के काम अफ्रीका और मादागास्कर से लाए गए हब्शी दास करते थे। जब दास-प्रथा का अन्त हो गया, हब्शियों में विद्रोह की भावना आ गई और उन्होंने खेतों में काम करने से इनकार कर दिया। इसी स्थिति को सँभालने के लिए भारत से लोग मजदूर के रूप में मारीशस ले जाए जाने लगे। मारीशस को अंग्रेजों ने सन् 1810 ई. में जीता। इस चढ़ाई में अंग्रेजों के साथ नौ हजार भारतीय सिपाही भी आए थे। इसके मानी ये हुए कि मारीशस-विजय में भारतीय भी अंग्रेजों के हिस्सेदार थे।

ऐसा भी प्रमाण मिलता है कि कुछ भारतीय मजदूर अंग्रेजों की विजय के पूर्व ही मारीशस पहुँच चुके थे। लेकिन अधिक संख्या में मारीशस वे सन् 1830 ई. के बाद से जाने लगे।

जो हब्शी दास थे, उन्होंने आँख मूँदकर ईसाइयत को कबूल कर लिया। इसलिए गोरे लोग उनके प्रति सहानुभूतिशील हो गए; किन्तु हिन्दुस्तानी लोग अपने धर्म पर डटने लगे और जितना ही उन्होंने ईसाई बनने से इनकार किया, गोरे उनसे उतने ही खफा रहने लगे, उन्हें दबाने लगे, उनकी उपेक्षा करने लगे। सन् 1834 ई. से लेकर सन् 1947 ई. तक मारीशस के हिन्दुओं ने बड़े-बड़े अत्याचार सहे। नौकरी पाने के लोभ में बहुत-से हिन्दू क्रिस्तान भी हो गए। किन्तु ये मुसीबतें सतही रहीं। हिन्दुत्व के मूल को ईसाई पादरी और शासक बिलकुल ही हिला नहीं सके।

हिन्दुस्तानियों से गोरे और ईसाई लोग केवल इसीलिए नहीं जलते थे कि हिन्दुस्तानी अपने धर्म और मजहब की रक्षा के लिए सभी कष्ट सहने को तैयार थे। जलने का कारण यह भी था कि भारतीय लोग मितव्ययी थे। वे जो कुछ कमाते थे, उसमें से पैसे बचाकर खेती के लिए जमीन खरीदते जा रहे थे। नौकरी में ईसाइयों के साथ पक्षपात था। अतएव भारतीय लोग कृषि और वाणिज्य, दोनों पर अधिकार करते जा रहे थे। आज भी मारीशस की अवस्था यह है कि क्रेयोल जाति के लोग नौकरी के लिए बेहाल रहते हैं अथवा मिस्तरी का काम खोजते हैं। उनके पास अपनी जमीन नहीं है, अपने घर नहीं हैं। मगर मारीशस की सारी खेती पर, मालिक या मजदूर की हैसियत से, भारतीयों का एकच्छत्र अधिकार है। चीनी लोग केवल वाणिज्य पर जीते हैं, किन्तु भारतीयों के हाथ में वाणिज्य भी है और कृषि भी। वे पुरुषार्थी हैं। हाथों से काम करने में वे शरमाते नहीं हैं। फिर ऐसे अध्यवसायी वर्ग की उन्नति को रोक कौन सकता है?

मारीशस में ऊख की खेती और उसके व्यवसाय को जो सफलता मिली है, भारतीयों के कारण मिली है। और अब स्कूलों, कॉलेजों और सरकारी नौकरियों में भी भारतीयों का प्रवेश तेजी के साथ हो रहा है। मारीशस की असली ताकत भारतीय लोग ही हैं। सारा मारीशस कृषि-प्रधान द्वीप है, क्योंकि चीनी वहाँ का प्रमुख अथवा एकमात्र उद्योग है। किन्तु भारतीय वंश के लोग यदि इस टापू में नहीं गए होते, तो ऊख की खेती असम्भव हो जाती और चीनी के कारखाने बढ़ते ही नहीं।

भारत में बैठे-बैठे हम यह नहीं समझ पाते कि भारतीय संस्कृति कितनी प्राणवती और चिरायु है। किन्तु मारीशस जाकर हम अपनी संस्कृति की प्राणवत्ता का ज्ञान आसानी से प्राप्त कर लेते हैं। मालिकों की इच्छा तो यही थी कि भारतीय लोग भी क्रिस्तान हो जाएँ। किन्तु भारतीयों ने अत्याचार तो सहे, लेकिन प्रलोभनों को ठुकरा दिया। वे अपने धर्म पर डटे रहे और जिस द्वीप में भगवान ने उन्हें भेज दिया था, उस द्वीप को उन्होंने छोटा-सा हिन्दुस्तान बना डाला। यह ऐसी सफलता की बात है,

जिस पर सभी भारतीयों को गर्व होना चाहिए। अजां की आवाज और शंखों की ध्वनि जैसे भारत में गूँजती है, वैसे ही वह मारीशस में भी सुनाई पड़ती है।

मारीशस के प्रत्येक प्रमुख ग्राम में शिवालय होता है। मारीशस के प्रत्येक प्रमुख ग्राम में हिन्दू तुलसीकृत रामायण का पाठ करते हैं अथवा ढोलक और झाँझ पर उसका गायन करते हैं। मारीशस के हिन्दुओं में से दो-तिहाई लोग सनातनी और एक-तिहाई लोग आर्यसमाजी हैं। एक समय भारत की तरह मारीशस के हिन्दुओं के बीच भी सनातन धर्म और आर्यसमाज को लेकर भयानक संघर्ष मचा था। किन्तु प्रोफेसर विष्णुदयाल-जैसे सुलझे और कर्मठ नेताओं के प्रचार से यह संघर्ष अब क्षीण हो गया है। विष्णुदयाल जी मारीशस के अप्रतिम ज्ञान-साधक हैं, जो मुझे लगभग ऋषि के समान लगे। उन्होंने मन्त्र फूँका कि 'सनातनी और आर्यसमाजी का भेद आपसी भेद है। इस द्वीप में तो हम सभी लोग हिन्दू हैं और हिन्दुत्व के बल पर ही हम सिर उठाकर चल सकते हैं।'

मारीशस के मन्दिरों और शिवालयों को मैंने अत्यन्त स्वच्छ और सुरम्य पाया। स्पष्ट ही, यह ईसाई गिरजों का प्रभाव है। कितना अच्छा हो, यदि हम भारत में भी अपने मन्दिरों और तीर्थस्थानों को उतना ही स्वच्छ और सुरम्य बनाना आरम्भ कर दें, जितने स्वच्छ वे मारीशस में दिखाई देते हैं!

मारीशस के हिन्दू पुरोहित संस्कृत का शुद्ध उच्चारण कर सकते हैं और विवाह आदि संस्कार वे मन्त्रों के साथ बड़ी स्वच्छता से सम्पन्न करते हैं।

भारत के पर्व-त्योहार मारीशस में भी प्रचलित हैं। किन्तु वर्ष का सर्वश्रेष्ठ धार्मिक पर्व शिवरात्रि है। मारीशस के मध्य में एक झील है, जिसका सम्बन्ध हिन्दुओं ने परियों से बिठा दिया है और उस झील का नाम अब परी-तालाब हो गया है। तीर्थ और कुछ नहीं, मनुष्य की धार्मिक भावनाओं के प्रतीक हैं। तुलसीदास जी ने लिखा है कि स्त्रियाँ अपने ही हाथों से दीवारों पर छाप डालकर उसकी पूजा करती हैं और इसी से उनकी मनोकामनाएँ पूर्ण होती हैं। धर्म असल में विश्वास का ही नाम है।

अपनो ऐपन निज हथा
तिय पूजहिं निज भीति।
फरइ सकल मनकामना
तुलसी प्रीति-प्रतीति॥

परी-तालाब भी हिन्दुओं की ऐकान्तिक भक्ति के कारण पुण्यधाम हो उठा है। परी-तालाब केवल तीर्थ ही नहीं, दृश्य से भी पिकनिक का स्थान है। किन्तु वहाँ पिकनिक पर जानेवाले लोग अपने साथ मांस-मछली नहीं ले जाते, न अपवित्रता का वहाँ कोई व्यापार करते हैं।

शिवरात्रि के समय सारे मारीशस के हिन्दू श्वेत वस्त्र धारण करके कन्धों पर काँवर लिये जुलूस बाँधकर परी-तालाब पर आते हैं और परी-तालाब का जल बोझकर

अपने-अपने गाँव के शिवालय को लौट जाते हैं तथा शिवजी को जल चढ़ाकर अपने घरों में प्रवेश करते हैं। ये सारे कृत्य वे बड़ी ही भक्ति-भावना और पवित्रता से करते हैं। सभी वयस्क लोग उस दिन उजली धोती, उजली कमीज और उजली गांधी टोपी पहनते हैं। हाँ, बच्चे हाफ पैंट पहन सकते हैं, लेकिन गांधी टोपी उस दिन उन्हें भी पहननी पड़ती है। परी-तालाब पर लगनेवाला यह मेला मारीशस के प्रमुख आकर्षणों में से एक है और उसे देखने को अन्य धर्मों के लोग भी काफी संख्या में आते हैं। कहते हैं, कन्धों पर काँवर उठाए हुए तथा शुभ्र वस्त्रों से भूषित लोगों की यह भीड़ भक्ति जगानेवाली होती है तथा इस एक मेले में हिन्दुत्व के गौरव की जैसी वृद्धि होती है, वैसी किसी और कार्य से नहीं।

मारीशस के भारतीयों के बुरे दिन अब खत्म हो गए। मारीशस अब शीघ्र ही स्वाधीन होने जा रहा है और गोरे चाहे जो भी उपाय करें, भारतीयों का प्रभुत्व इस द्वीप पर छाकर रहेगा। जरूरत इस बात की है कि मारीशस-निवासी अपने भविष्य को ठीक से पहचानें। इस द्वीप भर से हिन्दुओं को आपसी भेदभाव भुलाकर परस्पर एक हो जाना चाहिए। इसी प्रकार हिन्दुओं और मुसलमानों के बीच भी पक्की एकता होनी चाहिए तथा हिन्दू-मुस्लिम एकता के संगम पर द्वीप के ईसाइयों को भी एकत्र हो जाना चाहिए, क्योंकि इन सभी लोगों की किस्मत एक है। 'हिन्दू, मुस्लिम और ईसाई, आपस में हैं भाई-भाई'—इस नारे की जितनी जरूरत हिन्दुस्तान को है, उतनी ही जरूरत मारीशस-निवासियों को भी है।

प्रवासी हिन्दी साहित्य

बंगाल से बाहर भारत के किसी भी प्रदेश में बंगला में जो कुछ लिखा जाता है, उसे बंगाल के साहित्यिक प्रवासी बंगला साहित्य कहते हैं। किन्तु हिन्दी-भाषी प्रदेशों से बाहर हिन्दी में जो कुछ लिखा जाता है, उसे प्रवासी हिन्दी साहित्य कहने का रिवाज नहीं है। हिन्दी आरम्भ से ही अन्तःप्रान्तीय भाषा रही है और हिन्दी में लिखनेवाले लेखक और कवि भारत के प्रायः सभी भाषा-क्षेत्रों में उत्पन्न होते रहे हैं। हिन्दी, स्वभावतः ही, भारत की राष्ट्रभाषा है। अतएव हिन्दीवालों को कभी यह सूझा ही नहीं कि जो साहित्य हिन्दी प्रदेशों के बाहर लिखा जा रहा है, उसे प्रवासी हिन्दी साहित्य कहा जाए। हाँ, भारत से बाहर हिन्दी में अगर कहीं कुछ लिखा जाता है, तो उसे हम प्रवासी हिन्दी साहित्य की संज्ञा दे सकते हैं। और भारत से बाहर केवल मारीशस ही वह देश है, जहाँ प्रवासी हिन्दी साहित्य का निर्माण हो रहा है।

मारीशस में हिन्दी की प्रधानता कैसे हुई, यह काफी रोचक प्रसंग है। इतिहास से पता चलता है कि मारीशस जब फ्रांस के अधिकार में था, तभी भारतीयों का एक दल सन् 1727 ई. में, दास के रूप में, मारीशस पहुँचा था। इस दल के लोग बंगाल

से गए थे, जिसके मानी ये होते हैं कि वे बिहार, बंगाल, उड़ीसा और असम के रहे होंगे। बाद को फ्रांसीसी शासक जब मारीशस की राजधानी पोर्टलुई का निर्माण करने लगे, तब वे दक्षिण भारत से बहुत-से मजदूरों को मारीशस ले गए। सम्भव है, ये लोग मालाबार के रहे हों! ये लोग गरीब होने पर भी स्वधर्माभिमानी थे, अतएव गोरे उन्हें मालाबारी कहकर चिढ़ाने लगे। आज भी मालाबारी शब्द मारीशस में गाली का शब्द है और मारीशस के भारतीय मालाबारी कहे जाने पर अपमान का अनुभव करते हैं।

पीछे सन् 1834 ई. में अंग्रेज भारत से बहुत-से मजदूरों को पाँच-पाँच वर्ष के ठेके पर मारीशस ले जाने लगे। इनमें से सभी मजदूर केवल हिन्दी-भाषी प्रान्तों के नहीं थे, किन्तु, बिहार और उत्तर प्रदेश के मजदूरों की संख्या बहुत बड़ी थी। उन्हीं के साथ तुलसीदास की रामायण और भोजपुरी भाषा मारीशस पहुँची और कालक्रम में वह सभी हिन्दुस्तानियों की भाषा बन गई। भोजपुर के लोग, स्वभाव से ही, जरा कड़ियल होते हैं। अपनी गरीबी झेलते हुए उन्होंने अपने धर्म और संस्कृति की रक्षा जिस साहस और लगन के साथ की, उससे गोरे मालिक उनसे नाराज रहने लगे। मगर सत्य कभी-कभी विरोधी के मुख से भी उद्गीर्ण हो जाता है। एक गोरे शासक ने लिखा था कि 'हिन्दुस्तानियों को छोड़कर धरती पर और कोई जाति नहीं है, जो व्यावहारिक जीवन में अपनी सभ्यता और संस्कृति का इतना उत्तम परिचय देती हो।' मारीशस में भोजपुरी भाषा का प्रचलन देखकर सानन्द आश्चर्य होता है। बिरहा और आल्हा मारीशस में खूब चलते हैं। विवाह के अवसर पर औरतें जो गीत गाती हैं, वे, वे ही गीत हैं, जो भोजपुर के इलाकों में गाए जाते हैं। एक समय 'रामलीला' और 'इन्दरसभा' का मारीशस में खूब प्रचार था। मारीशस में हिन्दी का आधार भोजपुरी रही है। यदि मारीशसीय भारतीयों ने भोजपुरी को न बचाया होता, तो आज तक हिन्दी की लता मुरझा गई होती।

किन्तु मारीशस की भोजपुरी वही भोजपुरी नहीं है, जो बिहार और उत्तर प्रदेश के भोजपुरी इलाकों में बोली जाती है। क्रेयोल एक प्रकार की अपभ्रष्ट फ्रेंच भाषा है, जिसका मारीशस में व्यापक प्रचार है। क्रेयोल के बहुत-से शब्द भोजपुरी में इस तरह घुल-मिल गए हैं, जिन्हें निकालना अब आसान नहीं है। और इन शब्दों को भोजपुरी से बाहर निकाल फेंकना कोई अच्छा काम भी नहीं हैं, क्योंकि तब भोजपुरी कृत्रिम और पंडिताऊ भाषा बन जाएगी।

अंग्रेजी के जितने शब्द हिन्दी में प्रवेश पा सके हैं, उनसे कहीं अधिक फ्रेंच शब्द मारीशस में भोजपुरी के भीतर पैठ गए हैं। फ्रेंच भाषा में दुकान के लिए 'बुचिक' शब्द चलता है। भोजपुरी ने उसे 'बुदिक' बनाकर आत्मसात् कर लिया है। 'जरा दुकान से आता हूँ' कहना होगा, तो मारीशस की भोजपुरी में कहेंगे, 'तनी बुदिक से आवतानी'। मोटर को फ्रेंच में 'ल ओतो' कहते हैं। भारतीयों ने उसे 'लोतो' बना लिया है। फ्रेंच में कुएँ को 'दाँपुई' कहते हैं। भोजपुरी में वह 'दाँपी' बन गया है।

यथा : दाँपी (कुएँ) से पानी ले आब। इसी प्रकार ऊख को मारीशस की भोजपुरी में 'कान' (सूगरकैन से) कहते हैं। फ्रेंच में सड़क को 'शेमे' कहते हैं। भोजपुरी में उसे 'सीमा' कहते हैं। फ्रेंच में कमरे को 'ल शाम' कहते हैं। भोजपुरी ने कमरे के लिए 'लाशाम' शब्द बना लिया है। फ्रेंच में मेज को 'लताबुल' कहते हैं। भोजपुरी ने मेज के लिए 'लताब' शब्द बना लिया है। अंग्रेजी के कैम्प का फ्रेंच उच्चारण 'दकाँ' है। दकाँ यानी कैम्प में। भोजपुरी में कैम्प के लिए 'दक्काँ' शब्द चल गया है। 'ऊ त दक्काँ में रहत बारे'। वह तो कैम्प में रहता है। फ्रेंच में गाड़ी को 'शरेत' कहते हैं। भोजपुरी में भी गाड़ी के लिए 'शरेत' शब्द ही चलता है। फ्रेंच में चक्के को 'लरू' कहते हैं। भोजपुरी में चक्के के लिए 'लरू' चल गया है। फ्रेंच में फँसना के लिए 'माइये' क्रिया चलती है। भोजपुरी में भी फँसने को 'माइये' कहते हैं। फैक्टरी के लिए फ्रेंच शब्द 'मूलिन' है। भोजपुरीवालों ने उससे 'मूला' शब्द बना लिया है। जब मोशिये ला जेस की फैक्टरी चालू हो गई, तब मजदूरों ने गीत बनाया था : 'चले लागल हो—मूसे लाजेस के मुलवा, चले लागल हो।'

साहित्य और कला के विकास के लिए थोड़ा-बहुत अवकाश, थोड़ी-बहुत निश्चिन्तता अपेक्षित होती है। किन्तु मारीशस के भारतीय आज तक केवल जीवित रहने के संघर्ष में फँसे रहे। अगर इस संघर्ष में ढील आ गई होती, तो वे मिट गए होते, उनकी संस्कृति विनष्ट हो गई होती। यह बड़ी बात हुई कि नाना कष्टों को झेलकर वे जीवित रहे; नाना प्रलोभनों को ठुकराकर, भाँति-भाँति के अत्याचारों को सहकर उन्होंने अपने धर्म और संस्कृति की रक्षा की। अतएव इसमें कोई आश्चर्य नहीं है कि मारीशस के भारतीय अपने साहित्य का विकास नहीं कर सके हैं। फिर भी जो कुछ वे कर रहे हैं, उस पर हमें गर्व होना चाहिए।

भारतीयों ने मारीशस को आबाद किया, भारतीयों ने वहाँ ऊख की खेती और चीनी के व्यवसाय को कामयाब बनाया और भारतीय ही गोरों की आँखों में खटकते रहे। कारण? सिर्फ यह कि गरीबी की हालत में भी अपने धर्म और संस्कृति को छोड़ने को वे तैयार नहीं थे। शासक जानते थे कि भारतीयों को उनकी भाषाएँ मिल गईं, तो उनकी भारतीयता और भी पुष्ट हो जाएगी। अतएव उन्होंने भारतीय भाषाओं के शिक्षण का कोई भी इन्तजाम नहीं किया। तब सन् 1859 ई. में एडोल्फ प्लेविज नामक एक जर्मन ने भारतीयों की दुरवस्था से द्रवित होकर एक आन्दोलन चलाया और 9,401 भारतीयों के हस्ताक्षर से एक आवेदन सरकार के पास भेजा। किन्तु सरकार ने भारतीय भाषाओं को तब भी स्वीकार नहीं किया। यह आवेदन केवल अंग्रेजी में ही नहीं, हिन्दी और तमिल में भी तैयार किया गया था।

इसके बाद सन् 1885 ई. में मारीशस में नया संविधान लागू किया गया, जो 1948 ई. तक कायम था। इस संविधान के अनुसार वोट का अधिकार हर शिक्षित व्यक्ति को दिया गया था और प्रावधान यह भी था कि भारतीय अगर केवल अपनी

भाषा में साक्षर हों, तो उनके लिए उतना काफी होगा। इससे भारतीयों को अपनी भाषा में साक्षरता प्राप्त करने की प्रेरणा प्राप्त हुई।

इस प्रकार मारीशस में भारतीय भाषाओं अथवा हिन्दी का कोई उल्लेखनीय कार्य उन्नीसवीं सदी में हुआ या नहीं, यह विषय महत्त्वहीन है। उनके कार्य बीसवीं सदी में ही आरम्भ हुए और मारीशस में हिन्दी का इतिहास इसी सदी का इतिहास है। गांधी जी मारीशस सन् 1901 में गए थे और उन्होंने अपना भाषण गुजराती में भी दिया था। फिर उन्हीं की प्रेरणा से डॉ. मणिलाल सन् 1907 ई. में मारीशस गए और उन्होंने ही मारीशस में आर्यसमाज की स्थापना की तथा हिन्दी के पहले साप्ताहिक पत्र 'हिन्दुस्तानी' का प्रकाशन 15 मार्च, सन् 1909 ई. को आरम्भ किया।

मारीशस के हिन्दी-सेवियों में आरम्भ में सबसे उल्लेखनीय नाम पंडित आत्माराम का है, जो मराठी-भाषी थे। किन्तु बारी-बारी से उन्होंने 'हिन्दुस्तानी', 'आर्य-पत्रिका', 'आर्यवीर', 'जागृति' और 'आर्योदय'–इन पाँच साप्ताहिकों का सम्पादन किया। आत्माराम जी ने हिन्दी में 'मारीशस का इतिहास' और 'हिन्दू मारीशस' नामक दो ग्रन्थ भी लिखे, जो बहुत ही लोकप्रिय हुए। कहते हैं, उन्होंने कुल मिलाकर चौदह पुस्तकें लिखी थीं, जिनमें से तीन के नाम 'मारीशस में भगवान', 'शिवाजी' और 'लक्ष्मीबाई' थे। डॉ. मणिलाल के उद्योग से सरकार ने 1912 ई. में यह स्वीकार कर लिया था कि भारतीयों के विवाह यदि हिन्दुस्तानी, हिन्दी या तमिल में पंजीकृत होंगे, तो वे जायज समझे जाएँगे। लेकिन 1936 ई. तक भारतीय भाषाओं के प्रति सरकार का जो रुख था, उसकी आलोचना करते हुए पं. आत्माराम ने अपनी पुस्तक में सवाल किया था : 'क्या हमें गीता और रामायण भी अंग्रेजी में पढ़नी होगी?'

मारीशस के अन्य हिन्दी लेखकों में सर्वश्रेष्ठ नाम पंडित विष्णुदयाल का है। वे सन् 1933 ई. से लेकर सन् 1939 ई. तक भारत में थे। यहाँ रहते हुए उन्होंने कलकत्ता और लाहौर में अध्ययन किया था। वे मारीशस जब लौटे, समाज की कुरीतियों पर क्रान्तिकारी जोश के साथ टूट पड़े। उन्हीं के मुख से हिन्दी सुनकर मारीशस के हिन्दुओं को हिन्दी की शक्ति का ज्ञान हुआ। श्री विष्णुदयाल जी का ज्यादा समय अंग्रेजी और फ्रेंच में लिखने में गया है, किन्तु प्रवासी हिन्दी साहित्य में भी उनका नाम सभी नामों से ऊपर रखने के योग्य है। उन्होंने 'पाल और विर्जिनी' नामक फ्रेंच उपन्यास का अनुवाद हिन्दी में किया है। इस उपन्यास के लेखक बेयनार्ड द सें प्ये ने फ्रेंच में एक और कहानी 'शोमिये एंजियन' (भारतीय कोठरी) के नाम से लिखी थी। इस कहानी का नायक एक यूरोपियन है, जो सुख की खोज में भटकता-भटकता भारत पहुँचता है और एक गरीब भारतीय किसान के घर में उसे सुख और शान्ति का ज्ञान होता है। विष्णुदयाल जी ने सें प्ये की इस कहानी का भी अनुवाद हिन्दी में किया है। इसके सिवा 'मेरी कोठरियाँ' और 'मेरी बंगाली कोठरियाँ' के नाम से उन्होंने अपनी आत्मकथा भी लिखी है। विष्णुदयाल जी के

बहुत-से हिन्दी लेख भारतवर्ष में छपे थे। उन लेखों के संग्रह 'विष्णुदयाल रचनावली' और 'विष्णुदयाल लेखावली' के नाम से प्रकाशित हुए हैं। विष्णुदयाल जी ने 'गीता का अद्‌भुत सन्देश' नाम से भी एक अद्‌भुत पुस्तक लिखी है। भारतीय संस्कृति की महिमा के प्रचार के लिए विष्णुदयाल जी ने फ्रेंच और अंग्रेजी में जो ढेर-के-ढेर लेख लिखे हैं, भारतवासियों के लिए उनके अनुवाद हिन्दी में भी निकलने चाहिए।

मारीशस के जननायक श्री जयनारायण राय की दो पुस्तकें अंग्रेजी में हैं; किन्तु हिन्दी में 'जीवन-संगिनी' नाम से उन्होंने जो नाटक लिखा है, वह बड़ी ही श्रेष्ठ कृति है।

श्री मुनीश्वर लाल चिन्तामणि की तीन पुस्तकें निकली हैं : (1) प्रथम किरण, (2) शान्ति निकेतन की ओर तथा (3) लोकप्रिय गीत।

श्री सोमदत्त जी बखोरी हिन्दी के बड़े ही होनहार कवि और लेखक हैं। 'हिन्दी साहित्य की एक झाँकी' के नाम से उन्होंने हिन्दी साहित्य का एक छोटा इतिहास लिखा है तथा उनकी नये ढंग की कविताएँ 'मुझे कुछ कहना है' के नाम से अभी निकली हैं।

श्री ब्रजेन्द्रकुमार मधुकर हिन्दी और भोजपुरी, दोनों ही भाषाओं में कविताएँ लिखते हैं। उनका स्वर ललित और उनकी कविताएँ गेय हैं। कोई आधा दर्जन काव्य-संग्रह उनके निकल चुके हैं, जिनमें से एक की भूमिका पं. सुमित्रानन्दन पन्त जी ने लिखी है और एक की श्री कृष्णदेव प्रसाद जी गौड़ ने।

एक अन्य कवि श्री ब्रजभूषण माथुर हैं, जिनकी 'रणभेरी' नामक कविता-पुस्तक मेरे पास है। मेरे पास 'कवि-सम्मेलन' नामक एक और पुस्तक है, जिसमें सर्वश्री मुनीश्वर लाल चिन्तामणि, रविशंकर कौलेश्वर, जयरुद दोसिया, गौतम रिसाल, ब्रजेन्द्र कुमार भगत तथा सोमदत्त बखोरी की कविताएँ संगृहीत हैं।

जब मैं मारीशस में था, वहाँ के लेखक-संघ की ओर से 'नये अंकुर' नामक एक छोटी-सी पुस्तिका प्रकाशित हुई थी, जिसमें सर्वश्री मुनीश्वर लाल चिन्तामणि, हरिनारायण सीता, मोती तोरल, केशवदत्त चिन्तामणि, इन्द्रदेव भोला तथा धर्मवीर घूरा—इन छह कथाकारों की कहानियाँ संगृहीत हैं।

प्रवासी हिन्दी-साहित्य का विवरण अधूरा रहेगा, अगर डॉ. रामप्रकाश के उज्ज्वल नाम का उसमें उल्लेख न किया जाए। डॉ. रामप्रकाश स्वर्गीय डॉ. रघुवीर के शिष्य हैं। फ्रेंच, अंग्रेजी और हिन्दी पर उनका समान अधिकार है। अभी मारीशस में वे 'भारतीय भाषा-शिक्षण-विभाग' के निदेशक हैं। नवीन हिन्दी पाठमाला के नाम से उन्होंने छह पुस्तकें प्रकाशित की हैं, जो विलक्षण हैं। ऐसे पाठ्यग्रन्थ अभी फ्रेंच और अंग्रेजी में भी नहीं निकले हैं।

दिवंगत लेखकों में एक लेखक पं. रामावत थे, जिन्होंने हिन्दी का व्याकरण लिखा था। बंगला-भाषी स्वर्गीय पं. काशीनाथ ने भी छात्रों के लिए तीन पाठ्यपुस्तकें हिन्दी

में लिखी थीं। पं. लक्ष्मीनारायण चतुर्वेदी 'रसपुंज' भारत से मारीशस गए थे। वहाँ रहते हुए उन्होंने कविता की दो पुस्तकें प्रकाशित कराईं, जिनमें से एक का नाम 'रसपुंज कुंडलिया' तथा दूसरी का 'शताब्दी-सरोज' है। इसी प्रकार पं. हरिप्रसाद रिसाल मिश्र ने 'छन्द वाटिका' और 'भजन-माला' नामक दो पुस्तकें लिखी थीं।

मारीशस में जब मैं प्रो. विष्णुदयाल जी से मिला, उन्होंने मुझे कई पुस्तकों के साथ एक और जिल्द दी, जिसमें पोर्टलुई में छपी निम्नलिखित पुस्तकें भी सम्मिलित हैं :

(1) सत्यनारायण की जय, (2) सनातन होली बहार, (3) सनातन धर्म का झंडा और (4) स्वास्थ्य शिक्षा।

पिछले साठ वर्षों में मारीशस में अनेक हिन्दी पत्र-पत्रिकाएँ निकलीं और निकलकर फिर बन्द हुई हैं। अभी जो हिन्दी पत्र जीवित हैं, उनमें से 'आर्योदय' और 'कांग्रेस' साप्ताहिक हैं, 'जनता' अर्द्ध-साप्ताहिक और 'जमाना' पाक्षिक है। किन्तु अभी भी उस जोरदार हिन्दी साप्ताहिक की राह देखी जा रही है, जो सभी भारतीयों का अपना पत्र बन सके।

मारीशस-यात्रा-2

मेरी मारीशस-यात्रा में कीनिया-यात्रा भी शामिल थी। इच्छा थी कि यात्रा-विवरण के क्रम में मैं दोनों देशों का अनुभव बताऊँगा। किन्तु अपने देशवासियों को मैं मारीशस की जानकारी जरा ज्यादा तफसील में देना चाहता था। अतएव यात्रा-विवरण का क्रम तोड़कर मैंने तीन निबन्ध लिख डाले, जो इस अध्याय के पूर्व आप पढ़ चुके हैं।

मारीशस हम 17 जुलाई, 1967 ई. को पहुँचे। हमारा जहाज जब मारीशस के हवाई अड्डे पर उतरा, वहाँ बूँदाबाँदी हो रही थी। हवाई अड्डे से हम होटल मस्करीन पहुँचाए गए, जो क्यूरपिप शहर में है और समुद्र के धरातल से 2000 फीट की ऊँचाई पर बसा हुआ है। क्यूरपिप की जलवायु लन्दन की जलवायु के समान है। हर समय जाड़ा और हर समय फुहार। और क्यूरपिप से 15 मील दूर पोर्टलुई है, जहाँ जाड़ा पड़ता ही नहीं है। मैं चाहता था कि सुमन और मैं अगल-बगल के कमरों में रहें। लेकिन इसकी सुविधा नहीं हो सकी, अतएव मैं नीचे ठहरा और सुमन ऊपर के कमरे में चले गए।

मारीशस हम लोग 17 जुलाई से लेकर 6 अगस्त तक ठहरे थे। मगर हर दिन का रोजनामचा मैं नहीं लिखूँगा। हमारे जाने से मारीशस की हिन्दू जनता में उत्साह की भारी लहर उठ गई थी और लोग चाहते थे कि हम देश की हर बस्ती में जाएँ और लोगों से मिलें। चूँकि मारीशस का रकबा केवल सात सौ वर्गमील है, इससे हम पूरा मारीशस घूमकर देख सके। प्रायः हर रोज एक, दो या तीन सभाएँ होती थीं और प्रायः हर रोज कोई-न-कोई पार्टी भी अवश्य होती थी। मैं शरीर और मन, दोनों से अत्यन्त खिन्न था। सभाओं में मैं थोड़ी ही देर बोलता था। बाकी समय को सुमन को अपने भाषणों से भरना पड़ता था। पार्टियों में भी मुझसे ज्यादा देर खड़ा रहना पार नहीं लगता था। मैं किसी कुर्सी पर स्थावर माल की तरह बैठ जाता था और सुमन जी घूम-घूमकर लोगों से मिलते और बातें करते थे। उनके शरीर में ताकत है, मिजाज में बश्शासी है और वे केवल सभा-चतुर ही नहीं हैं, लोगों से मिलने-जुलने में भी विनम्र और होशियार हैं। मेरी तो उन्होंने एक भी बात नहीं टाली। उन्हीं के सौहार्दपूर्ण सहयोग से हमारी मारीशस-यात्रा कामयाब हो सकी।

जिस दिन हम मारीशस पहुँचे, उसके दूसरे दिन शाम को दाऊद सेठ के यहाँ भारतीय राजदूत की पार्टी थी। इस पार्टी में हम लोग भी आमन्त्रित थे। यह मारीशस के बड़े लोगों की पार्टी थी। देश के प्रायः सभी बैंकर, उद्योगपति और व्यापारी इस पार्टी में आए हुए थे। औरतें कपड़ों और जेवरों से खूब सजी हुई थीं और अच्छे भोजन से बना हुआ रक्त उनके अंगों में दमक रहा था। यह पार्टी ज्यादातर उन हिन्दुस्तानियों की थी, जो मारीशस में अब धनवान हो गए हैं। शराब का दौर तो खैर मारीशस में उसी तरह चलता है, जैसे वह यूरोप में चलता है। इसी पार्टी में मैंने पहले-पहल जुवाल को देखा, जो उस समय सर शिवसागर रामगुलाम से मोर्चा ले रहे थे। यह चुनाव की गर्मी का वक्त था। सेठ दाऊद भी रामगुलाम के उम्मीदवार का विरोध कर रहे थे। लेकिन यह देखकर मुझे खुशी हुई कि सेठ दाऊद के भी मत में सर शिवसागर रामगुलाम से बड़ा देशभक्त और कोई नहीं है। उसी पार्टी में मुझे गोवर्धन जी से भेंट हुई, जिनके एक भाई दिल्ली के सुप्रीम कोर्ट में वकालत करते हैं। सब मिलाकर मेरा मत बना कि सेठ दाऊद शरीफ मुसलमान हैं।

19 जुलाई को हम लोग एक तिलक की रस्म में शामिल हुए। इस विवाह में लड़की भूमिहार की थी और लड़का राजपूत का। मुझे यह अन्तर्जातीय विवाह बहुत ही अच्छा लगा। पंडित जी जो मन्त्र पढ़ रहे थे, वे बिलकुल शुद्ध थे। औरतें जो गाने गा रही थीं, ठीक वे ही गाने थे, जो विवाह के अवसर पर बिहार में गाए जाते हैं।

मारीशस में समाज-सुधार की एक बात मुझे बहुत पसन्द आई। मारीशस के सभी हिन्दू केवल तीन जातियों में विभक्त हैं—बाबा जी यानी ब्राह्मण, बाबू जी यानी क्षत्रिय, बाकी सब वैश्य हैं। शूद्र वहाँ कोई है ही नहीं। मगर, वैश्य बाबा जी और बाबू जी से थोड़ा खिंचे रहते हैं। जातियों की समस्या का मारीशस ने कुछ थोड़ा समाधान कर लिया है यानी अनन्त जातियों को समेटकर उसने तीन जातियाँ बना ली हैं। किन्तु उचित समाधान वह है, जिसका संकेत मद्रास भाषण में स्वामी विवेकानन्द ने किया था। हर जाति के हिन्दू सभा करके घोषित कर दें कि वे ब्राह्मण हैं और ब्राह्मणत्व की प्रतिष्ठा पाने को वे थोड़ी संस्कृत जरूर सीख लें।

उसी दिन हम संगीत और नृत्य स्कूल देखने गए। नन्दकिशोर और उनकी पत्नी कीर्तिकर भारत से यहाँ नृत्य और गीत का प्रचार करने को आए हुए हैं। उनका काम अच्छा चल रहा है। औरत-मर्द मिलाकर कोई 100 छात्र हैं, जो इस स्कूल में शिक्षा पा रहे हैं।

19 जुलाई को ही एयर इंडिया इंटरनेशनल का जहाज इनआगरल फ्लाइट पर मारीशस आया हुआ था। रात में हाई कमिश्नर की पार्टी थी। पार्टी में तरह-तरह की बातें चलीं और एक विषय कल्चर का भी छिड़ गया। उस पर मैंने एक छोटा-सा प्रवचन ही दे डाला, जिसे सुमन ने बहुत पसन्द किया।

20 जुलाई को हम गवर्नर सर रैनी से मिलने गए। गवर्नर बहुत पढ़े-लिखे आदमी हैं। उनकी बीवी और बेटा भी साहित्य के रंग में रँगे हुए हैं। कविता में उनकी दिलचस्पी देखकर मैंने 'वायस ऑव हिमालया' की एक कॉपी उन्हें भेंट की।

श्री सोमदत्त बखोरी और श्री जयनारायण राय तो प्रायः नित्य ही हमसे मिलते रहे और नित्य ही उनके साथ घूमना-फिरना भी होता रहा। सोमदत्त जी के आग्रह से हम पोर्टलुई के मेयर से भी मिलने गए, जो चीनी खानदान के हैं। मेयर के यहाँ से विदा लेकर हम प्रोफेसर वासुदेव विष्णुदयाल के घर गए। विष्णुदयाल जी ने एक समय मारीशस में हिन्दी और हिन्दुत्व का आन्दोलन बड़े जोर से चलाया था और उस सिलसिले में अनेक कष्ट भी सहे थे। उनके कमरे में गांधी जी और विनोबा जी के चित्र देखकर परम सन्तोष हुआ। भारतीय संस्कृति के विषय में किस विदेशी विद्वान ने कहाँ, क्या लिखा है, यह विष्णुदयाल जी को भली भाँति मालूम है। भारतीय संस्कृति के विषय में अंग्रेजी, हिन्दी और फ्रेंच में विष्णुदयाल जी ने बहुत लिखा है और वह सब-का-सब श्लाघ्य और संग्रहणीय है।

मारीशस में ओरियंटल भाषाओं के निदेशक श्री रामप्रकाश हैं। वे स्वर्गीय डॉ. रघुवीर के शिष्य हैं और बड़े ही तेजस्वी पुरुष हैं।

भाषा के बारे में इस टापू की समस्या लगभग वही है, जो भारत की है। एक हद तक त्रिभाषा-सूत्र यहाँ भी चलता है। किन्तु, प्रमुख भाषाएँ अंग्रेजी और फ्रेंच हैं। वैसे राजभाषा अंग्रेजी ही है और फाइलें अंग्रेजी में ही लिखी जाती हैं। लेकिन टेलीफोन की भाषा यहाँ फ्रेंच है, क्योंकि फ्रेंच यहाँ की हवा में है और वह सुगमता से लोगों की जीभ पर चढ़ जाती है।

चैनपुर (सारन) के विश्वनाथप्रसाद सिंह की बेटी मालती यहाँ गजाधर परिवार में ब्याही हुई है। मालती की तीन साल की बच्ची उससे फ्रेंच में बोलती है। मैंने मालती से कहा, 'तू इसे हिन्दी बोलना क्यों नहीं सिखाती है?' मालती बोली, 'मैं क्या करूँ? मैं इससे हिन्दी में बोलती हूँ, मगर जवाब वह फ्रेंच में देती है।'

मारीशस में भारतीय भाषाएँ कहाँ तक टिकेंगी, यह मुझे संदिग्ध दीखता है। माँ-बाप घर में भोजपुरी बोलते हैं, मगर बच्चे अंग्रेजी, फ्रेंच या क्रेयोल बोलना पसन्द करते हैं। अंग्रेजी और फ्रेंच स्कूलों में अनिवार्य हैं, लेकिन भारतीय भाषाएँ केवल पढ़ाई जाती हैं। अभी भारतीय भाषाओं का प्रवेश प्राइमरी तक सीमित है। अब यह सोचा जा रहा है कि वे माध्यमिक स्कूलों में भी पढ़ाई जाएँ।

प्रदर्शनी देखने गया, तो उसमें हिन्दी, तमिल, तेलगू, मराठी और उर्दू के कक्ष दिखाई पड़े। तमिल कक्ष में तिरुवल्लुवर, कम्बन और भारती के चित्र भी देखे। भारती का सन्देश अखिल भारतीयता का सन्देश था, अखंडता का सन्देश था, देशभक्ति का सन्देश था। वह सन्देश जैसे तमिलनाडु में कमजोर हुआ है, वैसे ही मारीशस में भी।

यहाँ के भारतीय मारीशस को अपनी जन्मभूमि मानते हैं, यह शुभ लक्षण है। प्रोफेसर विष्णुदयाल जी ने कहा, 'मैंने आप लोगों के नाम सुनते ही भाई से कहा था, अमुक-अमुक फ्रेंच महालेखकों के बाद यह दूसरी बार दिनकर और सुमन मारीशस आ रहे हैं। इस यात्रा का कोई बड़ा परिणाम होना चाहिए।'

विष्णुदयाल जी ने यह भी कहा कि रवीन्द्रनाथ मारीशस आने का सपना देखा करते थे। उनकी कल्पना थी कि समुद्र-तट पर घूमूँगा, पेड़ों की छाया में विश्राम लूँगा और विर्जिनी से प्यार करूँगा। गांधी जी यहाँ आए थे, तब वे गवर्नर के घर ठहरे थे।

रामयाद जी यहाँ असिस्टेंट प्रिंसिपल सेक्रेटरी हैं। एक दिन उनके साथ समुद्र-तट पर घूमने की ठहरी। रास्ते में पालमा नाम का गाँव मिला। मारीशस पूरा-का-पूरा नगरीकृत देश है। शहर के बाद ऊख के खेत शुरू हो जाते हैं और खेतों के बाद शहर आ जाते हैं। कहीं-कहीं खेतों में झोंपड़ियाँ दीखती हैं। मर्द प्रायः सब-के-सब हाफ पैंट में मिलते हैं, बच्चे स्कर्ट पहने हुए। चेहरों से पता नहीं चलता कि कौन हिन्दुस्तानी हैं और कौन नहीं। हाँ, हब्शी अपने बाल से अलग पहचाने जाते हैं। हिन्दुस्तानी लोग उन्हें 'कटुआ' कहते हैं। कभी-कभी कोई लड़की मिल जाती है, जिसके होंठ हब्शी जैसे मोटे होते हैं और रंग साफ दिखाई देता है। यह वर्णसंकरता का प्रभाव होगा। लोगों की चाल-ढाल पर यूरोप का असर है। मिलते ही वे हाथ नहीं जोड़ते, 'नाड' देते हैं। सड़कें बहुत हैं और बड़ी अच्छी हालत में।

हम समुद्र-तट पर पहुँचे, तो दृश्य बड़ा ही सुहावना लगा। किनारे पर चीड़ के-से लम्बे-लम्बे पेड़ हैं, जिन्हें यहाँ फिलाओ कहा जाता है। समुद्र-स्नान करनेवालों के लिए अच्छा सुथरा घाट है। कपड़े बदलने के लिए तट पर छोटे-छोटे घर बने हुए हैं। समुद्र-तट पर हमने कुछ कोरल चुना और मस्ती में आकर सुमन ने 'हिमालय' नामक कविता सुनाई, जिसकी रचना उसने काठमांडू में की थी।

समुद्र से लौटते समय हमने सड़क के किनारे एक स्कूल और मन्दिर देखा। मन्दिर का नाम नागरी और रोमन में 'वृन्दावन सार्वजनिक केन्द्र' लिखा है। मन्दिर के सामने गांधी जी की मूर्ति खड़ी है, जिसके एक ओर रामायण और गीता है तथा दूसरी ओर चरखा। नीचे शिलालेख है, जिस पर भारत के झंडे का चक्र बना है। मूर्ति के नीचे पंडित सुमित्रानन्दन पन्त की पंक्तियाँ लिखी हैं :

तू सुद्ध, बुद्ध आत्मा केवल,
हे चिर पुराण, हे चिर नवीन।

'शुद्ध' न लिखकर लिखनेवाले ने 'सुद्ध' लिखा है।

दीवार पर ॐ अंकित है। यह मन्दिर आर्यसमाज का है, फिर भी उसके भीतर शिवलिंग स्थापित है। हमने उस मूर्ति के सामने जटाकटाहसंभ्रमम् का सस्वर पाठ किया है। नीचे एक गुफा है, जिसमें सप्तमातृकाओं की मूर्तियाँ हैं। सुमन गुफा में

जाकर भुसना सिन्दूर ले आया, जिसे हम लोगों ने ललाट पर धारण किया। रास्ते में जो घर मिले, उनमें हनुमान जी की पताकाएँ जरूर थीं।

जयनारायण बाबू ने हमारी यात्रा में खूब दिलचस्पी ली। एक रोज वे हमें न्यू ग्रोव गाँव की ओर ले गए। वहाँ से लौटकर हम श्री उमाशंकर गिरिजानन जी के घर आए और वहीं हमने भोजन किया। जयनारायण बाबू ने स्थानीय अंग्रेजी पत्र में हमारे बारे में दो-एक लेख भी लिखे। बखोरी जी ने मेरी एक कविता का फ्रेंच अनुवाद भी छपवाया। जयनारायण बाबू का एक कॉलेज है : 'मारीशस कॉलेज'। इस कॉलेज में हम चाय पर निमन्त्रित थे। कोई पाँच सौ व्यक्ति उस पार्टी में आए होंगे। मैंने तो संक्षिप्त भाषण देकर अपनी जवाबदेही पूरी कर दी, शायद एक कविता भी पढ़ी थी; किन्तु सुमन जी मौज में आ गए और देर तक काव्य-पाठ करते रहे। जयनारायण बाबू ने मेरे कान में कहा भी, 'चाय ठंडी हो रही है', पर मैंने उन्हें इशारों से समझा दिया, 'टोकिए मत। शेर अभी जोश में है।'

हमारे स्वागत में जो भी सभा आयोजित की जाती थी, उसका प्रारम्भ 'ॐ द्यावा शान्तिः' मन्त्र से होता था। सभा के आदि और अन्त में भारत का राष्ट्रगान भी रिकॉर्ड पर बजाया जाता था।

प्रधानमन्त्री के प्रमुख सचिव डॉ. हजारी सिंह के यहाँ जो पार्टी हुई, वह काफी अच्छी और उच्च कोटि की थी। उसमें लेखक, कवि, पंडित और पत्रकार खास तौर से बुलाए गए थे। इस पार्टी में फ्रेंच की प्रसिद्ध कवयित्री रेमोंद द कवेर्न आई हुई थीं। उनकी उम्र 65 से कम नहीं है, मगर वे गहनों और कपड़ों से खूब सजी हुई थीं। मिजाज उनका खुला है और बात करने का ढंग अत्यन्त रोचक है। उन्होंने 'अप्सरा' नाम की एक लम्बी कविता फ्रेंच में लिखी है, जिसमें कई हजार पंक्तियाँ हैं। इस कविता में ब्रह्मा, विष्णु, महेश और काली के सामने अप्सरा का नृत्य दिखाया गया है। मुझे यह कवयित्री इतनी पसन्द आई कि मैं उन्हीं के पास बैठा रह गया। सुमन जी घूम-घूमकर अतिथियों की दिलजोई करते रहे। 1967 के क्रिसमस के अवसर पर इस कवयित्री ने मुझे ग्रीटिंग कार्ड भेजा था, जिसमें दो-चार बड़ी प्यारी सतरें उन्होंने अपने हाथ से लिखी थीं :

> 'With you I was between sky and earth, flesh and soul, life and death, shades and light, and always in love.'

कवेर्न की कविताएँ फ्रांस में भी पढ़ी जाती हैं। मारीशस में एक और कवि हैं, जिन्हें यह सम्मान प्राप्त है। उनका नाम मालकोम द शाज़ाल है। किन्तु वे पार्टी में नहीं आए थे। वे भीड़-भड़क्के से अलग रहनेवाले जीव हैं। जब हजारी सिंह ने उन्हें आने को कहा, उन्होंने निवेदन किया, 'अकेले में डॉ. दिनकर से मिलना होता, तो मैं आ सकता था। पार्टी में आना मुश्किल है।' यह भी सुना कि पार्टियों में कवेर्न का ही आना दुर्लभ समझा जाता है। लेकिन शाजाल वहाँ नहीं जाते, जहाँ कवेर्न जाती हैं।

28 जुलाई को हाई कमिश्नर के यहाँ जो पार्टी हुई, उसमें प्रधानमन्त्री भी आए थे और गवर्नर भी। गवर्नर सपरिवार आए थे। 'वायस ऑव् हिमालया' का पारायण गवर्नर ने भी किया था और उनके पुत्र ने भी। मैंने निवेदन किया, 'अनुवाद सुपाठ्य नहीं उतरा है। आपको कविताएँ पसन्द तो क्या आई होंगी!' उन्होंने कहा, 'नहीं, 'बिल्डिंग ए हाउस' मुझे खूब अच्छी लगी।' फिर गवर्नर के लड़के ने पूछा, 'यह पीपल क्या चीज है?' मैंने नोट किया कि लड़के ने कविताएँ ध्यान से पढ़ी हैं। फिर मैंने उसे पीपल की महिमा समझाई।

गवर्नर का लड़का अति आधुनिक है। कविताएँ वह हर तरह की पढ़ता है, किन्तु रुचि उसकी विचित्र है। कहने लगा, 'आडन केवल पद्यकार हैं। कविताएँ वे कहाँ लिखते हैं?'

फिर लड़के ने कहा, 'मैं तो आधुनिक कविताओं से बिलकुल ऊब गया हूँ। भारत परम्परा का देश है। आशा है, आपके यहाँ सभी रोमांटिक कविताएँ खत्म नहीं हुई हैं और लोगों को अच्छी कविताएँ पढ़ने को मिल जाती हैं।'

यह अजब रोग है। बहुत-से आधुनिक कविता के प्रेमियों की भी काव्यतृषा रोमांटिक कविताओं के बिना शान्त नहीं होती। बाहर वे डंका आधुनिक कविता का पीटते हैं, मगर एकान्त में शेली, कीट्स और टैगोर को पढ़ते हैं।

मैंने लड़के को समझाया कि भारत में सभी रोमांटिक कविता जीवित है, लेकिन जिस तरह की आधुनिक कविताओं से आप त्रस्त हैं, वैसी कविताएँ भारत में भी ढेर-की-ढेर लिखी जा रही हैं।

भरत और भारत का रोमन में हिज्जे एक ही होता है। लेडी रैनी इन दो शब्दों को मेरी एक कविता में देखकर चकरा गई थीं। सो उन्हें भी दोनों शब्दों का अर्थ समझाना पड़ा।

लेडी रैनी एक दूसरी महिला से यह चर्चा करने लगीं कि नये लड़के बीटल की तरह रहना चाहते हैं। वे माँ-बाप की पसन्द-नापसन्द की परवाह नहीं करते। लेडी रैनी के लड़के से तो मेरी काफी बातचीत हुई थी। वह भी बाल बीटल की ही तरह रखता है। दूसरी महिला, जो कवयित्री भी हैं, बोलीं, 'द्वितीय विश्वयुद्ध के समय स्थिति डाँवाँडोल थी। उस अनिश्चित वातावरण में जो बच्चे पैदा हुए, वे विद्रोही हो गए हैं।' मैंने कवयित्री से निवेदन किया कि 'यह तो ठीक है, मगर कारण कुछ और भी हैं। आप अपनी जवानी में अपने माँ-बाप से अधिक आधुनिक थीं या नहीं?' कवयित्री ने कहा, 'हाँ, यह भी ठीक है। आधुनिकता पीढ़ी-दर-पीढ़ी बढ़ती जा रही है। मगर हालत अब बहुत खराब है।'

फिर लेडी रैनी ने रॉबर्ट फौस्ट की बात चलाई। मैंने कहा, 'आज से पचास वर्ष बाद अंग्रेजी कविता के इतिहास में इलियट को एक पैरा तथा रॉबर्ट फौस्ट को एक पेज जगह मिलेगी।' लेडी रैनी ने कहा, 'यह सम्भव है, क्योंकि इलियट क्षण के कवि हैं।'

मारीशस का सबसे बड़ा गाँव त्रियोल है। एक सभा उस गाँव में भी हुई। उसमें प्रधानमन्त्री सर शिवसागर रामगुलाम भी आए थे तथा स्वामी कृष्णानन्द और स्वामी अखिलानन्द भी मौजूद थे। त्रियोल का मन्दिर भी बहुत बड़ा है और वह खूब स्वच्छ है। मारीशस के प्रत्येक मन्दिर में मैंने स्वच्छता और सुव्यवस्था देखी। यह शायद ईसाई पड़ोसियों का प्रभाव है। किन्तु भारत के हिन्दुओं ने ईसाइयों से कुछ नहीं सीखा। भारत में हिन्दुओं के जो भी मन्दिर हैं, गन्दे और अस्वच्छ हैं तथा खुद पुजारी भी साफ नहीं रहते। हाँ, दक्षिण भारत के मन्दिरों में थोड़ी व्यवस्था अवश्य दिखाई पड़ती है।

सुमन और मैंने टेलीविजन पर कई बार कविताएँ पढ़ीं। मैंने दो व्याख्यान भी दिये। कविताएँ मैंने 'कुरुक्षेत्र' और 'रश्मिरथी' से पढ़ी थीं। इसके सिवा मैंने कुछ अन्य ओजस्विनी कविताओं का भी पाठ किया था। एक दिन एक सज्जन ने कहा, 'मुस्लिम हलकों में चर्चा चल रही है कि डॉ. दिनकर हिन्दुओं के भीतर जोश उभार रहे हैं।' मैंने कहा, 'मैं अपने देश में भी जोश और उत्साह उभारता रहा हूँ, लेकिन वह हिन्दू जोश नहीं है, जवानी का जोश है, मानवीय भावनाओं का जोश है। जो लोग आपसे यह कहें, उन्हें समझा दीजिए कि कविता अगर हिन्दू जोश की होती, तो मैं मिली-जुली संस्कृति पर व्याख्यान क्यों देता?' नन्दलाल जी ने कहा था कि 'मिली-जुली संस्कृति वाला भाषण बहुत पसन्द किया गया है। आप उसे अंग्रेजी में लिख दें, तो हम उसे छपवाना चाहते हैं।' लेख मैंने अंग्रेजी में तैयार भी कर दिया, लेकिन हाई कमिश्नर ने कहा, 'अभी मौका चुनाव का है। लेख नहीं छपवाइए, वही बेहतर रहेगा।'

2 अगस्त को सोकर उठा, तब गोवर्धन जी ने कहा, 'मारीशस टाइम' में आप लोगों के विरुद्ध लेख निकला है। लेख मैंने मँगवाकर देखा। वह इस भ्रम में लिखा गया था कि डॉ. सुमन और डॉ. दिनकर का अप्रत्यक्ष उपयोग चुनाव के काम के लिए किया जा रहा है। हमारे सारे भाषण सांस्कृतिक विषयों पर हो रहे थे। हम पहले से ही काफी सावधान थे। अब हम और सावधान हो गए। बड़ौदा सिनेमा हॉल में जो सभा हुई, उसमें चुनाव का कोई गीत गाया जानेवाला था। मैंने उसे रोक दिया और कहा कि चुनाव की चर्चा करनी हो तो हम लोगों को निकल जाने दीजिए। हमारे जाने के बाद अगर सभा नहीं टूटी, तो आप उसका मनचाहा उपयोग कर सकते हैं। आयोजकों ने हमारी बात मान ली, जिसके लिए मैं उन्हें धन्यवाद देता हूँ।

मारीशस में ऐसे कई रईस हैं, जिनका एक घर शहर में और दूसरा समुद्र-तट पर है। समुद्र-तट का मजा लेने को एक दिन और एक रात हम गोवर्धन जी के समुद्र-तट वाले मकान में जा टिके। यहाँ का दृश्य अत्यन्त सुहावना था। जी करता था कि यहाँ एक मास टिकने का मौका लगे, तो गई हुई कविता जरूर वापस हो

जाएगी। लेकिन हमारे पास समय का सर्वथा अभाव था। मैंने तो समुद्र-तट पर केवल घूमने का ही आनन्द लिया, किन्तु सुमन ने स्नान भी किया।

मारीशस का गजाधर परिवार बड़ा ही यशस्वी और लोकप्रिय है। इस वंश के महापुरुष स्वर्गीय तिलक सिंह गजाधर प्रतापी पुरुष थे। ये लोग जाति से भूमिहार ब्राह्मण हैं और बिहार के भूमिहारों से उनका घनिष्ठ सम्बन्ध है। जब हम गोवर्धन जी के समुद्र-तट वाले घर में ठहरने लगे, बिहार की पाँच-छह लड़कियाँ एक साथ आकर पाँव पर गिरीं। भारत का विरह उन्हें बहुत सताता है। नन्दिनी को तो भारत छोड़े 17 साल हो चुके हैं। उसने कहा, 'चाचा जी, उधर भारत आजाद हुआ, इधर मैं वन्दिनी हुई।'

मैंने कहा, 'वन्दिनी नहीं, गृहस्वामिनी बनी है। ब्याह के बाद लड़कियाँ दो-एक बार जल्दी-जल्दी पीहर जाती हैं। मगर बाल-बच्चे हो जाने के बाद कौन नारी पीहर की याद में घुलती है? तुम लोगों को स्वस्थ और सुखी देखकर मैं तो खुश ही हूँ। यह बात जब तुम्हारे पिता सुनेंगे, तब वे भी खुश हो जाएँगे।'

होटल से हटकर मैं दो-एक दिन श्री मुरली गजाधर के घर रहा। मैं बेतरह थक गया था, अतएव बेटियों और दामादों ने मेरी बहुत अच्छी सेवा की। खास करके खेमराज ने तो कमाल कर दिया।

कीनिया की ओर

मारीशस से हम लोग 6 अगस्त को नैरोबी के लिए रवाना हुए। जहाज 5 बजे उड़ने वाला था, लेकिन वह 6 बजे शाम को उड़ा और साढ़े दस बजे रात में दारुसलाम पहुँचा। दारुसलाम में कस्टम की जाँच कड़ी है, कड़ी ही नहीं, अपमानजनक है। हम लोगों की सहूलियत के लिए तानजानिया दूतावास से श्रीराम शर्मा आए हुए थे। इसलिए हम लोगों को कोई खास दिक्कत नहीं हुई। मगर कस्टम का एक नौजवान अफसर नशे में धुत था। जब वह एक यूरोपीय महिला का पासपोर्ट जाँचने लगा, वह शील खो बैठा। उसने उस महिला से जो सवाल किये, वे शैतानी से भरे थे। 'तुम्हारा शौहर कहाँ है? इस शहर में मौज करने को मैंने तुम्हें एक महीने का समय दे दिया है। जाओ, मौज करो। ठहरोगी किस होटल में?' महिला बेचारी चुपचाप अपनी इज्जत बचाकर चली गई।

ऐसा अभद्र व्यवहार मैंने किसी हवाई अड्डे पर नहीं देखा था। शायद यहाँ के काले गोरों के प्रति विद्वेष से भरे हुए हैं, अथवा तानजानिया के लोग तहजीब जरा कम जानते हैं, या यह बात अधिक सही हो कि कसूर उस व्यक्ति का ही था। ऐसे अफसरों को अन्तरराष्ट्रीय मोर्चों पर नहीं रखना चाहिए।

दारुसलाम से नैरोबी तक हमें बी.ओ.ए.सी. के जहाज से जाना था, किन्तु वह जहाज अपने समय पर जा चुका था और हम देर से पहुँचे थे। निदान काफी इन्तजारी के बाद हमें फोकर फ्रेंडशिप से नैरोबी के लिए रवाना किया गया। जहाज में मेजबां लड़कियों की जगह हब्शी नौजवान थे। राम-राम करके नैरोबी हम 12 बजे रात में पहुँचे। यह देखकर कलेजा बैठ गया कि दूतावास का कोई भी आदमी अड्डे पर मौजूद नहीं था। बड़ी मुश्किल से बस के द्वारा हम स्टैनले होटल पहुँचे और वहाँ पहुँचकर फोन के द्वारा राजदूत श्री प्रेम भाटिया को जगाया। उन्होंने कहा, 'आप लोगों के लिए कमरा एम्बेसेडर होटल में सुरक्षित है।' अतएव हम टैक्सी लेकर एम्बेसेडर होटल पहुँचे और अपने कमरे में दाखिल हुए। अभी हमने कपड़े नहीं बदले थे कि दूतावास से श्री वीरेन्द्र जी आ गए और माफी माँगने लगे। उन्होंने कहा कि मैं 12 बजे तक हवाई अड्डे पर मौजूद था। जब यह ऐलान किया गया कि दारुसलाम से जहाज नहीं आएगा, तब मैं वहाँ से वापस चला आया।

आज ठीक वैसी ही बात हुई, जैसी 1955 में ब्रुशल्स में हुई थी। मगर खैरियत की बात यह थी कि उस बार सागर निजामी साथ थे और इस बार सुमन जी, जो मस्त भी है और होशियार भी।

मारीशस से दारुसलाम और नैरोबी तक जहाज में नींद नहीं आई। जो बातें देखी थीं और जो बातें सुनी थीं, मन-ही-मन उनके पन्ने पलटता रहा। मारीशस में हमारा शिष्टमंडल तब आया, जब वहाँ चुनाव की सरगर्मी चल रही थी। हमें आशंका थी कि इस समय हमारे आगमन से गोरे चिढ़ जाएँगे। लेकिन गोरों का चिढ़ना प्रकट नहीं हुआ : हाँ, कुछ हिन्दुओं ने मुँह लटका लिये।

कहावत मशहूर है :

One Indian Indian
Two Indians Civil war.
Three Indians anarchy.

और दूसरी कहावत भी है :

One Englishman Englishman
Two Englishmen, a club.
Three Englishmen, an empire.

न जाने, अंग्रेजों के ये सद्‌गुण हिन्दुस्तान लोग कब ग्रहण करेंगे। दो सौ वर्षों की संगति तो, लगता है, बेकार हो गई है।

मारीशस के मुसलमान पाकिस्तानी हो गए हैं। जब भारत और पाकिस्तान के बीच युद्ध हुआ, वे पाकिस्तान की मदद के लिए वालंटियर भेजना चाहते थे। भारत-पाकिस्तान का द्वेष बहुत दूर तक जहर फैला रहा है। इस द्वेष का शमन जितना ही शीघ्र हो जाए, उतना ही अच्छा होगा।

भारतीय छात्रवृत्ति पाकर भारत जाकर पढ़ने वाले डॉक्टर मंसूर भारत-विरोधी समझे जाते हैं। भारत सरकार मारीशस के अनेक युवकों और युवतियों को छात्रवृत्तियाँ देकर भारत में पढ़ाती है। किन्तु भारत का रंग उन पर नहीं चढ़ पाता है। जिस भारत की वे परम्परा से कल्पना करते आ रहे हैं, जिस भारत की वे पूजा करना चाहते हैं, वह भारत यहाँ भारत के विश्वविद्यालयों में अनुपस्थित है और सरकारी हलकों से तो वह एक प्रकार से बहिष्कृत ही है।

जब स्वाधीन भारत ने पहले-पहल अपना दूतावास थाइलैंड में खोला, वहाँ की प्रजा आनन्द से विभोर हो उठी। जब स्वाधीन भारत का पहला राजदूत बैंकाक के हवाई अड्डे पर उतरा, उसके स्वागत के लिए एक लाख आदमी आए हुए थे, जिनमें से 20 हजार तो संन्यासी थे। किन्तु जब उन्होंने देखा कि राजदूत चुरुट पी रहा है और एक कुत्ते की जंजीर थामे हुए है, लोगों ने अपने फूल फेंक दिये, मालाएँ तोड़ डालीं और राजदूत की अगवानी किए बिना वे अड्डे से लौट गए।

यह कहानी मुझे स्वामी कृष्णानन्द ने कही थी। वह कहाँ तक सच है, नहीं कह सकता। जहाज में सिगरेट पीने की तो इजाजत है, चुरुट पीने की इजाजत नहीं है। मुमकिन है, राजदूत ने चुरुट बाहर आकर सुलगाया हो।

श्री सच्चिदानन्द हीरानन्द वात्स्यायन जब फ्रांस गए, वहाँ के भारतीय राजदूत ने उनके सम्मान में एक पार्टी दी और लोगों से उनका परिचय कराते हुए कहा, 'मीट मिस्टर वात्स्यायन, द आथर ऑव द कामसूत्र।'

संसार की कल्पना में जो भारत बसा हुआ है, स्वतंत्रता के बाद उसे उभरना चाहिए था। लेकिन उसे अति धनी वर्ग दबाए हुए है। लगता है, सच्चा भारत भी तभी उभर पाएगा, जब देश में गरीबों का राज होगा।

स्वामी कृष्णानन्द ने यह भी बताया कि कीनिया जब स्वाधीनता के लिए संघर्ष कर रही थी, उस समय जवाहरलाल जी ने कीनिया की बहुत सहायता की थी। इंग्लैंड में पढ़ने वाले कीनियन छात्रों को उन्होंने छात्रवृत्तियाँ दी थीं। कीनिया के वर्तमान राष्ट्रपति (जोमो केन्याता) जब विद्रोही थे, तब उनके मुकदमे की पैरवी करने को बैरिस्टर चमनलाल भारत से कीनिया भेजे गए थे। लेकिन उपकार के ये काम अब राष्ट्रपति केन्याता को याद नहीं हैं। उनकी कूटनीति अब रुपये के अधीन है। चूँकि रुपयों के खेल में भारत नहीं ठट सकता, इसलिए केन्याता पहला स्थान इंग्लैंड को और दूसरा अमरीका को देते हैं। उनका भाव है, दरिद्र भारत हमारा क्या उपकार कर सकता है! किन्तु इसी दरिद्र भारत ने आजादी के आन्दोलन में उनकी मदद की थी।

रुपए की कूटनीति में भारत कहीं भी नहीं ठटेगा। लेकिन उसके पास रुपये से भी कोई बड़ी चीज है। उसके पास प्राचीनता है, परम्परा है, संस्कृति और धर्म है और सारी दुनिया में ऐसे लोग हैं, जो इस आशा में हैं कि प्राचीनता और नवीनता का जो समन्वय संसार के किसी भी देश में सम्भव नहीं हुआ, वह भारत में सम्भव हो सकता है। यह कल्पना विशेषतः उन देशों को लुभाती है, जिनके साथ भारत का पुराना सांस्कृतिक या सामाजिक सम्बन्ध नहीं है। लेकिन यदि बर्मा, थाइलैंड, इंडोनेशिया, वियतनाम, लाओस और जापान को दृष्टि में रखकर देखें अथवा सुरीनाम, ट्रिनिडाड, गायना, मारीशस, दक्षिण अफ्रीका, फिजी, डच, वेनेजुला आदि देशों को ध्यान करें, तो यह स्पष्ट हो जाता है कि भारत इन देशों में बड़े महत्व की भूमिका अदा कर सकता है और ये देश भारत के साथ भाईचारे का सम्बन्ध बना सकते हैं। इन देशों के साथ हमारा सामाजिक और सांस्कृतिक सम्बन्ध है। जमाने से पूर्वी एशिया का बृहत्तर भारत, भारत को अपना तीर्थ मानता रहा है, होली लैंड मानता रहा है। और भारत इन देशों की ओर ध्यान दे तो वह आगे भी उनका तीर्थ बना रह सकता है। किन्तु यह तभी सम्भव है, जब हम अत्याधुनिक बनने के प्रयास में अपने परम्परागत रूप का नाश न कर दें।

स्वामी कृष्णानन्द ने स्वामी सत्यानन्द पुरी और श्री रघुनाथ शर्मा की चर्चा की। सत्यानन्द को भारतीय संस्कृति का प्रचार करने के लिए रवीन्द्रनाथ ठाकुर ने थाइलैंड भेजा था और वहाँ सत्यानन्द जी ने इतना अच्छा काम किया कि लोग उन्हें बुद्ध के बाद भारत की सबसे बड़ी देन मानते थे। श्री रघुनाथ शर्मा का भी कार्य बहुत उच्च कोटि का था। दुःख है कि द्वितीय विश्वयुद्ध के समय जापानियों ने उन्हें मार डाला।

भारतीय जिन देशों में भूमिपुत्र बन गए हैं, उनके बीच मिशनरी बैठाना होगा, जो उन्हें धर्म सिखावे, भाषा सिखावे, साहित्य और संस्कृति सिखावे तथा उनकी सेवा करे। उनके बाप-दादे भारत से मजदूर बनकर गए थे। उनके पास कुछ है नहीं। हमें उन्हें सब कुछ देना है। भारत के स्वाधीन होने से उनके भीतर बहुत बड़ी आशा जग गई है। हमें उन्हें निराश नहीं करना चाहिए।

मारीशस में कानाफूसी में जो बात सुनी, वह काफी दुखदायी है। तमिल और उर्दू वाले हिन्दी से अलग भाग रहे हैं। जो गैर-भारतीय हैं, वे भारतीय भाषाओं के पढ़ाने को मखौल समझते हैं। सुखी लोग अपने बच्चों को फ्रेंच और अंग्रेजी सिखाने पर ही जोर देते हैं। गरीब समाज ही हिन्दी की ओर जाता है। यह ठीक वही स्थिति है, जो भारत में दिखाई पड़ती है। शुद्ध हिन्दी बोलने और लिखने वालों की संख्या उँगलियों पर गिनी जा सकती है। भोजपुरी को लेकर हिन्दू और मुस्लिम एक दिखाई पड़ते हैं, पर भावना अब यह जग रही है कि भोजपुरी से उर्दू का मेल नहीं है। मुसलमान अब सोचते हैं कि वे पाकिस्तान की भाषा सीखेंगे, हिन्दुस्तान की नहीं। मगर वे उर्दू ही तो सीखेंगे। और उदू का जन्म हिन्दुस्तान में हुआ है और वह सौ फीसदी हिन्दुस्तान की भाषा है। यह बात और है कि वह पाकिस्तान में भी चलती है।

एक दुखदायी प्रसंग यह यह भी है कि मारीशस के तमिल शिव की पूजा तो करते हैं, मगर उन मन्दिरों में नहीं, जिनमें बाकी हिन्दू जाते हैं। तमिलों के शिव मन्दिर अलग हैं और मर्दुमशुमारी में भी वे अपनी गिनती हिन्दुओं से अलग करवाते हैं। एक वोटर लिस्ट मुझे देखने को मिली थी, जिसमें वोटरों की संख्या निम्नलिखित थी :

1. हिन्दू (तमिल को छोड़कर)	1,23,272
2. फ्रैंको मारीशियन	1,06,698
3. मुस्लिम	46,076
4. तमिल	31,262
5. चीनी	8,218

चीनी भाषा में दैनिक पत्र तीन या चार निकलते हैं और चीनियों की कुल जनसंख्या पच्चीस हजार है। हर चीनी एक, दो या तीन चीनी पत्र अवश्य खरीदता है। मगर हिन्दी में कोई साप्ताहिक भी नहीं है, जो स्थायी रूप से अच्छे स्टैंडर्ड का निकलता हो। चीनियों ने अपनी भाषा को बड़े जतन और प्रेम से जुगा रखा है। उनकी

दुकानों पर अक्सर चीनी लिपि दिखाई देती है। मगर कोई भी हिन्दू या मुसलमान अपनी दुकान पर हिन्दी या उर्दू लिपि नहीं लिखता।

गाँवों में चीनी जनता भी भोजपुरी बोलती है। वे भारतीयों के बीच रहते हैं, इस बात का चीनियों को खयाल है। भारत पर जब चीन ने आक्रमण किया था, मारीशस के चीनी कवियों ने इस आक्रमण के विरुद्ध कविताएँ लिखी थीं।

मारीशस में डॉक्टर सोना मुझे नित्य देखने आते थे। एक दिन वे नहीं मिले और मुझे डॉक्टर की जरूरत पड़ गई। श्री मुरली गजाधर की पहचान एक चीनी डॉक्टर से थी। जब वे उस डॉक्टर को बुलाने गए, उस डॉक्टर ने कहा, 'मैं चीनी हूँ। क्या डॉक्टर दिनकर मुझसे इलाज कराना चाहेंगे?' मुरली ने उनसे कहा, 'डॉक्टर किसी जाति का हो, पहले वह डॉक्टर होता है। मिस्टर दिनकर आपका पूरा विश्वास करेंगे।' तब वह डॉक्टर आया और उसने मेरी जाँच की।

पिछले 20 वर्षों में भारत सरकार ने मारीशस के 500 छात्रों को छात्रवृत्तियाँ दी होंगी, लेकिन इनमें से किसी भी छात्र को हिन्दी या संस्कृति की शिक्षा के लिए छात्रवृत्ति नहीं दी गई। जो छात्र भारत से लौटे हैं, वे ही सबसे अधिक असन्तुष्ट हैं। भारत में वे जिस आत्मीयतापूर्ण व्यवहार की आशा करते हैं, वह उन्हें नहीं मिलता। श्री जयनारायण राय का पुत्र अभी-अभी दिल्ली में चेचक से मरा है। जयनारायण बाबू का खयाल है कि दिल्ली के डॉक्टरों ने बच्चे को बचाने का पूरा प्रयास नहीं किया। डॉक्टर रामप्रकाश मारीशस में सन् 1948 ई. से हैं। उनका लड़का दिल्ली में पढ़ता है और बराबर पिता को अपना असन्तोष लिखता रहता है।

मारीशस में मारीशस अकादमी है, फ्रेंच अकादमी है। ये अकादमियाँ अपने समारोहों में भारतीयों को भी बुलाती हैं। लेकिन हमारा जहाँ भी स्वागत हुआ, लोगों ने इन अकादमियों के प्रतिनिधियों को नहीं बुलाया। यह स्पष्ट ही शील में त्रुटि का प्रमाण है।

दियेगो गार्सिया नामक द्वीप मारीशस से 1180 मील दूर है। इस द्वीप को अंग्रेजों ने मारीशियन सरकार से खरीद लिया है। इस द्वीप पर वे शायद अपना अड्डा बनाएँगे। यह द्वीप सीलोन से नीचे कोई सात सौ मील पर होगा।

मारीशस भारत के लिए कई दृष्टियों से महत्त्वपूर्ण है। अफ्रीकी एकता-आन्दोलन जोर पर है। मारीशस उस आन्दोलन की धारा में बहेगा। उस प्रवाह में मारीशस भारत के हित की रक्षा कर सकता है। मारीशस सामरिक दृष्टि से भी महत्त्वपूर्ण है।

मारीशस में फ्रेंच और अंग्रेजी के बीच संघर्ष है। इस संघर्ष में यदि हिन्दी को भी डाल दिया जाए, तो वह मारीशस की तीसरी राजभाषा बन सकती है।

मारीशस में अनेक हिन्दू हैं, जो बहुत अच्छी फ्रेंच जानते हैं। उनका उपयोग भारतीय भाषाओं से फ्रेंच में अनुवाद के लिए किया जा सकता है। इसी प्रकार भारतीय संस्कृति और राजनीति का प्रचार फ्रेंच के माध्यम से किया जा सकता है।

मारीशस में अंग्रेजी की ऐसी पाठ्य-पुस्तकें भेजी जानी चाहिए, जिनके विषय भारतीय हों। भारत के धनी-मानी लोगों को चाहिए कि वे उत्तमोत्तम साहित्य का मारीशस की ओर निर्यात करते रहें।

चीनी यहाँ कारीगर के रूप में आए थे और भारतीय कुली के रूप में। उस मौलिक भेद का प्रभाव दूरगामी हुआ है। चीनियों में डॉक्टर बहुतायत से हैं। भारतीयों ने कृषि को अपनाया है। डॉक्टर और इंजीनियर अब भारतीयों के बीच भी निकलने लगे हैं। लेकिन भारतीयों के बीच से बौद्धिक प्रतिभा जनसंख्या के अनुपात में अभी कम निकली है।

कीनिया देश

कीनिया देश पूर्वी अफ्रीका में अवस्थित है और उसकी आबादी कोई 90 लाख है। यहाँ अंग्रेजों का राज था, किन्तु अब यह देश स्वतंत्र है। स्वतंत्रता के पूर्व कीनिया में 'माउ-माउ' आन्दोलन चला था, जिसमें अफ्रीकी नौजवान गोरों पर हमले करते थे। जोमो केन्याता शायद माउ-माउ आन्दोलन में नहीं थे, किन्तु वे विद्रोह के नेता थे। अब वे स्वतंत्र कीनिया के राष्ट्रपति हैं।

कीनिया इक्वेटर के पास पड़ती है। इक्वेटर यहाँ से शायद 100 मील से भी कम दूर है। अतएव खेतों की सिंचाई की समस्या यहाँ अत्यन्त कठिन है। झील का पानी भी भाप बनकर उड़ जाता है। सिंचाई के समय जितना पानी जमीन नहीं पीती, उससे ज्यादा पानी सूर्य की किरणें पी जाती हैं। अतएव खेतों की सिंचाई के लिए खेतों में नलों का जाल बिछाना पड़ता है। यह स्पष्ट ही अव्यावहारिक प्रयत्न है। नतीजा यह है कि प्रायः सारा देश जंगल और उजाड़ पड़ा है। केवल केले के पेड़ कहीं-कहीं मिलते हैं और मक्के की खेती कुछ ठहर पाती है।

अफ्रीकियों के बारे में यूरोप वालों ने जो प्रचार कर रखा है, वह यह है कि ये हब्शी आदमखोर होते हैं, खूंखार और बहशी होते हैं। किन्तु नैरोबी में अफ्रीकियों के स्वभाव के बारे में मैंने जो कुछ सुना, वह इसके ठीक विपरीत है। अफ्रीकी सीधा-सादा आदमी होता है। उसके भीतर सभ्यता अभी आई नहीं है। वह सभ्य-समाज को शंका से देखता है। पूर्वी अफ्रीका के लोग अभी भी जगे नहीं हैं। स्वतंत्रता उन्हें यों ही मिल गई है। ठेठ अफ्रीकी गाँव में भी नहीं रहता। वह एक परिवार के लिए एक झोंपड़ा अलग बनाकर रहता है और प्रायः केले खाकर दिन गुजारता है। ये झोंपड़े ठीक उसी प्रकार के होते हैं, जिस प्रकार के झोंपड़ों को बिहार में मरुका या भुसखार कहा जाता है। एक मर्द की जितनी बीवियाँ होती हैं, वह उतने ही झोंपड़े बनाता है और हर झोंपड़ा दूसरे झोंपड़े से चौथाई मील दूर होता है। ये हब्शी केले खाते हैं और प्रायः नंगे रहते हैं। उनकी जरूरतें बहुत थोड़ी होती हैं, इसलिए वे सभ्यता के पास आने

से घबराते हैं, क्योंकि सभ्यता मेहनत खोजती है और जरूरतों में इजाफा लाती है। उन्हें हर्ष-विषाद का भी एहसास नहीं होता। एक दृष्टि से वे प्रकृति के पुत्र हैं और वनस्पति की तरह जीकर समय पर मर जाते हैं। दूसरी दृष्टि से देखा जाए, तो वे आदि मानवता और सभ्यता के बीच जीते हैं या यों कहें कि वे आदि मानवता और सभ्यता की सीमा-रेखा पर ठिठके खड़े हैं।

अफ्रीकी लोग सीधे होते हैं। वे आगंतुकों का विश्वास भी करते हैं और कोई उनसे मेलजोल बढ़ाना चाहे, तो यह मेलजोल आसानी से बढ़ सकता है। मैंने अफ्रीकी कवियों की जो कविताएँ पढ़ी हैं, उनसे मैं इस निष्कर्ष पर भी पहुँचा हूँ कि अफ्रीकी जनता यूरोप की सभ्यता को शंका से देखती है और किसी हद तक उससे घृणा भी करती है। अफ्रीकी लोगों के पास जैसी भी अपनी सभ्यता है, वे उसी को बचाना चाहते हैं। खास कर मर्दों की इस प्रवृत्ति से अफ्रीकी औरतों में घोर असन्तोष है कि वे श्वेतांगनाओं से विवाह करें अथवा यह कि अफ्रीकी नारियाँ यूरोपीय नारियों की वेशभूषा और व्यवहार ग्रहण करने को विवश की जाएँ।

मैंने नैरोबी में अफ्रीकी कविता की एक किताब खरीदी थी, जिसका नाम 'सोंग ऑव लबीनो' अर्थात् 'लबीनो का गीत' है। लबीनो एक अफ्रीकी युवती है, जिसके पति ने एक यूरोपीय अथवा अर्द्ध-यूरोपीय महिला से शादी कर ली है। स्वभावतः ही लबीनो अपनी सौत को द्वेष के भाव से देखती है। मगर अपने द्वेष को अभिव्यक्ति करते हुए वह जो कुछ बोलती है, उससे उसका जात्याभिमान खुलकर प्रकट होता है और उससे यह भी भासित होता है कि यूरोपीय सभ्यता को अफ्रीकी जनता कितना खराब समझती है। लबीनो के पति का नाम आकोल है। लबीनो कहती है :

ओकोल ने पुरानी परम्परा छोड़ दी।
अब वह एक आधुनिका के प्रेम में है।
वह एक खूबसूरत औरत के प्रेम में है,
जो अंग्रेजी बोलती है।
प्यारे, तुम जब क्लेमेंटाइन की ओर देखते हो,
वह अपने पर खोलती है
और अपने को श्वेतांगना बना कर दिखाना चाहती है।

उसके होंठ जलते हुए
कोयले के समान लाल हैं
वह उस जंगली बिल्ली के समान है
जिसने अभी-अभी रक्त में अपना मुँह डुबोया है।

यह सच है
कि विदेशियों के नृत्य मैं नहीं जानती।
मुझे यह भी मालूम नहीं
कि विदेशी औरतें पोशाक कैसे पहनती हैं।

यूरोपीय बाल-डांस को जैसे भारत में अभद्र समझा जाता है, उसी प्रकार अफ्रीकी जनता भी उसे अभद्र समझती है। लबीनो कहती है :

ओकोल, यह सच है
कि मैं बाल-रूम नृत्य नहीं कर सकती।
मर्द के द्वारा चिपकाये जाने में
मुझे शर्म महसूस होती है।
सभी लोगों के सामने जोर से चिपकाया जाना,
नहीं, मैं यह काम नहीं कर सकती।

हर आदमी के साथ एक औरत होती है,
गरचे वह उसकी पत्नी नहीं होती।
वे घर के भीतर नृत्य करते हैं
और घर में रोशनी का अभाव होता है।

लोगों को सम्बन्धियों का भी लिहाज नहीं होता।
बेटियाँ बाप को पकड़कर नाचती हैं।
लड़के अपनी बहनों को चिपका लेते हैं।
लड़के अपनी माताओं के साथ भी नाचते हैं।
आधुनिक लड़कियाँ भयानक होती हैं।
वे अपने भतीजों को भी नहीं छोड़तीं।
और चचाओं से भी लिपटकर नाचती हैं।

अफ्रीकी की जितनी निन्दा संसार में फैलाई गई है, वह उतना निन्दनीय नहीं है। अफ्रीकी लोग निष्पाप हैं, केवल उनके पास संस्कृति की पूँजी नहीं है। यूरोप उन्हें अपने रंग से रँगना चाहता है, मगर अफ्रीकी लोगों में यूरोप के प्रति अभी भी झिझक बाकी है। उन्हें अगर सभ्य बनाना है तो उन्हें यूरोप की अपेक्षा एशिया के रंग में रँगना ज्यादा आसान है। काश, कि भारत में संस्कृति के मिशनरी होते और वे अफ्रीकियों को भारतीय संस्कृति की शिक्षा देते! मेरे जानते आज भी भारतीय संस्कृति को अफ्रीकी जनता, कुछ फेरफार के साथ, आसानी से स्वीकार कर सकती है।

अफ्रीका में सबसे ज्यादा हिन्दुस्तानी दक्षिणी अफ्रीका में हैं, मगर वहाँ उन्हें कोई अधिकार नहीं है। हिन्दुस्तानी लोग कीनिया, युगांडा, तानजानिया और रोडेशिया में भी

हैं। किन्तु कहीं भी उन्होंने स्थानीय समाज की सेवा में हाथ नहीं बँटाया। वे बराबर अपने लिए धन के उपार्जन में लगे रहे। हिन्दुस्तानी हर जगह सुखी और सम्पन्न हैं। किन्तु यही सुख और सम्पन्नता अब उनका काल बन रही है। गोरे हिन्दुस्तानियों के घर और मोटरें दिखाकर उनके विरुद्ध अफ्रीकियों को उकसाते रहते हैं।

मारीशस जाते समय हम नैरोबी में 16 और 17 जुलाई को ठहरे थे। फिर मारीशस से लौटते समय हम वहाँ 7 से 10 अगस्त तक रहे। इसलिए कीनिया में भारतीयों की दशा समझने का हमें काफी मौका मिला।

कीनिया में हिन्दुस्तानियों की संख्या एक लाख अस्सी हजार है। कुछ लोगों ने यह बताया कि अब यह संख्या कुछ कम हो गई होगी, क्योंकि कीनिया की स्वाधीनता के बाद यहाँ से अनेक एशियाई लोग बाहर चले गए हैं। जब तक कीनिया पराधीन थी, इंग्लैंड उसका महाप्रभु था और भारत भी इंग्लैंड के अधीन था। अतएव साहसी गुजराती, सिख और मुसलमान काफी संख्या में कीनिया चले गए और व्यापार के जरिये उन्होंने वहाँ अच्छी सम्पत्ति हासिल की। लेकिन कीनिया के स्वाधीन होते ही वहाँ पर यह विचारधारा चल पड़ी है कि कीनिया, कीनिया वालों की है और जो लोग कानूनन कीनिया के नागरिक नहीं हैं, वे कीनिया छोड़कर बाहर चले जाएँ।

सन् 1947 से 1953 ई. तक कीनिया में हमारे राजदूत श्री अप्पा साहब पन्त थे। वे हिन्दुस्तानियों और अफ्रीकियों के बीच समान रूप से लोकप्रिय थे। उन्होंने जोर देकर हिन्दुस्तानियों से कहा था कि अगर कीनिया में आप अपना भविष्य सुरक्षित रखना चाहते हैं, तो आँख मूँदकर कीनिया की नागरिकता ग्रहण कर लीजिए, नहीं तो एक समय आएगा, जब कीनिया से आपको भागना पड़ेगा। लेकिन हिन्दुस्तानियों ने उनकी एक न सुनी और अब वह समय आ गया है जब हिन्दुस्तानी श्री अप्पा पन्त की भविष्यवाणी को सच होते देख रहे हैं।

हिन्दुस्तानियों की यही हालत बर्मा में भी हुई। वहाँ भी भारतीय राजदूत ने हिन्दुस्तानियों को सलाह दी थी कि आप बर्मी नागरिकता ले लें, नहीं तो आप तकलीफ में पड़ेंगे। किन्तु हिन्दुस्तानियों ने कहा, 'हमारा देश भारतवर्ष है। हमारे नेता जवाहरलाल हैं। क्या इतने बड़े देश और नेता को छोड़कर हम बर्मी हो जाएँ?' लेकिन जब भारतीय बर्मा से निकाले जाने लगे, तब उनकी अकल ठिकाने आई। वे गिड़गिड़ाकर बर्मी नागरिकता के लिए प्रार्थना करने लगे, लेकिन बर्मी सरकार ने उनकी प्रार्थनाओं को ठुकरा दिया तथा झुंड-के-झुंड हिन्दुस्तानियों को सर्वस्व छोड़कर बर्मा से बाहर जाना पड़ा।

जो हालत बर्मा में हिन्दुस्तानियों की हुई, उनकी वही हालत अब कीनिया में हो रही है। कीनिया के एक लाख हिन्दुस्तानियों के पास ब्रिटिश पासपोर्ट हैं और कानून से उन्हें यह अधिकार है कि वे कीनिया छोड़कर इंग्लैंड चले जाएँ। लेकिन इंग्लैंड उन्हें खुली राह देने को तैयार नहीं है, क्योंकि इंग्लैंड का साम्राज्य दूर-दूर तक

फैला हुआ था और अब अनेक देशों के लोग ब्रिटिश पासपोर्ट के आधार पर इंग्लैंड में घुसना चाहते हैं।

केवल दस हजार हिन्दुस्तानियों ने कीनियन नागरिक के रूप में अपने नामों की रजिस्ट्री करवाई थी। इन्हें कीनियन सरकार प्रश्रय देने को बाध्य है, यद्यपि इसके लिए वह तैयार नहीं है। केवल तीस हजार हिन्दुस्तानी ऐसे हैं, जो कीनिया के नेचुरल नागरिक माने जा सकते हैं। कीनिया का नेचुरल नागरिक वह है, जिसकी माँ या बाप कीनियन था।

जिन हिन्दुस्तानियों के पास भारतीय पासपोर्ट हैं, उनकी संख्या केवल पाँच हजार है। और पच्चीस हजार हिन्दुस्तानी ऐसे हैं, जिनके पास कोई भी पासपोर्ट नहीं है, जो राज्यहीन (स्टेटलेस) हैं।

जिन लोगों के पास ब्रिटिश पासपोर्ट हैं, उन्हें कीनिया के अफ्रीकी ताना मारते हैं और कहते हैं कि तुम तो हिन्दुस्तानी भी नहीं हो। फिर अफ्रीका से सहानुभूति की उम्मीद क्यों करते हो?

सिद्धान्ततः कीनियन सरकार यह घोषणा करती है कि कीनिया बहुजातीय देश है और कीनिया के जो असली नागरिक हैं, उनके साथ बराबरी का व्यवहार किया जाएगा। लेकिन व्यवहार में बराबरी का व्यवहार नहीं किया जाता, अफ्रीकियों के साथ पक्षपात किया जाता है।

नैरोबी को मैंने एक सिरे से दूसरे सिरे तक देखा और यह देखकर मैं हैरत में रह गया कि यह पूरा शहर हिन्दुस्तानियों का है। दुकानें हिन्दुस्तानियों की हैं, व्यापार हिन्दुस्तानियों के हाथ में है और मकान भी हिन्दुस्तानियों के हैं। हिन्दुस्तानियों का यह वैभव और प्रभुत्व अफ्रीकियों की आँखों में काँटे की तरह चुभता है। स्वराज्य के लिए अफ्रीकियों ने गोरों से लड़ाई लड़ी थी। कीनिया के उद्योग आज भी गोरों के हाथ में हैं। लेकिन गोरों ने अफ्रीकियों को समझा दिया है कि उद्योग तुमसे नहीं चल सकते हैं। तुम व्यापार और दुकानदारी चला सकते हो और वही चीज हिन्दुस्तानी हथियाये हुए हैं। अतएव अफ्रीकी अब गोरों को नहीं, हिन्दुस्तानियों को अपना काल समझते हैं। अफ्रीकी इस बात को याद नहीं रखना चाहते कि जिस नैरोबी पर उनकी आँख है, वह पूरा-का-पूरा शहर हिन्दुस्तानियों ने बसाया है। हिन्दुस्तानी लोग न होते, तो नैरोबी का भी अस्तित्व नहीं होता।

एक दिन मैं नैरोबी की एक दुकान में उपहार के लिए नकली जेवर खरीद रहा था। लड़की बड़े उत्साह से गहने निकालकर मुझे दिखा रही थी कि इतने में दुकान में कुछ हब्शी लोग आ गए। उनका आना था कि लड़की सारे जेवर समेटने लगी। मुझसे उसने हिन्दी में कहा, 'चचा, आप थोड़ी देर ठहर जाइए। ये लोग चले जाएँ, तब जेवर दिखाऊँगी। अगर ये लोग जेवर उठाकर चल दिये, तो मैं क्या करूँगी? पुलिस यहाँ हमारी मदद को नहीं आएगी।'

कीनियन सरकार ने इमिग्रेसन कानून पास कर दिया है। इसके अनुसार कोई भी गैर-कीनियन देश के भीतर रहने नहीं दिया जाएगा। हिन्दुस्तानियों में सबसे सुरक्षित अवस्था डॉक्टरों और इंजीनियरों की है। कीनिया के 950 डॉक्टरों में कोई सात या आठ सौ डॉक्टर हिन्दुस्तानी हैं। आशा है कि सरकार इन डॉक्टरों को वर्क परमिट देती जाएगी और उन्हें रहने को घर भी देगी। लेकिन बाकी हिन्दुस्तानी भय से काँप रहे हैं। अफ्रीकी उन्हें दुक्कावाला कहते हैं, जिसका अर्थ स्वाहिली में दुकानदार हो गया है। हिन्दुस्तानी दुकानदारों से अफ्रीकियों को घोर द्वेष है।

राजदूत के घर पर दो-चार अमीर हिन्दुस्तानियों से भेंट हुई। उन्होंने कहा, 'अफ्रीकी हमारे खिलाफ नहीं हैं। वे हमसे नौकरी चाहते हैं। किन्तु नौकरी की जगहें तो हिन्दुस्तानियों ने घेर रखी हैं। यदि सरकार एक लाख हिन्दुस्तानियों को हिन्दुस्तान बुला ले, हम अपने यहाँ एक लाख अफ्रीकियों को नौकरी दे सकेंगे। तब अफ्रीकी जनता और सरकार, दोनों के साथ हमारा अच्छा सरोकार हो जाएगा। सम्भव है, तब हममें से कोई मंत्री भी हो जाए।'

मैंने कहा, 'यह अनैतिक प्रस्ताव है। आपमें से जो गरीब हैं, उन्हें आप हिन्दुस्तान भेजना चाहते हैं और खुद यहाँ मौज उड़ाना चाहते हैं! मगर एक शर्त पर मैं यह प्रस्ताव भारत सरकार के पास ले जा सकता हूँ। जिस हिन्दुस्तानी को आप हिन्दुस्तान भेजें, उसे कम-से-कम बीस हजार रुपए दे दें, जिससे भारत में उसके पुनर्वास का प्रबन्ध जा किया सके।'

लेकिन यह शर्त उन्हें मंजूर नहीं थी। कीनिया के हिन्दुस्तानियों का अजब हाल है। शरीर उनका कीनिया में है, दिल हिन्दुस्तान में है और दिमाग यानी रुपया इंग्लैंड में। उनकी समस्याओं का कोई आसान इलाज नहीं दीखता। उपाय एक ही है कि वे कीनियन जनता के बीच लोकप्रियता प्राप्त करें, अपनी कमाई में उन्हें हिस्सेदार बनाएँ और अपने अतिरिक्त सुखों का बलिदान करें। कीनिया के हिन्दुस्तानी भारत सरकार से बहुत खुश नहीं हैं। उनकी शिकायत है कि भारत सरकार को उनके लिए जो कुछ करना था, उसे वह नहीं कर रही है।

राजदूत ने एक दिन यह कहा कि जो दो लाख हिन्दुस्तानी यहाँ हैं, वे भारत की शक्ति नहीं, उसकी दुर्बलता हैं। अगर इन लोगों ने धन कमाने के साथ-साथ कीनिया की कुछ सेवा की होती तो आज हिन्दुस्तान के लिए यहाँ दुर्भाव नहीं, सद्भाव होता।

और जो हालत हिन्दुस्तानियों की है, वही हालत पाकिस्तानियों की भी है। जब पाकिस्तान के हाई कमिश्नर का नैरोबी से तबादला हुआ, भारतीय हाई कमिश्नर ने उससे पूछा, 'आपकी नियुक्ति अब कहाँ होने वाली है?' पाकिस्तानी हाई कमिश्नर ने जवाब दिया, 'खुदा न करे, किसी ऐसे देश में जाऊँ, जहाँ एशियाई मसले का सामना करना पड़े!'

7 अगस्त को जब हम नैराबी पहुँचे, हाई कमिश्नर हमें एक यज्ञ में ले गए। यह राम मन्दिर के उद्घाटन का समारोह था। कोई दो सौ कुंड जल रहे थे और कितने ही कुंडों में हवन स्त्रियाँ डाल रही थीं। भीड़ बहुत बड़ी थी। कोई दस हजार आदमी रहे होंगे। एक गुरु जी सिर पर हरी टोपी पहने बैठे थे और उनके सामने नारद और भक्ति का नृत्य हो रहा था। नारद एक पुरुष बना था, जो पाजामा और मिरजई पहने हुए तथा एक दिखाऊ वीणा हाथ में लिये हुए था। भक्ति एक औरत बनी थी, जो साड़ी में थी और करताल लेकर नाच रही थी। सभा में मेरा और सुमन का भाषण और काव्य-पाठ हुआ। मैंने सुना कि इस यज्ञ पर गुजरातियों ने पाँच लाख रुपए खर्च किए हैं। यदि इस रकम में से दो लाख रुपए राष्ट्रपति केन्याता को यह कहकर दे दिये गए होते कि यह उन विद्यार्थियों को छात्रवृत्तियाँ देने के लिए हैं, जो पढ़ने को भारत जाएँगे, तो भारत के लिए थोड़ा सद्भाव जरूर बढ़ा होता।

नैरोबी में धर्म का जो रूप मैंने देखा, वह भारत से कम-से-कम सौ साल पिछड़ा हुआ है। रामकृष्ण, विवेकानन्द, श्री अरविन्द, महर्षि रमण और गांधी जी के प्रभाव से भारत में हिन्दुत्व का जो रूपान्तरण हुआ है, उसका ज्ञान भारत से बाहर हिन्दुओं को है ही नहीं। लेकिन इसमें आश्चर्य की कोई बात नहीं है। भारत में ही कितने लोग हैं, जो इस अभिनव हिन्दुत्व को समझते हैं? नैरोबी में हिन्दू धर्म का जो रूप मैंने देखा, वह पुराना है, भक्तिमय है, दर्शनीय और चित्रात्मक है। किन्तु उसमें आधुनिकता नहीं है। फिर भी गुजरात और कच्छ के हिन्दुओं के प्रति श्रद्धा बढ़ी कि वे अपने धर्म का उत्साह से निर्वाह कर रहे हैं।

यज्ञस्थल से हम लोग क्रिकेट के मैदान में गए। यहाँ कीनिया और भारत के बीच मैच हो रहा था। जब हम पहुँचे, भारत आगे था, लेकिन छह बजे शाम को खबर मिली कि कीनिया आगे निकल गई है। उसी दिन रात को हमें अपने राजदूत श्री प्रेम भाटिया के यहाँ भोजन करना था। वहीं भोजन की मेज पर हमारी मुलाकात नवाब पटौदी और हनुमन्त सिंह के साथ हुई।

क्रिकेट का खेल भी राजनीति से पीड़ित हो गया है। आज क्रिकेट वालों की सभा में सभापति ने जो भाषण दिया, वह बहुत खराब था। उन्होंने कहा कि इस मैच में भारत सीलोन की टीम की मदद कर रहा है, कीनिया की नहीं। कीनिया की मदद पाकिस्तान करेगा।

कीनिया में उर्दू, पंजाबी और गुजराती के प्रेमी हैं, मगर हिन्दी का प्रेमी वहाँ कोई नहीं मिला। 8 अगस्त की रात में हम लोगों के स्वागत में एक कवि दररबार का आयोजन किया गया, जिसमें मैंने और सुमन ने कविताएँ पढ़ीं। बाकी लोगों की कविताएँ उर्दू या पंजाबी में थीं। अफसोस की बात कि इस सभा में गुजराती का कोई भी कवि नहीं आया। बाद को कानाफूसी में सुना कि गुजरातियों और पंजाबियों के बीच सौहार्द नहीं है।

कीनिया जाने वाले लोग अक्सर दो चीजें जरूर देखते हैं। एक तो नेशनल पार्क, जहाँ सिंहों को पास से देखा जा सकता है और दूसरी रिफ्ट वैली। रिफ्ट का अर्थ फटना है। लाखों वर्ष पूर्व लाल समुद्र से लेकर तानजानिया तक की जमीन फट गई, वही अब रिफ्ट-वैली कहलाती है। रिफ्ट वैली देखने को हम नाइबासा झील तक गए। रास्ते में दूर-दूर पर वही भुसखारनुमा घर दिखाई पड़ते थे। नैरोबी से नाइबासा तक की दूरी में हमने एक ही गाँव देखा, जिसमें पचास-साठ घर थे। एक और गाँव छोटा-सा मिला, जिसमें टीन के छप्परवाले मकान थे। वीरेन्द्र जी ने बताया कि यह माउ-माउ आन्दोलन का वरदान है। अफ्रीकियों के गाँव नहीं होते, केवल घर होते हैं। अतएव अंग्रेजों के लिए यह पता लगाना असम्भव हो गया था कि छापेमार कहाँ से आते हैं और कहाँ छिप जाते हैं। इसलिए अंग्रेजों ने जगह-जगह गाँव बसाना शुरू किया, जिससे अधिक-से-अधिक अफ्रीकी नियंत्रण में रखे जा सकें।

जिस सड़क से हम जा रहे थे, उसका निर्माण युद्ध के समय इतालवी कैदियों से करवाया गया था। सड़क के दोनों ओर जमीन बंजर और सुनसान थी। हाँ, दूर-दूर पर भुसखारनुमा घर दिखाई देते थे, जिनके इर्द-गिर्द केले के बाग थे। यह भी देखा कि पानी ढोने के लिए गदहा-गाड़ी का प्रयोग किया जाता है। सड़क पर कहीं-कहीं हब्शी नर-नारी भेड़ों की खाल अथवा घास की मंजूषाएँ बेच रहे थे।

नाइबासा झील हम लोग एक बजे दिन में पहुँचे। झील के किनारे एक क्लब है, जिसके बाहर भी कुर्सियाँ डाली हुई थीं। पास ही एक कैंटीन है। हम लोग तो अपना स्नैक भोजन नैरोबी से ही लेकर चले थे। एक मोटर बोट लेकर हम झील के उस पार गए और वहीं हमने भोजन किया। सुना था कि नाइबासा झील के पार जाने से साठ प्रकार के पक्षी देखने को मिलते हैं। लेकिन सारी झील में और उसके पार भी केवल जलमुर्गियाँ ही दिखाई पड़ीं। हाँ, एक नीलकंठ अवश्य दिखाई पड़ा, जो अजनबी-सा लगता था। मेरे जानते नाइबासा झील की सारी सुन्दरता जलमुर्गियों को ही लेकर है। जब मोटर बोट चलती है, लगता है, असंख्य पक्षी उसकी चपेट में आ जाएँगे। मगर पक्षी समझदार हो गए हैं। वे बोट के रास्ते से हट जाते हैं।

नैरोबी से नाइबासा की राह में अनेक अफ्रीकियों को देखने का मौका मिला। ये लोग हिंस्र और खूंखार नहीं, सीधे दिखाई पड़े। अपनी संस्कृति इन्की है नहीं, इसलिए यूरोप की नकल करते हैं। अगर एशियाई लोग इनके बीच एशियाई संस्कृति के साथ रहते, तो मुमकिन है कि ये भी एशियाई संस्कृति की ओर झुक जाते। किन्तु ये तो एशियावालों को भी यूरोपीय पोशाक और यूरोपीय संस्कृति में ही देखते हैं। फिर ये बेचारे क्या करें? वे यूरोप की नकल भी करते हैं और यूरोप से अलग भी रहना चाहते हैं। लगता है, पोशाक यहाँ ज्यादातर नाइजेरिया की चलेगी। भारत चाहता, तो इन्हें एशिया की ओर मोड़ सकता था। किन्तु, अर्थलोलुप हिन्दुस्तानियों ने हिन्दुस्तान को सर्वत्र बदनाम कर रखा है।

माउ-माउ आन्दोलन का मुकाबला करने के लिए अंग्रेजों ने कंसेन्ट्रेसन कैम्प बनवाए थे। जिस मुहल्ले में यूरोपीय लोग रहते थे, उस मुहल्ले में घर के नौकर भी पास बिना नहीं जा सकते थे और पास देखने के पूर्व गोरे उन्हें एक झापड़ जरूर रसीद कर देते थे।

गोरे अफ्रीकियों को हिन्दुस्तानियों के खिलाफ चाहे जितना भड़काएँ, मगर गोरों की जमींदारियों के खिलाफ भी अफ्रीकियों में रोष है। लेकिन इंग्लैंड ने इस मसले के हल का एक विचित्र उपाय निकाला है। इंग्लैंड अफ्रीकियों से कहता है कि हमसे कर्ज लेकर गोरों की जमींदारी खरीद लो। फिर गोरे जमींदारी की कीमत लेकर इंग्लैंड चले जाते हैं। यानी इंग्लैंड का रुपया इंग्लैंड को गया और अफ्रीकी इंग्लैंड के कर्जदार बने रहे। यह उपनिवेशवाद का नया ढंग है।

नाइबासा झील और रिफ्ट वैली देखकर हम चार बजे नैराबी लौटे। साढ़े पाँच बजे ओरियंट क्लब में बुद्धिजीवियों की एक सभा हमारे स्वागत में आयोजित की गई थी। उस सभा में मैंने अभिनव हिन्दुत्व पर भाषण दिया और बताया कि कैसे नया हिन्दुत्व विश्वधर्म की भूमिका बन गया है। सुमन को यह भाषण काफी पसन्द आया और उसका विचार था कि लोगों ने भी उसे समझा है। फिर चाय के बाद काव्य-पाठ शुरू हुआ। सुमन ने काव्य-पाठ की भूमिका के रूप में जो कुछ कहा, उसे लोगों ने बहुत पसन्द किया।

स्वाहिली भाषा

नैरोबी में एक नवयुवक विद्वान मिलने आए, जिनका नाम रमेश है। वे गुजराती हैं। हलकी दाढ़ी रखते हैं। सरकार के अधीन रजिस्ट्रार जनरल के पद पर नियुक्त हैं। वे स्वाहिली के विद्वान हैं और इस विषय पर थीसिस लिख रहे हैं कि स्वाहिली भाषा पर भारतीय भाषाओं का कहाँ तक प्रभाव पड़ा है।

रमेश जी का पूरा नाम रमेशचन्द्र भाई लाल भाई पटेल है। उन्होंने बताया कि अंग्रेज इस बात पर कड़ी निगरानी रखते थे कि अफ्रीकी और भारतीय आपस में मिलने न पाएँ। इसमें अब थोड़ी ढिलाई अवश्य हुई है, लेकिन प्रवृत्ति अब भी वही है। रंगभेद प्रायः समाप्त हो गया, लेकिन अफ्रीकी और हिन्दुस्तानी के परस्पर घुलने-मिलने पर नजर अब भी रखी जाती है।

स्वाहिली भाषा पर काम करने के लिए ईस्ट अफ्रीकन स्वाहिली कमेटी की स्थापना सन् 1930 ई. में हुई थी। एक वार्षिक पत्र भी निकलता था। उस पत्र में इस बात का खास खयाल रखा जाता था कि भारतीय भाषाओं के जो शब्द स्वाहिली में घुस गए हैं, उन्हें भारतीय न बताकर अरबी और फारसी बताया जाए। अभी ईस्ट अफ्रीकन यूनिवर्सिटी के अधीन एक स्वाहिली रिसर्च यूनिट काम कर रही है। उसका

मुख्य कार्यालय कम्पाला (युगांडा) में है। यूनिवर्सिटी के कंस्टीचूएंट कॉलेज तीन हैं– नैरोबी में, दारुसलाम में और मेके रेरे में। शिक्षा और भाषा के मामले में कीनिया, युगांडा और तानजानिया के बीच पूरा सहयोग है। ये ही तीन देश पूर्वी अफ्रीका कहलाते हैं। कालक्रम में तीनों देशों के अलग विश्वविद्यालय बन सकते हैं। तानजानिया मे चीन का प्रभाव है। कीनिया और युगांडा पश्चिमी देशों के साथ हैं।

स्वाहिली भाषा पर भारतीय भाषाओं के प्रभाव को साबित करने के लिए रमेश जी ने मुझे निम्नलिखित शब्दों की तालिका लिखाई :

स्वाहिली	**भारतीय**
दुका	दुकान
बाँगी	बाँग (गुजराती, हिन्दी माँग)
मुरट्टू	मुरथूथिया (दवाई), मुरथूथू (गुजराती)
बुटु	भोथा (हिन्दी), बुट्ठ (गुजराती)
गोडरो	गद्दा, गोदरो, गेंदरा (गुजराती)
जलेबी	जलेबी
सम्बांसा	समोसा
जेला	जेल
बेपारी	व्यापारी
महिन्डी	मकई
गुनिया	थैला (गुजराती में गुनिया या गुनी)
गाड़ी	गाड़ी
एम्बे	अम्ब, आम
अनेनासी	अनन्नास
गुन्दी	गोंद
फायदा	फायदा
लिबासी	लिबास
सुबूही	सुबह
चन्दलबा	चन्दोबा
हिफादी	हिफाजत
बहारी	बहृन, समुद्र
बातेला	एक प्रकार की नाव (कच्छ में इसको 'बतेलो' कहते हैं)
सोनारा	सोनार
बाफटा	बाफदा
बाबा	पिता
बाबू	पितामह

मामा	माँ
फिकिरी	फिक्र
तफावत	फर्क (गुजराती में 'तफावत' कहते हैं)
मशूआ	मछुआ
कानूनी	कानून
सबुनी	साबुन (काशी में 'सबुनी' भी कहते हैं)
डोबी	धोबी
इलिकी	इलायची
फनेसी	पनस
डिमू	नींबू
अचारी	अचार
सफारी	सफर
करीबू	करीब

स्वाहिली में पत्र-पत्रिकाएँ भी निकलती हैं। स्वाहिली में लेखक और कवि भी हैं, मगर वैसे नहीं, जैसे पश्चिमी अफ्रीका में हैं। लेकिन स्वाहिली की पढ़ाई प्राइमरी कक्षा तक ही होती है। माध्यमिक में अब शायद शुरू करेंगे। अभी हाल तक शिक्षा में भारतीय भाषाओं का स्थान था, मगर अब उन्हें हटा रहे हैं। आजादी के पहले तक करेंसी नोटों पर गुजराती का भी स्थान था, मगर अब गुजराती नोटों में दिखाई नहीं देती। नोटों पर अरबी पहले भी थी और आज भी है। अरबी, अंग्रेजी और स्वाहिली–तीनों भाषाएँ नोट पर रहती हैं। स्वाहिली पूर्वी अफ्रीका की राष्ट्रभाषा है। सरकार कोशिश में है कि अंग्रेजी भाषा की जगह पर सर्वत्र स्वाहिली चालू कर दी जाए।

ईश्वरीय कृपा

10 अगस्त के भोर में हम लोगों ने नैरोबी में थोड़ी शॉपिंग की, कुछ शॉपिंग शाम को भी हो गई। मुझे ऐसी छोटी-छोटी चीजें खरीदने का शौक है, जिन्हें देखकर बच्चे उछल पड़ें। मगर पैसे इतने थे नहीं कि जी भरकर शॉपिंग कर सकूँ।

शाम को हम जहाज पकड़ने को हवाई अड्डे पर गए। सुमन का जादू एक पंजाबी युवक कवि पर चल गया था। देखता क्या हूँ कि वे कवि जी अपने एक इंजीनियर मित्र के साथ पोर्टिको में मौजूद हैं। वे अपने साथ टेपरिकॉर्डर ले आए थे। हम लोग अभी मोटर से उतरे भी नहीं थे कि माइक उन्होंने सुमन के सामने कर दिया और बड़े प्रेम से कहने लगे कि कुछ कविताएँ जरूर रिकॉर्ड करवा दीजिए। सुमन को, अनिच्छापूर्वक ही सही, किन्तु यह अनुरोध मानना पड़ा।

मैं फर्स्ट-क्लास में यात्रा कर रहा था, जो मेरे लिए ग्लानि की बात हो गई थी। जब मैं जहाज में चढ़ा और जहाज उड़ने लगा, जहाज की एक होस्टेस मेरे पास आकर बैठ गई और कहने लगी, 'थोड़ी-सी हिन्दी मैं भी जानती हूँ। परिचय परीक्षा मैं पास कर चुकी हूँ और कोविद देने की तैयारी में हूँ।'

उसकी बातें सुनकर मुझे बड़ी खुशी हुई।

फर्स्ट-क्लास में हम दो ही यात्री थे। एक मैं था, दूसरे कोई बंगाली सज्जन थे, जो व्यापार करते हैं। उन्होंने कहा, 'मुझे दो बातों का फख़्र है—एक भारतीय संस्कृति का; दूसरा, एयर इंडिया इंटरनेशनल का।' मैंने कहा, 'दिल्ली के भारतीय कला-केन्द्र ने रामलीला वैले तैयार किया है। तीसरी जगह पर उसे भी रख दीजिए।'

फर्स्ट-क्लास में शराब और सिगरेट मुफ्त मिलती है। सो मेरे सहयात्री ने पीना आरम्भ किया और मुझे विरक्त देखकर वे बोले, 'हम लोग हिन्दुस्तानी हैं। अगर यूरोपीय लोग होते, तो आप देखते कि वे फर्स्ट-क्लास की यात्रा कैसे मनाते हैं।'

चूँकि फर्स्ट-क्लास खाली था, होस्टेस ने दो कुर्सियों के बीच की बाँह को दबाकर मेरे लिए सोने की जगह बना दी। मगर नींद मुझे नहीं आई। कलेजे में अनजाइना का दर्द शुरू हो गया और वह दवा की अनेक गोलियाँ खाने पर भी रुका नहीं। ऐसे में सुमन की याद आती रही। वे दूसरे दर्जे में थे। बड़ा नाम जपा, बड़ी प्रार्थनाएँ कीं, श्री माँ का बार-बार स्मरण किया, लेकिन दर्द बना ही रहा।

चार बजकर 15 मिनट पर हम बम्बई पहुँच गए, लेकिन साथ में केवल हैंड बैग उतरा। कपड़ों वाला सूटकेस जहाज से उतारा नहीं जा सकता था, क्योंकि कस्टम की सफाई दिल्ली में होनी थी। फिर भी किसी तरह हाथ-मुँह धोकर मैं तैयार हो गया और सुमन को मैंने अपनी रात भर की विपत्ति सुनाई।

अब वह घटना आती है, जिसके कारण इस छोटे-से अध्याय का शीर्षक मैंने 'ईवरीय कृपा' रखा है। जहाज में सारी रात मैंने जो नाम जपा था, जो प्रार्थनाएँ की थीं, वे व्यर्थ नहीं गईं। भगवान का स्मरण, कभी भी व्यर्थ नहीं जाता है। बम्बई से हमारा जहाज सात बजे भोर में दिल्ली के लिए उड़ा। दिल्ली होकर उसे लन्दन जाना था। किन्तु डेढ़ घंटे तक वह बम्बई के ऊपर ही चक्कर काटता रहा। हम लोग तो इस भ्रम में थे कि जहाज अपनी दिशा में जा रहा है और अब शीघ्र ही दिल्ली आने वाली है। किन्तु, जब एक घंटा बीत गया, तब माइक पर से आवाज आई, 'मैं कैप्टन गोडबोले बोल रहा हूँ। वैसे तो सब कुछ ठीक है, लेकिन चक्के भीतर नहीं जा रहे हैं। अब हम समुद्र की ओर जा रहे हैं। सारा तेल खाली करके हम सान्ताक्रूज हवाई अड्डे पर उतरेंगे।'

इस घोषणा को सुनकर सभी यात्रियों के चेहरे फक हो गए। घबराहट मुझे भी हुई और उस घबराहट के कारण सीने का दर्द उभर आया। लेकिन ईश्वर की मर्जी कि मुझे तुरन्त नींद आ गई और मैं प्रायः आध घंटे तक निद्रा में ही रहा। मेरी नींद यह सुनकर खुली कि 'जहाज उतरने वाला है। कुर्सी-पेटी बाँध लीजिए।'

जब सन् 1955 ई. में सागर निजामी और मैं यूरोप से लौट रहे थे, तब भी कुछ ऐसी ही स्थिति में (लेकिन इतनी भयानक नहीं) मुझे नींद आ गई थी। हुआ यह कि जहाज रोम से कैरो के लिए उड़ा। घड़ी देखते-देखते मैं थक गया, मगर कैरो आया ही नहीं। तब कैप्टेन ने ऐलान किया, 'कैरो कुहासे से ढँका हुआ है। वहाँ हम उतर नहीं सकते। अब हम बीरूट जा रहे हैं।' सागर साहब बोले, 'या खुदा, यह क्या होने जा रहा है?' मैंने कहा, 'सागर साहब, अब तक आप सोए हुए थे। अब जगिए और मैं सोता हूँ।' और मुझे अच्छी नींद आ गई। और जगा मैं तब, जब बीरूट पहुँचने पर जगाया गया।

जहाज जब सान्ताक्रूज हवाई अड्डे पर उतरा, वह शान्तिपूर्वक ही उतर गया। किसी को कोई तकलीफ नहीं हुई। लेकिन देखा कि अड्डे पर लोग पन्द्रह फायर ब्रिगेड लेकर मुस्तैदी से खड़े हैं कि कहीं जहाज में आग लग जाए, तो वह तुरन्त बुझाई जा सके।

बम्बई के हवाई अड्डे पर हम दो बजे दिन तक बिना कपड़े बदले पड़े रहे। बम्बई से वही जहाज दो बजे दिन में उड़ा और हम चार बजे के लगभग दिल्ली पहुँच गए।

परिशिष्ट

[मारीशस में टेलीविजन से प्रसारित दो वार्ताएँ]

मिली-जुली संस्कृति

यह देखकर मुझ बेहद खुशी हुई है कि मारीशस के हिन्दुओं में अपने धर्म और संस्कृति के लिए पूरा उत्साह है। वे भारत से बाहर रहने पर भी भारत को नहीं भूले हैं। वे यह भी चाहते हैं कि भारत से साधु और संन्यासी, कवि, लेखक, पंडित और कलाकार बराबर मारीशस आते रहें, जिससे भारत के साथ मारीशस का सांस्कृतिक सम्बन्ध बना रहे और वह दिनों-दिन मजबूत होता जाए।

यह बहुत अच्छा हुआ कि मुझे मारीशस आकर अपने बिछुड़े हुए भाइयों और बहनों से मिलने का मौका मिला। इस मौके का लाभ उठाकर मैं यहाँ के हिन्दुओं और मुसलमानों की सेवा में यह निवेदन करना चाहता हूँ कि भारत की संस्कृति, तहजीब, तमद्दुन या कल्चर का असली रूप क्या है।

भारत की संस्कृति किसी एक जाति या धर्म की संस्कृति नहीं है बल्कि वह मिली-जुली संस्कृति है और हिन्दुस्तान में हम उसे सामासिक संस्कृति या कम्पोजिट कल्चर कहते हैं।

जब आर्य भारत आए, उससे पहले भारत में अनेक जातियों के लोग रहते थे, जिनमें द्रविड़ों की सभ्यता प्रधान थी। भारत आने पर आर्यों ने वहाँ पहले से रहने वाले लोगों के साथ विवाह-सम्बन्ध किया और सभी जातियों को आपस में मिलाकर उन्होंने विशाल हिन्दू-संस्कृति की रचना की।

आर्यों की भाषा संस्कृत थी। जब आर्य भारत आए, उनकी भाषा यानी संस्कृत भाषा का प्रभाव भारत की सभी भाषाओं पर पड़ा। लेकिन भारत में जो शब्द पहले से प्रचलित थे, उनमें से भी बहुत-से शब्द संस्कृत में घुस गए और संस्कृत भाषा ने उन शब्दों को अपना लिया।

पंडितों का विचार है कि पूजा, पंडित, कुंतल, कक्ष, और ऐसे अनेक शब्द द्रविड़ भाषा से निकलकर संस्कृत में आए थे। मगर ये शब्द संस्कृत में इस तरह घुल-मिल गए हैं कि अब हम उन्हें संस्कृत के ही शब्द समझते हैं।

भक्ति-मार्ग के विषय में भी विद्वानों का विचार है कि भक्ति द्रविड़ों के बीच जनमी और विकसित हुई थी। बाद को वह सारे भारत में फैल गई। श्रीमद्भागवत में भक्ति ने नारद जी से कहा है :

उत्पन्ना द्राविड़े चाऽ हम कर्णाटे वृद्धिमागता
स्थिता किंचिन्महाराष्ट्रे गुर्जरे जीर्णतां गता।

अर्थात् मेरा जन्म द्रविड़ देश में हुआ था, कर्णाटक में मैं फूली-फली, महाराष्ट्र में मैंने विहार किया और गुजरात पहुँचकर मैं बूढ़ी हो गई।

इसका दूसरा प्रमाण वह दोहा है, जो साधु-समाज में बहुत दिनों से प्रचलित रहा है :

भक्ति द्राविड़ ऊपजी, लाए रामानन्द,
परगट कियो कबीर ने, सात द्वीप नौ खंड।

हिन्दुओं को यह याद रखना चाहिए कि भक्ति-आन्दोलन के सभी आचार्य दक्षिण भारत में जनमे थे। शंकराचार्य, रामानुज, वल्लभाचार्य, मध्वाचार्य–ये सभी सन्त दक्षिण में जनमे और उत्तर में उनके मतों का प्रचार हुआ। स्वामी रामानन्द प्रयाग में जनमे थे। मगर साधना उन्होंने भी दक्षिण जाकर रामानुजाचार्य के आश्रम में की थी।

शिक्षा यह कि उत्तर और दक्षिण भारत में कोई भेद नहीं है। तमिल, तेलगू, मराठी, बंगला और हिन्दी बोलने वाले सभी हिन्दू एक हैं और आपस में उन्हें हमेशा एक रहना चाहिए।

जब मुसलमान भारतवर्ष में आए, आरम्भ में हिन्दुओं के साथ उनकी थोड़ी खट-पट रही। मगर मुगलों के आने के बाद हिन्दू और मुसलमान एक-दूसरे को ज्यादा समझने लगे। वैसे हिन्दू-मुसलमान-एकता का आन्दोलन पठानों के समय ही शुरू हो गया था। हिन्दुस्तान के इतिहास में हिन्दू-मुस्लिम-एकता के बड़े नेता तीन हुए हैं। उनमें से पहले का नाम महात्मा कबीरदास, दूसरे का सम्राट अकबर और तीसरे का महात्मा गांधी था। कबीरदास समझते थे कि हिन्दू और मुसलमान–दोनों के दोनों गलत रास्तों पर हैं। धर्म मूल में एक ही होता है। डालों पर जाकर वह अलग-अलग हो जाता है। इसलिए दोनों को चाहिए कि वे डालों से उतरकर मूल पर आवें :

डार तजौ, सब मूल गहौ।

हिन्दुस्तान के लिए हिन्दू और मुसलमान की एकता जरूरी है। वे अगर एक नहीं होंगे, तो हिन्दुस्तान कमजोर हो जाएगा। वे अगर आपस में मिलकर रहेंगे, तो हिन्दुस्तान की ताकत बहुत बड़ी हो जाएगी। कबीर के शिष्य स्वामी दादूदयाल ने आज से चार सौ साल पहले कहा था :

दोनों भाई हाथ पग, दोनों भाई कान,
दोनों भाई आँख हैं हिन्दू-मुसलमान।

18वीं सदी में जब यूरोप भारतवर्ष पहुँचा, तब भारतीय सभ्यता ने एक बार फिर करवट बदली। यूरोप के साथ साइंस था, बुद्धिवाद था और एक नया धर्म भी उसके साथ आया था। उस समय यूरोप से आनेवाले लोगों ने हिन्दू धर्म और इस्लाम, दोनों पर प्रहार किया और अपनी रक्षा के लिए दोनों धर्मों ने नये-नये नेता पैदा किए। इस्लाम के भीतर से सर सैयद अहमद खां, चिराग अली, हाली और एकबाल पैदा हुए,

जिन्होंने हिन्दुस्तान में यूरोपीय संस्कृति के कुप्रभाव को बढ़ने से रोकने की कोशिश की। इसी तरह हिन्दू धर्म के भीतर से पहले राममोहन राय और केशवचन्द्र पैदा हुए। फिर उस धर्म ने रामकृष्ण परमहंस, स्वामी दयानन्द, स्वामी विवेकानन्द, लोकमान्य तिलक, रवीन्द्रनाथ, श्री अरविन्द, महर्षि रमण और गांधी को जन्म दिया। इन नेताओं की शिक्षा थी कि यूरोपीय सभ्यता में जो अच्छाइयाँ हैं, उन्हें हम स्वीकार करेंगे। लेकिन भारतीय संस्कृति में जो अच्छाइयाँ हैं, उन्हें भी हम मिटने नहीं देंगे।

भारत में हम आज भी उसी मार्ग पर चल रहे हैं। हमने यूरोप से साइंस लिया है, कल-कारखाने लिये हैं, प्रजातंत्र अथवा डेमोक्रेसी का नया रूप लिया है और समाज-सुधार की भी बहुत-सी शिक्षाएँ ली हैं। किन्तु धर्म हमने अपना ही रखा है, संस्कृति के क्षेत्र में हमने अपनी विरासत को नहीं छोड़ा है तथा 'रामायण' और 'महाभारत' आज भी हमारे साहित्य के मूल स्रोत बने हुए हैं।

हिन्दू किसी भी धर्म से द्वेष नहीं करता है। वह आरम्भ से ही सभी धर्मों का आदर करता रहा है और सभी धर्मों को शरण देता रहा है। ईसाइयत यानी क्रिश्चियनिटी भारत में उस समय पहुँच गई थी, जब इंग्लैंड के लोग क्रिस्तान नहीं हुए थे। यहूदी धर्म भी बहुत प्राचीन काल से भारत में मौजूद रहा है। जरथुस्त्र-धर्मी यानी पारसी लोग पहले ईरान में रहते थे। मगर जब ईरान पर मुसलमानों का कब्जा हो गया, तब पारसी जाति ईरान से भागकर हिन्दुस्तान चली आई। तब से पारसी लोग भारत में रहकर अपने धर्म की साधना करते रहे हैं। भारत सभी धर्मों को अपना ही धर्म समझता है और वह सभी के अधिकारों की रक्षा करता है।

धर्म को लेकर आपस में झगड़ा करना मूर्खता का काम है। मन्दिर, मस्जिद, गिरजे और गुरुद्वारे धर्म के बाहरी रूप हैं। ये शाखाएँ हैं, वृक्ष की बाहरी डालियाँ हैं। असल में वृक्ष की जड़ एक है। धर्म बहुवचन होकर झूठा हो जाता है। एकवचन रहकर वह सत्य रहता है। रवीन्द्रनाथ ने कहा था, धर्म को पकड़े रहो, धर्मों को छोड़ दो। जो आदमी यह समझता है कि धर्म अनेक हैं, वह अभी धर्म के मार्ग पर नहीं आया है। जो भी आदमी धर्म की राह पर आ जाएगा, वह सभी धर्मों को एक ही धर्म समझेगा।

धर्म को लेकर झगड़ना जितना बड़ा बेहूदापन है, उससे बड़ी मूर्खता यह है कि लोग जात-पाँत को लेकर आपस में मनमुटाव पैदा करें। इस मामले में मारीशस के हिन्दुओं को बहुत ही सतर्क रहना है। उनका भला इसमें है कि वे जात-पाँत को लेकर आपस में नहीं टूटें। वे अपने मूल केन्द्र से छूटकर एक टापू में जी रहे हैं। उनके भीतर अगर एकता का भाव नहीं रहा, तो वे बिखर जाएँगे और हम जिस आशा से मारीशस की ओर देख रहे हैं, वह आशा अधूरी रह जाएगी।

मारीशस का टापू हिन्द महासागर का हीरा है। मारीशस के हिन्दू भारत के शरीर के अंश भले ही न हों, मगर वे भारत की आत्मा के अंश हैं। हमारी आत्मा का यह

अंश अगर उजागर रहेगा, तो उससे केवल मारीशस की नहीं, हिन्दुस्तान की भी इज्जत बढ़ेगी।

भारत में भगवान एक नया प्रयोग कर रहे हैं। संसार एक इसलिए नहीं हो पा रहा है कि संसार में धर्म अनेक हैं, भाषाएँ अनेक हैं और जातियाँ भी अनेक हैं। ये सारी बातें भारत में भी हैं। तब भी भारत एक देश होकर जी रहा है। भारत की एकता अगर काफी मजबूत हो गई, तो उसी का अनुकरण करके सारी दुनिया भी एक हो जाएगी। और जो साधना भारत के पचास करोड़ लोग कर रहे हैं, उसी साधना में मारीशस को भी लगना चाहिए, क्योंकि मारीशस का टापू भी छोटे पैमाने पर भारतवर्ष का ही नमूना है। मारीशस की सफलता का प्रभाव भारत पर पड़ेगा और भारत की सफलता से मारीशस को प्रेरणा मिलेगी।

आदमी जहाँ भी रहे, उसे एकता के साथ रहना चाहिए। एकता ताकत है, अऩेकता कमजोरी है। भारत गुलाम इस वजह से हो गया था कि उसकी एकता कमजोर हो गई थी। जब गांधी जी ने भारत की एकता को मजबूत बना दिया, भारत तुरन्त गुलामी की जंजीर तोड़कर दुनिया के सामने शान से खड़ा हो गया। भारत आजाद हो गया। ईश्वर की ऐसी कृपा है कि मारीशस की आजादी भी अब दूर नहीं है। किन्तु भारत हो या मारीशस, दोनों ही देशों में रहनेवालों को हमेशा यह याद रखना चाहिए कि एकता ही हमारी सारी तरक्की की कुंजी है। अगर गफलत में आकर हमने एकता को खिड़की की राह से जाने दिया, तो हमारी स्वतंत्रता सदर दरवाजा खोलकर भाग जाएगी।

मारीशस के निवासियो! हिन्दुस्ताऩ के इतिहास से शिक्षा लो, जैसे भी बने, अपनी आपसी एकता को मजबूत रखो। एकता तुम्हारा अमृत है। एकता तुम्हारी जान है। हिन्दू धर्म की पाचनशक्ति में विश्वास रखो। भगवान ने तुम्हारे बाप-दादों को भारत से निकालकर इस टापू में किसी बड़े काम के लिए एकत्र किया था। तुमने बड़ी-बड़ी मुसीबतें झेली हैं, बहुत अपमान सहा है, इस टापू को खूबसूरत बनाने के लिए बड़ी-बड़ी कुर्बानियाँ दी हैं। अब भगवान के द्वारा निश्चित घड़ी आन पहुँची है। यह वह वक्त है, जब तुम्हें पहले से भी ज्यादा एकजुट रहकर काम करना है। हिन्द महासागर का यह टापू हिन्दू-हिन्दू की एकता का नमूना पेश कर, हिन्दू-मुस्लिम-एकता का छोटा-सा गढ़ बने तथा पूरब और पश्चिम के बीच सेतु या पुल का काम दे, यही भगवान की इच्छा है।

मारीशस
27.7.1967

लौकिकता और हिन्दू धर्म

दुनिया में हिन्दू धर्म की आलोचना इस बात को लेकर भी चलती है कि यह धर्म लोक से परलोक को अच्छा समझता है और वह जिन्दगी से जूझने की शिक्षा नहीं देता, बल्कि आदमी को संघर्ष से भागने की राह बतलाता है। हिन्दू धर्म पर यह लांछन शायद इसलिए लगाया जाता है कि भारतवर्ष में योगियों, साधुओं और संन्यासियों की संख्या हमेशा बड़ी रही थी और जो लोग साधु या संन्यासी हो जाते थे, वे किसी भी तरह का संचय नहीं करते थे, न वे समाज में फैले हुए अन्याय का विरोध करते थे। हिन्दुओं के बीच सबसे श्रेष्ठ मनुष्य राजे या सेठ नहीं, बल्कि वे लोग समझे जाते थे, जो अपनी मुक्ति खोजने के लिए संसार का त्याग कर देते थे। और जो आदमी संसार का त्याग कर देता है, उसकी दृष्टि में लोक की अपेक्षा परलोक अवश्य ही श्रेष्ठ होगा।

किन्तु संसार से भागने का यह रिवाज आर्यों के आदिधर्म में नहीं था। आर्यों के आदिधर्म यानी वैदिक धर्म में प्रधानता संन्यास की नहीं, बल्कि गृहस्थ धर्म की थी। ऋग्वेद में संसार से भागने की शिक्षा नहीं मिलती। ऋषिगण भगवान से यह नहीं माँगते कि हे भगवान, हमें संन्यास और वैराग्य दो; बल्कि वे यह माँगते हैं कि हे इन्द्र! हमारे घोड़ों को पुष्ट बनाओ, हमारी संततियों को ताकत दो, हमारे शत्रुओं का बल घटाओ। वैदिक ऋषि नरक की भी कल्पना नहीं करते थे। उनका खयाल था कि बलवान मनुष्य जैसे पृथ्वी पर पुण्य से जीकर सुख भोगता है, उसी तरह मरने के बाद भी वह ऐश्वर्यों का भोग करता है। पितरों की याद करके ऋषि ने एक मंत्र में कहा है : 'हे पितर! आप इन्द्र के साथ सुख से विहार करें।'

और जो बात हम ऋग्वेद में देखते हैं, वही चीज हमें वाल्मीकि की रामायण और व्यास के महाभारत में भी दिखाई देती है। श्रीमद्‌भगवद् गीता महाभारत का ही एक अध्याय है, जिसमें भगवान कृष्ण ने युद्ध से भागने की इच्छा से पीड़ित अर्जुन को उपदेश दिया है। अर्जुन यह सोचकर कातर हो उठे थे कि अपने ही चचा, बाबा, भाई, भतीजे और भानजे को मारकर राजा बनना पुण्य नहीं, पाप का

कार्य है। भगवान ने अर्जुन को इसी कातरता से मुक्त करने को गीता कही थी। गीता वैसे ज्ञान-मार्ग और भक्ति-मार्ग का भी ग्रंथ है। लेकिन उसका असली जोर कर्मयोग पर है। और इस कर्मयोग के भीतर युद्ध का भी बहुत बड़ा स्थान है। गीता की शिक्षा यह है कि आततायी लोगों के अन्याय को सहते जाना पुण्य नहीं, पाप है। संसार संघर्ष की भूमि है। धरती पर विजय उन्हें मिलती है, जो वीर हैं, जो कर्मठ, अध्यवसायी और निर्भीक हैं। संसार का सुख ऐसा नहीं है, जिसे लात मार दी जाए और संघर्ष का मुकाबला किए बिना संसार का सुख प्राप्त नहीं किया जा सकता। भगवान ने यह बात स्पष्ट कही है कि हे अर्जुन! अगर युद्ध में तू मारा गया, तो तुझे स्वर्ग प्राप्त होगा। यदि युद्ध तू जीत गया, तो पृथ्वी पर तू राज करेगा। अतएव, तुझे युद्ध के लिए तैयार होना चाहिए :

हतो वा प्राप्स्यसि स्वर्गं जित्वा वा मोक्ससे महीम,
तस्मात् उत्तिष्ठ कौन्तेय, युद्धाय कृतनिश्चयः।

इसी प्रकार, वाल्मीकि रामायण में भगवान रामचन्द्र ने लक्ष्मण से कहा कि हे लक्ष्मण, जो लोग खल और नीच हैं, उन्हें क्षमा नहीं करना चाहिए। जो मनुष्य क्षमा की महिमा नहीं समझता, वह दंड के योग्य है, अतएव समुद्र को मैं अब दंड दूँगा।

इसकी प्रतिध्वनि हमें तुलसीकृत रामायण में भी सुनाई देती है :

विनय न मानत जलधि जड़, गए तीन दिन बीति,
बोले राम सकोप तब, भय बिनु होई न प्रीति।

लछुमन वेगि सरासन आनू, सोखौं वारिधि बिसिख कृसानू।

शूरता, साहस और संघर्ष की महिमा आर्यों के प्राचीन साहित्य में सर्वत्र भरी पड़ी है और इसीलिए वैदिक आर्यों की पुरानी दुनिया पर उतनी बड़ी धाक थी। वैदिक आर्य मुनि नहीं, ऋषि होते थे। मुनि वे कहलाते थे, जो विवाह नहीं करते थे, खेती नहीं करते थे, न संग्राम में भाग लेते थे। लेकिन ऋषि गृहस्थ होते थे, वे कृषि करते थे, वे वेद की ऋचाएँ लिखते थे और ईश्वर की उपासना करते थे, किन्तु लड़ाई लगने पर वे तलवारें उठाकर युद्ध-भूमि में भी पिल पड़ते थे। वैदिक युग भारत का स्वर्ण-युग था, जब मनुष्य लोक और परलोक में फर्क नहीं समझता था। किन्तु जब भगवान महावीर और भगवान बुद्ध का जन्म हुआ, तब उनके उपदेशों से निवृत्ति की भावना बहुत अधिक बढ़ गई और जो आर्य पहले धर्म-साधना के लिए भी गार्हस्थ्य का त्याग करने को तैयार नहीं थे, वे भरी जवानी में संन्यास लेने लगे, क्योंकि बुद्ध और महावीर, दोनों की शिक्षा यह थी कि मुनि और भिक्षु हुए बिना मनुष्य को मोक्ष नहीं मिल सकता।

मेरा खयाल है, हिन्दुओं के वेद से बाद वाले दर्शन में वैराग्य और निवृत्ति की जो प्रधानता हो गई, वह ज्यादातर इन्हीं दो महात्माओं के उपदेशों का परिणाम थी।

समय-समय पर वैराग्य-भावना पर थोड़ी-बहुत चोट कई महात्माओं ने की थी। मगर उस पर सबसे कठोर प्रहार गुरु गोविन्द सिंह ने किया। गुरु गोविन्द भगवान परशुराम के अवतार थे। उन्हें यह देखकर घोर क्लेश हुआ था कि हिन्दू जाति परलोक की आराधना में फँसकर लोक को गँवा बैठी है। वे चाहते थे कि हिन्दू तलवार की महिमा को समझें और अपना हक और अपनी इज्जत बचाने के लिए मरने-मारने को तैयार रहें। अतएव उन्होंने हिन्दुओं के भीतर वीरता जगाने के लिए भगवान का नाम असिध्वज और महालौह रख दिया।

असिध्वज उसे कहेंगे, जिसके झंडे पर तलवार का निशान हो। गुरु गोविन्द सिंह भगवान को इसी रूप में भजते थे। वे भगवान को महालौह यानी लौह पुरुष भी समझते थे :

जो हो सदा हमारे पच्छा,
श्री असिधुज जी करिहहु रच्छा।
महाकाल रखवार हमारे,
महालौह, मैं किंकर थारे।

यही नहीं, बल्कि, गुरु गोविन्द सिंह ने यह भी कहा कि भगवान जब सृष्टि की रचना करने लगे, तब और कुछ बनाने के पूर्व उन्होंने तलवार की रचना की थी।

इसका अर्थ यह है कि संसार में पहले क्षात्र धर्म उत्पन्न हुआ। ब्राह्मण धर्म उसके पीछे आया, जब तलवार के बल से समाज में शान्ति स्थापित हो चुकी थी। महाभारत के शान्तिपर्व में भीष्म पितामह ने भी कहा है कि जब भी सभ्यता बनने लगती है, पहले क्षात्र धर्म का उत्थान होता है। यह बात सोलह आने ठीक है, क्योंकि यज्ञ करनेवाले पुरुष के पास केवल स्रुवा ही नहीं, धनुष और बाण भी होना चाहिए।

जहाँ शस्त्रबल नहीं,
शास्त्र पछताते या रोते हैं।
ऋषियों को भी सिद्धि
तभी तप से मिलती है,
जब पहरे पर स्वयं
धनुर्धर राम खड़े होते हैं।

गुरु गोविन्द सिंह ने जिस धर्म की व्याख्या की थी, उसे मैं वैदिक धर्म की ही व्याख्या मानता हूँ। मगर दुःख की बात है कि उस समय पस्ती के बादल नहीं छँटे और जो गीता युद्धक्षेत्र में कही गई थी, उसे लोग संन्यास का ग्रंथ मानते रहे। जो भी लड़का गीता पढ़ने लगता था, उसके माँ-बाप डरने लगते थे कि बेटा कहीं संन्यासी न हो जाए!

किन्तु उन्नीसवीं सदी में जब हिन्दू धर्म की टक्कर यूरोप से हुई, तब हिन्दू धर्म एक बार तो काँप उठा, लेकिन तुरन्त उसके भीतर से स्वामी दयानन्द, स्वामी विवेकानन्द और लोकमान्य बालगंगाधर तिलक-जैसे महात्मा उत्पन्न हो गए। स्वामी दयानन्द ने हिन्दुओं की आँखों में उँगली डालकर उन्हें यह समझाया कि वैदिक धर्म वीरता और संघर्ष की शिक्षा देता है, कायरता और वैराग्य के लिए उसके भीतर कोई स्थान नहीं है। तिलक जी ने गीता-रहस्य लिखकर हिन्दुओं को यह बतलाया कि गीता संन्यास की शिक्षा नहीं देती, बल्कि वह यह सिखलाती है कि संघर्षों से जूझकर आदमी को उन पर विजय प्राप्त करनी चाहिए। यह तिलक जी के गीता-रहस्य का ही सुपरिणाम है कि अब कोई भी जागरूक भारतवासी गीता को संन्यास की पुस्तक नहीं मानता है। गीता वह ग्रंथ है, जो भारत के क्रान्तिकारियों को भारी प्रेरणा देती थी और जिसके श्लोक पढ़ते हुए सैकड़ों वीर फाँसी के तख्तों पर झूल गए थे। इसीलिए हमारा विचार बन गया है कि गीता का एक आख्यान तो स्वयं भगवान कृष्ण ने किया था, किन्तु दूसरी बार उसका कथन भगवान तिलक ने किया है।

किन्तु, पस्ती और निराशा की कालिमा को धोकर हिन्दू धर्म को फिर से चमकाने का काम स्वामी विवेकानन्द ने किया। वे परमहंस श्री रामकृष्ण के शिष्य और महाकाली के उपासक थे। अपने सैकड़ों व्याख्यानों के द्वारा उन्होंने हिन्दुओं के मन पर से इस भाव को धो-पोंछकर दूर कर दिया कि धर्म की साधना वैयक्तिक मोक्ष के लिए की जाती है। उलटे, लोगों को उन्होंने यह समझाया कि धर्म की असली साधना का मार्ग समाज की सेवा का मार्ग है, राष्ट्र की उन्नति का मार्ग है, संघर्ष में ताल ठोंककर जूझने का मार्ग है।

एक बार एक नैजवान स्वामी जी से गीता का मर्म समझने को गया था। स्वामी जी ने उससे कहा, 'बेटा, गीता घर में समझने की चीज नहीं है। तुम सीधे फुटबॉल के मैदान में चले जाओ। गीता आप-से-आप तुम्हारी समझ में आ जाएगी।'

एक बार एक सज्जन सत्संगति के लिए स्वामी जी के पास गए, लेकिन स्वामी जी उस दिन देश और समाज की ही बातें बोलते रहे। चलते समय उस महाशय ने कहा, 'स्वामी जी, आज तो धर्म-चर्चा हुई ही नहीं।' स्वामी जी ने गरजकर कहा, 'तुम धर्म-कथा सुनने को आए थे? मगर जब तक भारतवर्ष का एक कुत्ता भी भूखा है, तब तक उसके लिए रोटी जुटाना ही तुम्हारा सबसे बड़ा धर्म होना चाहिए।'

अमरीका से लौटने के बाद मद्रास में स्वामी जी ने गर्जना की थी, 'तुम्हारे तैंतीस करोड़ देवता सोए हुए हैं। जगा हुआ एक ही देवता है, जो तुम्हारे सामने खड़ा है। वह देवता भारत माता है, वह देवता भारत की करोड़-करोड़ जनता है। सोए हुए देवताओं को छोड़कर तुम इस जगे हुए देवता की सेवा में लग जाओ। यही धर्म है। यही परमात्मा की सबसे बड़ी आराधना है।'

स्वामी जी धर्मात्मा उसे समझते थे, जिसके भीतर साहस और शक्ति है, दुनिया में कुछ कर गुजरने की धुन है और जो सबको सुखी बनाने के बाद अपना सुख चाहता है।

इन महात्माओं के उपदेशों में स्नान करके हिन्दू धर्म बिलकुल नवीन और ताजा हो उठा है। आज का हिन्दू अपने वैयक्तिक मोक्ष को जीवन का सबसे बड़ा ध्येय नहीं मानता। सबसे बड़ा ध्येय यह है कि हम समाज से गरीबी को दूर करें, लोगों में शिक्षा का प्रचार करें, महामारी और अकाल के समय जनता की सेवा के लिए दौड़ पड़ें और दुश्मन अगर सरहद पर आकर ललकारे, तो उसकी हेकड़ी मिटाने के लिए अपनी जान की बाजी लगा दें। आज का नया हिन्दू जात-पाँत की प्रथा में विश्वास नहीं करता, वह छुआछूत को नहीं मानता, न वह यही समझता है कि समुद्र के पार जाने अथवा विधर्मियों के साथ एक मेज पर बैठकर भोजन करने से उसकी जात चली जाएगी।

और तो और, आज के संन्यासी भी गार्हस्थ-धर्म का अनादर नहीं करते। वे एक रास्ते से तो समाज से निकल जाते हैं, मगर दूसरे रास्ते से फिर समाज में वापस आ जाते हैं। वे अपनी गृहस्थी तो नहीं बसाते, लेकिन सभी गृहस्थों की सेवा में लगे रहते हैं। संन्यास अब समाज-सेवा का सर्वोत्तम मार्ग है और आज के संन्यासी इसी पुण्य-कर्म को सबसे श्रेष्ठ समझते हैं।

और इतने पर भी कहना यही पड़ेगा कि जो भी परिवर्तन घटित हुए हैं, वे सारे-के-सारे परिवर्तन हिन्दुत्व के पेट में मौजूद थे। हिन्दू धर्म की विशेषता यह है कि वह जितनी ही चोटें खाता है, उतनी ही उसकी ताकत तेज हो जाती है और वह जितना ही बदलता है, उतना ही अपने मूल रूप के समीप पहुँच जाता है। इसीलिए वह आज तक जीता रहा है। इसीलिए वह आगे भी जीवित रहेगा। नया हिन्दू धर्म बदलकर विश्वधर्म की भूमिका बन गया है। सभ्यता बड़े संकट में है। बहुतों का विचार है कि वर्तमान सभ्यता टूट रही है। लेकिन हम जानते हैं कि जब यह सभ्यता टूट जाएगी, तब नई सभ्यता का जन्म नये हिन्दू धर्म की प्रेरणा से होगा। एक समय था, जब सारे संसार ने हिन्दुत्व से प्रेरणा लेकर अपना विकास किया था। आगे भी वह समय आने वाला है जब सारी दुनिया को संजीवनी-शक्ति भारतवर्ष प्रदान करेगा। भारत में भौतिक साधना के साथ आज भी आध्यात्मिक साधना कम मिलाकर चल रही है। स्वामी दयानन्द, स्वामी विवेकान्द, महायोगी अरविन्द, महर्षि रमण और स्वयं महात्मा गांधी इस नई आध्यात्मिकता के प्रतिनिधि हुए हैं। विनोबा इसी आध्यात्मिकता के ऋषि हैं। विज्ञान और अध्यात्मक के बीच की खाई सबसे पहले भारतवर्ष में भरी जाएगी और तब सारे संसार के लिए भारत एक नमूना हो जाएगा।

नया हिन्दुस्तान केवल धर्म ही नहीं, विज्ञान का भी प्रेमी है। हमें केवल परलोक ही नहीं, यह लोक भी चाहिए। हम आत्मा और शरीर, दोनों के लिए पूरा आहार चाहते

हैं। धर्म की साधना बहुत अच्छी चीज है, लेकिन साधुओं के भीतर भी यह शक्ति होनी चाहिए कि वे सरहद के भीतर घुसने वाले शत्रु की गरदन काट सकें। दुनिया में गड़बड़ी केवल इसलिए नहीं है कि उसके राक्षस बलवान हैं। गड़बड़ी का एक बड़ा कारण यह भी है कि साधुओं का दल कमजोर है, वह लड़ने से अलग रहना चाहता है। इसीलिए भारत ने नई राह पकड़ी है। वह अपनी आध्यात्मिक संस्कृति का मेल यूरोप के विज्ञान के साथ बिठाना चाहता है। जो काम किसी अन्य देश में नहीं हुआ, उसे भारत पूरा करके दिखाना चाहता है :

एक हाथ में कमल, एक में धर्मदीप्त विज्ञान,
लेकर उठने वाला है धरती पर हिन्दुस्तान।

मारीशस
29-7-67

❂❂❂